岩波現代文庫／文芸 277

心に緑の種をまく

絵本のたのしみ

渡辺茂男

岩波書店

目次

心に緑の種をまく——絵本のたのしみ

イラスト＝加藤チャコ
写　真＝新潮社写真部

第1章　いちばん幸せなとき

鼓子《ここ》の読書初め

「赤ちゃんがおなかにいるときから、話しかけたり歌ったりしてあげることがとても大切です。それが一生つづく読書の始まりにつながるのです」と、私はいつも他人に向かっていっているのですが、私自身は、自分の両親からそうしてもらった記憶があるわけではありません。それから私の子どもたちが母親の胎内にいたときには、母親になりつつあった妻に子どものことを語りかけることで、父親になりつつあった自分を意識するか、あるいは秘めごとのように胎内の子どもに囁《ささや》きかけながら子どもの順調な発育を願うのが精一杯でした。もちろん母親は、いつでも話しかけ、自分の肌を通じて愛撫《あいぶ》しながら、あやしたり子守歌をうたってあげたりしていました。父親の私は、それをまぶしく眺め、羨《うらや》ましく思ったものでした。私と三人の子どもたち(鉄太《てつた》・光哉《みつや》・光太《こうた》)との親子の初めての対面は、分娩室《ぶんべんしつ》のなかではなくて保育室のなかか母親のベッドのわきでした。

最近、私の長男が父親になりました。彼は、そのときのことを、こう書いています。

僕に娘ができた。「鼓子」と名付けた。「ここ」と読ませる。この名前は女房が考えた。「鼓」(つづみ、たいこ)という字は、僕がちょうど、ル・カレという人のThe Little Drummer Girl(『リトル・ドラマー・ガール』)というスパイ小説を読んでいたところから取った。短くて覚えやすくて元気な名前になったと思う。

鼓子を分娩室で初めて腕に抱いたときに、僕は歌を歌ってあげた。生まれたては紫色をしていて、唇をぶるぶる震わせていた。体は、胎内の血液や羊水にまみれたままだった。

「お馬の親子は仲良しこよし……」と僕は鼓子に向かって歌った。さっきまで産声《うぶごえ》をあげていた鼓子はもう泣きやんでいて、なんだかまぶしそうな顔をして聞いている――君は、温かい子宮から引っぱり出されて、とまどっているのかもしれないけど、ここはそんなに悪いところじゃないんだよ――そんなことが言いたくて僕は歌った。紫だった体がだんだんふやけたピンク色に変わっていく。

女房の腹に子供がいることが分かった時、男親の僕としては、これは大変だぞ、と思った。いよいよ自分も親になるんだ、という感慨に、アドレナリンがドバッと分泌《ぶんぴつ》されたときのような高揚感を感じた。

男親として何ができるかいろいろ考えた。山ほどある育児雑誌に書いてあるような家事の分担、育児の参加などということ以前に、できることがいくらでもある。

僕が女房の妊娠中にかかさずやっていたことは、お腹《なか》の子供に向かって話しかけたり歌を歌ったりすることである。いわゆる胎教ということなのかもしれないが、普段聞きもしないモーツァルトなんかを聞かせようとは思わなかった。

お腹にいるときから話しかければ、父親の声も赤ちゃんは覚えるらしい。果たしてそれがどれだけ発育に効果があるかは知らないが、これをやってみて、赤ん坊より自分自身に大変効果があった。父親は、母親に対してとかく劣等感を抱きがちだが、ある程度この方法で劣等感を克服できる。つまり、子宮の外には父親もいるのだと、赤ちゃんに知らせることができた、という自負が生まれるのである。

「ぞうさん、ぞうさん、お鼻がながいのね」などと歌っていて、お腹の赤ん坊がぐるりと動いたりすると、大変感動する。

僕は、自分の声をより子宮内に響かせるために、「プリガフォン」なるものを自作した。これはアメリカの妊娠雑誌に出ていたものを真似《まね》したもので(日本でも買えるが五千円位する)、つまり短いホースの両端がじょうごのようになっていて、片方を自分(親)の口にあて、もう片方を母親のお腹にあてて、その状態でしゃべったり歌ったりするものなのである。僕は、こんなものをわざわざ通信販売で取り寄せるのもばかばかしいので、女房がお風呂《ふろ》に入っている間に五分で作ってしまった。

まず、庭の水まきホースを四十センチ切ってよく洗って、両端にプラスチックのお米の計量カップの底に穴をあけたものをビニールテープでくっつけた。これで出来上がりである。

プリガフォンがなかったときは、母親の腹に顔を寄せて、かなり無理な姿勢で歌ったりしゃべったりしていたが、プリガフォンがあれば、母親が飯を食っていようが、本を読んでいようが、父親は胎児とコミュニケーションがとれるのである（あくまでも一方通行だが）。僕はこの方法によって、毎晩寝る前に決まった曲順で歌を五、六曲歌い（ぞうさん、お馬の親子、おお牧場は緑、多摩第三小学校校歌〈僕の母校〉など）、一日のできごとを話し、『こどものとも』などの絵本を何十冊か読んだのであった。

絵本の絵を胎児に見せることはできないが、見せているような気になって読んであげた。要するに自分が読んでいて楽しい本を読んだだけなのだが、けっこう童心にかえって楽しむことができた。なかでも繰り返し読んだのは『ごろごろにゃーん』『ぐりとぐら』のシリーズ、『まんいんでんしゃ』『どろんこハリー』『かばくん』『くまのコールテンくん』などである。

『ごろごろにゃーん』にはストーリーがあまりなく、「ごろごろにゃーん」ということばが繰り返されるだけなので、おもしろくないから情景を説明してあげた。「ごろごろにゃーん、ほら、ねこを乗せた飛行機が海の上を飛んでゆきまーす」というような具合。(どれだけわかってくれただろうか?)

変な節を付けて歌うように読んだりもした。特に『ぐりとぐら』は、僕も女房も大好きな本なので、何度も読むうちに「ぐりとぐら」の歌ができてしまった。

ここに挙げた本は、みんな手近にあった本で、特に選び抜いたものではない。時間があるときは長い話を読み、時間がないときや眠いときは短い話を読んで楽しんだ。

このプリガフォンを試しに自分の耳にあててしゃべってみるとけっこう大きな音で聞こえる。お腹の赤ん坊もさぞうるさかったことだろう。

それにしても男親は、出産や育児の際に、母親の補助的役割しかできないという社会通念があるのかもしれないが、僕は、これは男性中心社会の逆差別的なひがみのようなものではないかと思う。もちろん人それぞれであり、各家庭の夫婦の関係ということもあり、一様に決めつけることはできないが、僕自身は自分が「補助的な役割」しか果たしていないとは思わない。男性には子供を産むことはできないが、そこから後のことは、大概は男だって出来るだろう。しかし、男親がいろいろなことを、できない、やらない、やりたくないのは、実は社会の構造的な理由で、やりにくくなっているのだと思う。

（『季刊ＡＶＩＳ』No.95　一九九五年三月　グループアビー発行）

長男の体験は、私のそれと比べて眩《まぶ》しいほど生き生きとした積極的なものでした。私はもう一度父親をやり直したい、と淡い羨望《せんぼう》さえおぼえました。

そこで、生まれてきた鼓子は、母親のおなかのなかにいたときに両親に読んでもらった絵本にどのように反応したのでしょうか。私は自分の子育ての体験から、生後二か月や三か月の赤ちゃんが、絵本に興味を示すことはないだろうと思っていました。

そのころ私は、鼓子が両親だけでなく、私に向かってさえ笑顔をみせることに「どうして、こんな幼い子が、心のなかの喜びを外に向かって表現できるのだろう」と、人間のもつ神秘的な能力に、初孫に対する愛《いと》しさと同時に、ある種の感動をおぼえていました。

鼓子は、生後三か月で、胎内にいたときに両親に読んでもらった絵本の数冊に実に生き生きとした反応を示しはじめたのです。前記の『ぐりとぐら』『かばくん』それからディック・ブルーナの『ちいさなうさこちゃん』などをソファーにすわらせた鼓子の目の前にひろげ、親が読み始めると、しっかり開いた両方の目が、開かれたページの絵をゆっくりとスキャンするのです。そこに描かれた絵を、ゆっくりと目で追うのです。ページをめくり次に進むと、また目が、はしからはしまで絵を追うのです。本の外を見ないのです。開かれたページに集中して目が動くのです。

私は鼓子の不思議な集中力に感動しながらつぶやいていました。私にとっては大きな発見でした。

「この子には、母親のおなかのなかで聞いていた物語が、あのときと同じ声で、目の前の絵本のなかから聞こえてくるんだ」

幼い子どもが絵本を理解していく過程では、おそらく太い線の描く形と、目に映る色の刺激が大きな働きをするのだと思うのですが、鼓子には、それといっしょに聞きなれたものがたりが重なったのでした。鼓子の目が、絵を見ようと動き始めたときに、心休まる母親、父親の声が同じ空間で聞こえたのです。このような体験が親子の間でくりかえされると、子どもと本との出会いは、私たちがこれまで考えていたより、はるかに早く始まるのではないでしょうか。

おかあさんの語りかけ——絵本で子育て

図書館の児童室や本屋さんの店先で、おなかの大きい若いおかあさんが絵本を選んでいる姿を見ると、まぶしいほど幸せが、あたりに満ちこぼれているような気がします。やさしいおかあさんは、赤ちゃんがおなかにいるときから、話しかけたり、歌って聞かせたりします。赤ちゃんは、あたたかい滑らかな胎内で、指をなめたり体を動かしたりしながら、おかあさんの声を聞いています。こうして、おかあさんと赤ちゃんが一体で、肌と肌の距離がゼロのときから、心のスキンシップが始まるのです。

井上靖《やすし》は、『幼き日のこと』で胎内の印象を、美しく温かい筆致でつぎのように描写しています。

幼時、多少の物心がついて、自分が母親の腹部に仕舞われていたことを知るようになった頃、私は自分が母親の腹部の中にはいっていた状態を、何となく蛹《さなぎ》が繭《まゆ》の中にはいっているような、そのような状態として受け取っていた……自分は繭の中で身を縮め、息をこらして、外へ出して貰《もら》う時の来るのを、おとなしく待っていたのだ、……閉じ籠《こ》められている世界はほの明るい平安なものであった。繭の白い表面のほんのりとした光沢、それを手にした時のやわらかい手触り、そうしたことから、そこがほの明るい微光が一面に立ち込めている、少しぐらいどこかにぶつかろうと痛くはない世界に思われたのである。とにかく私は母親の腹部をそのようなものとして理解していた。今思っても、そういう受取り方は間違っていない。確かにお蚕さんが繭から出るように、私は母親の腹部から出たのであり、それまでそこに暖く、大切に仕舞われていたのである。

私の孫の鼓子も、繭の中のように、安らぎにみちた母親の胎内で、両親の歌声や物語に耳をかたむけていたのでしょう。どんな感じだったのか、彼女が成長してから、ぜひ訊《たず》ねてみたいと思います。

哺乳《ほにゅう》動物のなかで人間の赤ちゃんだけが、胎内で頭が非常に大きくなり、脳だけはちゃんと働くようになって生まれてくるので、まだ歩けない赤ちゃんの脳のアフター・ケアは、おかあさんの責任ですと、お医者さんはいっています。「子どもを産んだ」だけでは女性は母親になれない、といわれるのは、赤ちゃんを産んでから先「母と子のきずな」をなえるかなえないかにかかってくるからです。おかあさんが赤ちゃんを抱いてあげる、見つめてあげる、話しかけてあげることにより、肌と肌、心と心がふれあい、切っても切れない母と子の結びつきが始まるのです。

それからもう一つ、親子関係について非常に大切なことを、私は動物社会学者の河合雅雄先生の講演で学びました。それは、他の哺乳動物にくらべて人間には決定的な特徴があり、親子関係のなかに父と子の関係が厳然と存在する、ということです。人間以外の哺乳動物のメスとオスが関係して仔《こ》が生まれますと、私たちは、人間の常識から、このメス、オスそして仔の関係を親子と考えてしまいます。つまり母と父と子の関係です。ところが、メスは、自分の産んだ仔にたいして母となり仔を育てますが、メスに仔を産ませたオスは、仔を育てないばかりか、多くはメスの元を去ります。つまり人間関係でいう父にはならないのです。種つけをするオスの馬や犬を例にあげればわかりやすいかもしれません。

人間は四百万年の歩みの間、母と父と子のいる家庭を営みつづけてきたのです。子育てにおとうさんの果す役割がどんなに大切か、人類の歴史が証明しているといえましょう。子育ては、人間に与えられた責任であり、幸せです。

そして言葉です。言葉は、気持ちをかよわせ、何かを学んで成長していくために、人間だけが長い時間をかけて身につけた、計り知れないほど内容豊かな「能力」です。赤ちゃんは、おかあさんの話しかける声を聞き、おかあさんの目を見つめ、あたりを見回していうちに、いつのまにか、泣き声、表情、見ぶり手ぶりだけでなく、言葉を自然に使って自分の要求や感情を伝えるようになります。まだ意味をなさない喃語《なんご》や片言を完全に理解できるのは、そばにいるおかあさんだけです。こうしておかあさんと対話することによって、聞く話す、そして理解する能力が、赤ちゃんに育ちはじめます。赤ちゃんから幼児の段階を経て、脳の組織は、六歳ぐらいまでに大人の八、九割まで発達するといわれています。

おかあさんのふっくらしたふところや、おとうさんのたくましい腕のなかや、やさしいおじいさんや、おばあさんのひざの上が、幼い子どもに何よりも大切な心の安らぎを与え、語りかける言葉が、子どもの知らない世界を広げ、子どもの内にやさしい心と、孤独に耐え、勇気をよみがえらせる力を育てます。子育ての根源は、家庭の安らぎです。「いじめ」や家庭崩壊や社会衰退の流れを止めるためにも、肉親でなければできない子育ての源をぜひよみがえらせたいものです。安らぎのある家庭で育つ子どもは、「いじめ」にくみしないやさしさを持ち、「いじめ」に耐える強さを持つ、と私は信じています。学校教育以前に親だけにできる、わが子の心の育て方の問題です。

もう子育ての終わった私たち夫婦にとって、いちばん懐《なつ》かしい、いちばん幸せな思い出は、三人の子どもたちが幼かったときに、絵本を子どもたちといっしょにたのしんだことです。ベッドで『おやすみなさいのほん』、『もうふ』。居間のいすで『ちいさいおうち』、台所の食卓で『おだんごぱん』、玄関の床で『どろんこハリー』。野原で『ぐりとぐら』、『やまのたけちゃん』、森のなかで『もりのなか』、『もりのへなそうる』、海岸で『海のおばけオーリー』。動物園で『かばくん』。車のなかで『ちいさいじどうしゃ』、夜行列車の寝台で『きかんしゃやえもん』などなど。

子どもたちのそれぞれにせがまれるまま、親と子がよりそって体温を感じあい、絵をたのしみ、物語をたのしみ、語り合いながらすごしたひとときは、親として二度と持つことのできない至福の経験でした。こんなにすばらしい絵本たちとの出会いがなかったらと想像すると、その幸せに感謝したい気持ちで胸がいっぱいになります。子どもたちの心に「緑の種」をまいてくれた絵本たち、芽を育ててくれた絵本たち、根を太く育ててくれた絵本たちです。

子どもが幼いときは、おかあさんにとって、いちばん忙しいときで、子どもが眠っているとき以外は、休むひまがないかもしれません。おとうさんは、子どもの顔を見るひまがないほど忙しいかもしれません。けれども子ども時代は、とてもとても短いのに、一生つづく脳の働きや、感性が養われる、いちばん大切な時代で、子どもが成長してしまってからでは、決してとりもどすことのできない時代なのです。自然のなかでいっしょに遊んだり、お話をしてあげたり、絵本を読んであげたりする時間は、二度とこないのです。

すぐれた絵本には、人間が人間であるために、いちばん大事な情緒と想像力と知恵が、いちばん単純な、いちばんわかりやすい、いちばん使いやすい形でこめられています。絵と言葉の織りなす物語が、子どもの心に直接はたらきかけます。

本は、読むのに電力も機械も必要ありません。使い方のマニュアルも必要ありません。本は持ち歩き自由で、読みたくなれば、いつでもどこでも読めます。図書館でも、教室でも、家でも、車中でも、ベッドでも、野原でも、山でも、海でも……本を手にしさえすれば読めるのです。読みかけのページでも、瞬時に開いて読むことができます。なんと便利な道具ではありませんか。

けれども、幼い子どもにお話をしてあげたり、絵本を読んであげたからといって、すぐに成果が目に見えるものではありません。幼い心に種をまく仕事だからです。おかあさん、どうぞ、幼い心がパソコンのキイボードでふさがれたり、コンクリートで固められたりする前に、自分の手で「緑の種」をまいてあげてください。もちろん、子どもが大好きなおとうさんもいっしょに。

育っていく子どもと本との出会い

子どもの知能、情操、あるいは精神、心理の発達には、子どもの育つ環境が、大きな役割を果します。環境には、家、町、自然のように目に見える物理的な生活環境と、もう一つ大事な、心の環境ともいえる人間関係があります。

読みつがれてきたすぐれた子どもの本は、それぞれに、子どもの心に直接ひびく表現で人間について語り、さまざまな生活環境と人間関係のなかで子どもたちの育つさまを描いています。それだからこそ、このような本は、時代を越えて読者の子どもたちを喜ばせ、読みつがれ、子どもの心を育ててきたのです。

発育という言葉には、身長とか体重のような体の「成長」と、もうひとつ人間として生きていくための機能をコントロールする脳の組織の「発達」をあわせた広い意味があります。環境からの健全な刺激が、赤ちゃんや幼児の安定した発育をうながすことは、医学が証明しています。

語りつがれてきた昔話のような物語や、読みつがれてきた子どもの本のなかには、人間の知恵が豊かにこめられています。それが、おかあさんやおとうさんの声で語られ読まれるとき、子どもの心の発達にどんなにすばらしい刺激になることでしょうか。

小児科学の小林登先生は、発育には四つの原則がある、と私たちに大切なことを教えてくださいます。

第一は、発育には、順序がある、ということです。一、二、三、四、五、という連鎖反応の順序があって、その途中をとばして発育することは絶対にないということです。言葉の発達も、泣くことから始まって、「ウーウー、アーアー」などの喃語から「ウマウマ、ママ」などの片言を経て、一つの単語、二語、三語、そしてセンテンスへという順序です。この時期に赤ちゃんの言葉を完全に理解できるのはおかあさんだけですから、赤ちゃんとの言葉のやりとりが、赤ちゃんの言葉を育てます。テレビは、おかあさんの代わりをつとめることは、絶対にできません。

第二は、発育の速度に変化がある、ということです。いいかえますと、時間、日、週、月ごとに、一定の速度で発育が進むのではありません。つまり身長や体重の増え方や、体のなかの組織の発達が一定の速度で進行はしない、ということです。

第三は、発育には「危険期」(クリティカル・ピリオッド)あるいは「感受期」(センシティブ・ピリオッド)といった時期があって、その時期に何か特種な因子が作用すると発育が阻害され、適当なものが与えられないと、その後の発育に大きな障害をきたす、というのです。

生まれた直後から母親の接触がないと、その子の将来の精神発達に影響を及ぼすとか、妊娠の初期にサリドマイドをのむことが影響して奇形児が生まれるとか、小林先生は警告しています。

第四は、発育には方向がある、ということです。赤ちゃんは、まず目を動かす、つぎは手を動かす、そのつぎに足を動かす、そして立つ、というように発育は、上から下に向かいます。それから体の中から外に向かいます。腕から指へ、脚から爪先《つまさき》へ、というようにです。いろいろな動作が、粗大な動きから繊細な動きに移っていきます。そして、このようなすべての動きを脳がコントロールしていることを考えると、発育が中から外に向かうことが、神秘的にさえ見えてきます。

最新の医学が特に強調しているのは、脳の発達に、人間と人間の相互作用が非常に重要な役割を果している、ということです。きょうだい、友だち、先生と生徒との相互作用などもありますが、人生の出発点で、いちばん重要なのは、赤ちゃんとおかあさんの相互作用です。

専門のお医者さんに、このようにして整理して教えていただくと、ほんとうによくわかります。私たち自身の子育てをふりかえってみると、反省することも多いのですが、自分たちの親から子ども時代に躾《しつ》けられたことが、自分が親になったときに、子育てにどんなに役だったかわかりません。妻は普通のサラリーマン家庭で、私の場合は、どちらかといえば経済的には貧しい大家族でしたが、親から学んだことの多くが、大筋でお医者さんの教えに通ずるのです。

私たちは夫婦外で共働きで子育ての時期もありました。教師と執筆という私の仕事柄、家が仕事場になることが多く、やがて夫婦家で共働きになりました。

子育ても二人でやりました。三人の男の子たちは、三人三様に育ちました。子どもたちの育ち方から私たちは多くのことを学びました。「親はなくても子は育つ」ということも実感としてわかりました。子どもには、独りの時間も、とても大切なのです。

スキンシップ、安らぎ、言葉と発育、想像力の芽生え、愛情を受けるだけでなく与えることを知る、喜ぶ悲しむ、遊び冒険し、自然を内にとりこむ、物語を聞きたのしむ、美しさを感ずる、空想と現実に生きる、みつける、そして創《つく》る興奮など、子どもの心の発育をかいま見るときの親の喜びは、子どもの体の成長と健康に安堵《あんど》する気持ちに勝るとも劣りませんでした。私たちの出会った多くの絵本の助けなしには、これほど大きな喜びは与えられなかったかもしれません。

子どもたちの心の発育に大きな助けとなる絵本との出会いも、偶然のように小林登先生のおっしゃる「発育の四つの原則」と重なるのです。

第一に、発育に順序があるように、絵本をたのしむ、そして理解するのに段階があるのです。絵だけが語りかける単純な絵本から、絵と言葉が赤ちゃんの興味をそそり、やがて、絵と言葉がたのしい物語を語り、そして、物語をたのしみながら心に絵を描く、絵本のなかに自分も入りこんで共感する、というように育っていくのです。例をあげれば、『おやすみなさいのほん』『ちいさなうさこちゃん』『てぶくろ』『どろんこハリー』『三びきのやぎのがらがらどん』『ねむりひめ』というような順序で発育の段階にふさわしい絵本との出会いが、子どもを育てます。『おやすみなさいのほん』から途中をとばして『三びきのやぎのがらがらどん』や『ねむりひめ』には進めません。

第二に、発育の速度に変化があるように、子どもが絵本をたのしむ力は、一定の速度で進むものではありません。時間、日、週、月ごとに一定の速度で、絵本から絵本へと進むことはありません。気に入れば、同じ本をくりかえしくりかえし読んでくれと、せがみます。ある絵本は、ひとのみにするかと思えば、別の本は、ゆっくり嚙《か》みしめるようにたのしみます。

第三に、発育に「危険期」があるように、いちばん適切なときに、絵本のたのしさを経験しないと、その後の読書習慣の形成に影響があります。幼いときに、親子で絵本を読む喜びは、心のスキンシップを育てるだけでなく、生涯つづく読書のたのしさの源になるのです。

第四に、発育に方向があるように、子どもが物語を理解する方向は、表層から深層へ、具体から抽象へと進みます。絵や言葉の語る、目に映るできごとのなかにこめられた意味を感じとり、理解し、不思議な絵や、隠喩《いんゆ》的な言葉に想像力を刺激され、美しさや優しさを感ずるように育っていくのです。

最新の医学が強調しているように、心の発育にいちばん重要なのは、赤ちゃんとおかあさんの相互作用です。優れた絵本は、安らぎのなかで、赤ちゃんとおかあさん、そして子どもとおとうさんの相互作用の絆《きずな》ともなるのです。

『おやすみなさいのほん』の安らぎ

私はこの絵本を手にすると、体内に疼《うず》くような幸せがよみがえります。子どもがとても幼かったとき、一歳半か二歳の頃だったでしょうか、忙しい日が暮れて、子どもを寝かしつける順番が私に巡ってくる夜、子どもに添い寝をしながらこの絵本を読みました。読むうちに、私の体と心に安らぎが染《し》み込み、静かに寝入るわが子の寝顔を見ながら親であることの喜びにひたりました。父親の私でさえそうなのですから、母親の喜びは、どんなに大きかったのでしょうか。

よるになります。

なにもかも
みな　ねむります。
おひさまは
ちきゅうの　むこうがわに
かくれます。

見開きの左ページの静かな言葉に誘われるように、右ページに、力強い輪郭とやわらかな色彩の、そしてゆるぎない壁画のような構図と広がりをもつ石版画が描かれています。丘に沈む夕陽を背に、草場で羊たちが、太い幹の割れ目の巣で小鳥たちが眠りについています。

安らぎをかもしだす静かなリズムとひびきをもつ韻文は、眠りにはいる呼吸にあわせるように聞こえます。

ことりたちは　みな
うたうことも
とぶことも
たべることも　やめます。

そして　あたまを
つばさの　したに　かくして
ねむります。

ねむたい　ことりたち。

囁《ささや》くように抑えたやさしい韻文は、なにもかも、安らぎの眠りに誘います。画面いっぱいに描かれた、温かそうな巣のなかで小鳥たちが眠り、つがいの親鳥が、巣を守るようにその上で、頭をもたれあって目を閉じています。なんと愛情にあふれた絵なのでしょう。

くらくなった
うみの　そこでは
ちいさな　さかなたちが
めを　ぱっちり　あけたまま
ねむります。

ねむたい　さかなたち。

野原の羊たち、森のさるやライオンや野ねずみたち、小さな帆かけ舟、自動車やトラックや飛行機も。それから、カンガルーも子ねこも兎《うさぎ》も蜂《はち》もりすも眠ります。そして、

こどもたちは
くちぶえも　おはなしも　やめ
かんがえるのも　やめます。
そして　おいのりをして
ふとんに　はいり
ねむります。

ねむたい　こどもたち。

「ねむたい　こねこたち」「ねむたい　こどもたち」と、ページの終わりごとに一行あけてリフレインする「ねむたい」を聞きながら子どもは、私の頬に頭をつけたまま、静かな寝息をたてているのでした。

かみさま
あなたの　けものや
うたう　ことりたちに
しあわせを　めぐみ、
ものいえぬ
ちいさな　ものたちを
おまもりください。

信仰のない私も、安らぎを与えられることに感謝するひとときでした。
『おやすみなさいのほん』の詩は、マーガレット・ワイズ・ブラウンの傑作の一つです。そしてジャン・シャローの絵は、彼女の詩と完璧《かんぺき》なハーモニーを奏《かな》でます。母性的な言葉の描くイメージを、父性的な抱擁力を感じさせる描線と構図で力強く表現していくのです。そして全体を芸術の次元に昇華させました。セピアを基調とするジャン・シャローの色使いは、静かな息づかいのマーガレット・ワイズ・ブラウンの選び抜かれた言葉の色彩そのものなのです。私たちに迫るこの絵本の魅力は、大きな手の与える安らぎを歌う詩を、絵が鏡のように映して見せているからです。一九四三年初版以来五十年以上読みつがれてきた古典ですが、子育ての初めに欠かすことのできない一冊です。

子どもが初めて出会う絵本の一冊は、どこの本屋さんの店先にもあり、手軽にそして気軽に買うことのできる、いわゆる「赤ちゃん絵本」のこともあれば、このように半世紀も読みつがれてきた傑作のこともあります。そして、それぞれが子どもに印象を残します。甘ったるい「赤ちゃん絵本」は、甘ったるい印象を残し、不滅の絵本は、不滅の印象を残します。『おやすみなさいのほん』は、私の子どもたちにとっては、一生忘れることのできない一冊になりました。どちらを選ぶかは、親の心がけ次第です。

アメリカの絵本の黄金時代の初期、一九三〇年から一九四〇年にかけ、マーガレット・ワイズ・ブラウンは、物語と詩の分野で、初めて幼い子どもたちの心を打つ創作をした先駆者でした。子どもに戻り、子どものように世界を見、生命を感ずる彼女の純粋な感受性で、幼い心に向けて物語を語り、詩を書くときに、彼女の表現は、読者の子どもたちの関心と情緒に即座に融和するのでした。天賦《てんぷ》のものとはいえ、当時の子どもの本の世界で、そして現在に至るまで、稀《まれ》に見る才能の持ち主でした。アメリカの絵本の世界を代表するモーリス・センダック、ルース・クラウスなどの画家やアルビン・トゥレッセルトその他の詩人に大きな影響を与えています。私も、心から敬愛する作家の一人です。一九五二年四十二歳の若さで亡《な》くなりましたが、彼女のたくさんの作品は、毎年、新しい読者に読みつがれています。

この絵本の画家ジャン・シャローは、パリ生まれのアメリカ人です。二十代にメキシコのユカタン文明の発掘に参加したのが契機で、考古学の専門的研究と同時にメキシコ美術に大きな影響を受けます。考古学者としても立派な業績を残しながら、画家として大成し「偉大なるメキシカン・アーティスト」と敬称されます。壁画の代表作は、メキシコ大学、メキシコ市庁舎、ジョージア大学美術館、アイオワ・アート・センター、ノートルダム大学、リンカーン・パーク(ミシガン)、アメリカ本土各地の著名な教会などのほか晩年を過ごしたホノルルのハワイ大学、ワイキキのビショップ銀行にあります。フレスコ画、油絵、石版画の作品は、ロックフェラー・コレクション、ニューヨークの近代美術館、フィレンツェのウフィッツィ美術館などに収蔵され、二十世紀のアメリカ美術界を代表する芸術家の一人でした。またすぐれた教師として、ニューヨーク市の幾つかの美術学校とハワイ大学の美術の教授として教育にたずさわりました。多彩な才能は、イラストレーションの分野でも発揮され、リトグラフ印刷の新技術を完成させたことも高く評価されています。

子どもの本の仕事では、初期に何冊かのメキシコの昔話集にナイーヴなイラストを描きました。その他、マーガレット・ワイズ・ブラウンの『せんろはつづくよ』(*Two Little Trains*, 1949)、アン・ノーラン・クラーク『アンデスの秘密』(*Secret of the Andes*, 1952)などの原書に代表的なイラストレーションがみられます。

ジャン・シャローは、一九八〇年にハワイで亡くなりました。

『おやすみなさいのほん』は、このように、アメリカで最もすぐれた童謡詩人が文を書き、国際的な芸術家が精魂こめて絵を描き、石井桃子さんが美しい日本語に翻訳した絵本なのです。日本では、一九六二年に出版されて以来、既に二世代にわたって、親子に「幸せのひととき」を与えつづけています。

□口にくわえてはなさない『もうふ』

私たちの末息子が一歳半のころ、ジョン・バーニンガムの「ちいさいえほん」の第Ⅰ集が翻訳出版されました。『ゆき』『もうふ』『がっこう』『いぬ』の四冊です。この中で息子が圧倒的な興味を示したのは『もうふ』でした。作者のバーニンガムは、現代イギリスの最もすぐれた絵本作家の一人です。父親が幼いわが子の成長を見つめながら、日々の暮しのなかの、子どもにとっては劇的なできごとを、ペンと色鉛筆とクレヨンと、簡潔なやさしい言葉で、生き生きと、のびやかに、愛情豊かに表現しています。

わが家の子どもたちは、三人とも母乳に恵まれなかったため、くちびるのさみしさをおぎなう何かが必要でした。

長男は、ぬいぐるみのクマでした。ドイツ人の友人からいただいたこのクマは、「くまのプーさん」やイギリスのテディベアと様子が違い、気の小さい幼い子は怖がるのではないかな、と思われるほど、ほんもののクマの形相をしていて毛むくじゃらでした。けれども、その毛は、たいそうソフトな肌ざわりでした。聞きもらしてしまいましたが、ドイツでは、昔からよばれている愛称があるのでしょうね。長男は、このクマがとても気に入って、片時もはなさず連れて歩き、いっしょに寝るときには、なめたり、しゃぶったりなので、彼が幼稚園を卒園する頃には、残る毛が数えられるほどの、はげクマになっていました。地方の私立の中学に入学して寮生活の最初の日に、はげクマは、同室の子どもたちに、汚れたボールのように、投げとばされたり、蹴《け》とばされたりしたので、長男は、つぎの日曜日に、はげクマを家に連れて帰り、涙の別れを告げました。

二男は、赤ちゃん用毛布のガーゼカバーでした。幼稚園にはいるまで、それを持ち歩き、しゃぶりつづけたので、まったく気味の悪いぼろ布の一片になり、最後には、私が、その不潔さに耐えかね、二男の、ぼろ布からの独立を願って、ごみといっしょに焼きすてました。

三男は、アメリカの友人から贈られた赤ちゃん用の黄色い毛布でした。彼にとっても、この毛布が、セキュリティー・ブランケット(情緒安定毛布)になりました。すりよる母親の乳房は必要なく、昼も夜も、孤独や不安を感ずるときには、この小さな毛布が絶対になくてはならぬものでした。一泊旅行に、毛布を持参することを忘れようものなら、親がどんなに肌を接して添い寝をしても、まるで皮をはがれたように泣き叫んで寝つかれませんでした。彼は、毛布をみつけるまで泣きながら、ベッドの下、いすの下、戸だなの中、おもちゃ箱の中、本だなの中、自動車の中、うば車の中、おふろの中を、さがしまわるのでした。

バーニンガムの『もうふ』の主人公は、そのときの彼そのものだったのです。絵本のなかの小さな男の子が、毛布をみつけるまでは、彼も、いてもたってもいられないらしく、男の子が、ベッドの下をさがせば、自分も、ベッドの下をのぞきにいき、男の子のおかあさんが、おふろ場を見れば、彼も、自分の母親をおふろ場につれていこうとさえするのでした。最後の場面で、男の子が、枕《まくら》の下に毛布をみつけると、彼も、しっかりかかえていた毛布に、ほおをよせて、にっこり笑い、ごろりと横になるのでした。

赤ちゃん絵本の主人公の感情——不安と喜び——を自分の感情として、読者である赤ちゃんが、生き生きと身代り体験をしたのでした。彼にとって、絵本の主人公に共感する最初の体験だったかもしれません。

作者のバーニンガムさんが、一九八三年にわが家にいらっしゃった折、この話をすると、たいそう喜んでくださって、私が大切にしていた原書にサインをしてくださいました。

THE BLANKET
John Burningham

Jonathan Cape Thirty Bedford Square London

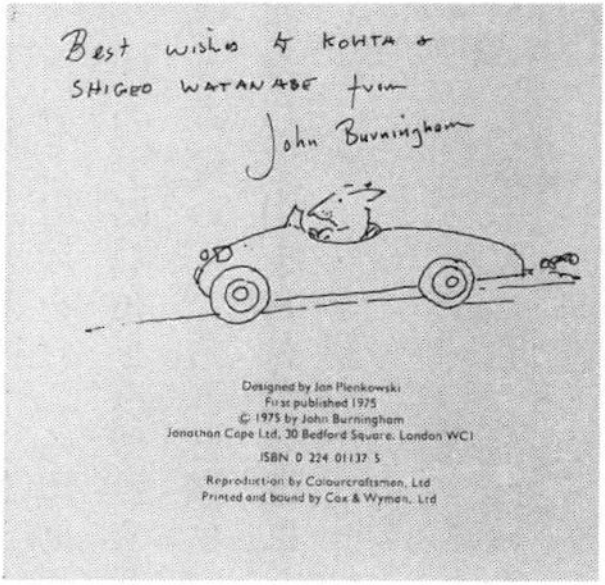
Best wishes to KOHTA & SHIGEO WATANABE from
John Burningham

Designed by Jan Pienkowski
First published 1975
© 1975 by John Burningham
Jonathan Cape Ltd, 30 Bedford Square, London WC1

ISBN 0 224 01137 5

Reproduction by Colourcraftsmen, Ltd
Printed and bound by Cox & Wyman, Ltd

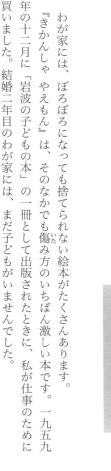

ぼろぼろになった『きかんしゃ　やえもん』

わが家には、ぼろぼろになっても捨てられない絵本がたくさんあります。『きかんしゃ　やえもん』は、そのなかでも傷《いた》み方のいちばん激しい本です。一九五九年の十二月に「岩波の子どもの本」の一冊として出版されたときに、私が仕事のために買いました。結婚二年目のわが家には、まだ子どもがいませんでした。

私は、大学の「児童図書館」の講義の時間や、キャンパスの外での講演や研修会で、必ずこの絵本を読みました。絵本の読み聞かせに、またとないたのしい絵本の例でした。私の講演を聞いた小学校のPTAのおかあさんのひとりが、「こんなたのしい仕事なら、自分の娘をぜひ児童図書館員にさせたい」と、いいました。その娘さんは、私の教えていた大学の図書館学科に入学し、児童図書館員になりました。

それからしばらくして、私の家内のおなかから、長男が生まれました。長男が生まれた翌年に、こんどは、私のなかから『しょうぼうじどうしゃ　じぷた』が生まれました。『きかんしゃ　やえもん』が私のなかに種をまいたのでした。

長男は、二歳半ごろ、『きかんしゃ　やえもん』に夢中になりました。私も家内も何十回読まされたかわかりません。

長男は、機関車など見たこともないのに、いなかの町の機関庫にいた「やえもん」が大好きになってしまいました。肌身はなさずですから、よだれと、たべもののかすで、ページはよごれほうだい、のりもの遊びで、積木といっしょに使われるので表紙は傷だらけ、製本はガクガクになりました。

それればかりではありません。独り遊びの間に「やえもん」は、こんなになりました。だれにも相手にされなくなったやえもんは、いつでもきげんが悪く、駅に止まっているときでも「ぷっすん　ぷっすん　ぷっすん……」と怒っていました。

何回も何回も読んでもらっているうちに、長男は、やえもんの吐き出す蒸気に、ぷっすんぷっすんと穴をあけました。

やえもんは、「あしや　せなかが　いたいので、えきを　でるときは、『ひゃあ！』と、ひとこえ、ひめいを　あげました。それから、『しゃっ　しゃっ　しゃっ　しゃっ　し

やっ　しゃっ　しゃっ　しゃっ　しゃっ　しゃっ　しゃっ　しゃくだ　しゃくだ　しゃくだ……』と　おこりながら　はしりだします。

すると、やえもんと　おなじくらい　としよりの　きゃくしゃが、うしろから、『ちゃんちゃん　かたかた　けっとん』『とっても　つかれて　けっとん』『ほんとに　いやだよ　けっとん』と　はやしながら　ついていきます」。

あんまり言葉のリズムがいいものですから、このページから二両連結のやえもんが破りとられて汽車遊びの仲間入りをさせられてしまいました。

役にたたなくなったやえもんが、電気機関車に連結されて、どこかにつれていかれそうになるページでは、やえもんの煙突から、クレヨンで、めちゃくちゃに煙を吐きださせました。長男は「やえもん、やめちゃだめ！」というつもりだったのでしょう。

煙突からの火の粉で田んぼを火事にしたやえもんが「わるかった　しゃあ、わるかった　しゃあ……」とあやまるページでは、「いいんだよ、いいんだよ！」と、あめをしゃぶった手でこするものですから、指のあとがべとりんこ、とつきました。

博物館入りの決まったやえもんを、子どもたちが掃除したり、古い傷あとを塗りなしたりするページでは、自分も協力してクレヨンで塗りたくりました。

よれよれ、ぼろぼろになり、ページの欠けてしまった『きかんしゃ　やえもん』を母親が捨てきれず、裏表紙に「わたなべてつた二さい」と名まえを書くと、その上に、長男は、赤い太いサインペンで字らしきものを書き「てつたのほん」といいました。

欲しかった『ちいさいじどうしゃ』

私は、一九五八年に、おんぼろのダットサンを買いました。年式は、今では思い出せません。とにかく、ラジエーターの下にある穴からクランク棒をつっこんで力いっぱい回し、エンジンをスタートさせるという時代ものでした。もちろんマニュアルシフトで、シフトのロッドは、ステッキみたいに長く、その先端に握りやすい丸い球がついていて、エンジンの震動で、いつもぶるぶる震えていました。タイヤは乗るたびにパンクしました。そんなポンコツでも、自分の自動車が欲しかったのは、図書館の児童室で利用者の子どもたちと一緒に愛読したロイス・レンスキーの『ちいさいじどうしゃ』のせいでした。

スモールさんは、ちいさい　じどうしゃを　もっています。
ぴかぴかの　あかい　じどうしゃです。
スモールさんは　この　じどうしゃが　ごじまんです。

そうでしょうとも、見開きの右ページに、ほろつきの赤いスポーツクーペが止まっていて、その横に黒のスーツにシルクハット、赤いちょうネクタイときめたスモールさんが、ステッキを手に立っています。

スモールさんは、私のやりたかったことを、すべてやってみせるのです。庭の奥に車庫があって、スモールさんは、そこで、作業服をきて、「ちいさい　じどうしゃ」に油をさします。ページをめくるごとに、タイヤに空気をいれ、ラジエーターに水を入れ、それからドライブにでかけます。なんと、スモールさんの自動車は、床のスターターをふむと、ぶるるるぶるると、エンジンがかかります(この絵本は、一九三四年に出版されているというのにです。私のポンコツ車のなんと旧式だったこと! それから二台目の買い換えの中古車で、やっと床のスターターを、私は踏みました)。スモールさんは、田園を走り、牧場のそばを走り、町を走ります。信号を守り、ガソリンスタンドに寄り、買い物をして家に向かいます。雨に降られて、ほろをつけ、おやおや、パンクもします。

ジャッキを使ってスペアタイヤをつけかえます。それから家に帰って自動車をぴかぴかにみがきます。

白黒の単彩で、くっきりした輪郭、小道具の一つ一つにいたるまで、パースペクティヴのある存在感で描かれています。そして、絵全体が童心溢《あふ》れる物語を語りかけてくるのです。図書館の棚やテーブルの上に平らに置くと、子どもたちが手をのばす前に『ちいさいじどうしゃ』の絵本が、子どもたちに向かって手を差しのべるのです。

子どもたちに向かって動き出すたのしい絵は、岡部冬彦さんの『きかんしゃ　やえもん』がそうですし、山本忠敬さんの『しょうぼうじどうしゃ　じぷた』がそうです。わかりやすく、表情豊かで、ユーモアがあって、忘れられない個性を備えたキャラクターとして、絵本の内そとで、現実と想像の両空間で存在しつづけているのです。この三冊は、子どもたちがいる限り読まれる「のりもの絵本」の古典です。

『ひとまねこざる』のいたずら

小さな子どもを見ていると、なぜ、こんなことをするのかな？と思うことを、いくらでもやります。私の子どもの場合も例外ではありませんでした。庭のすみに毎年咲くマーガレットが、ある年は、白い花が開くたびに、むしりとられ、まるで首をちょんぎられたろくろっ首の列が、風に吹かれているように無気味なさまを見せました。それからある日は、私の大事に育てている鬼ゆりのつぼみが（鬼ゆりは、一年ごとにつぼみを一つずつふやし、やっとみごとな花が咲くようになったのです）、そっくりなくなって、あわれな茎だけになっていました。

私は、犯人の息子（三男）をつかまえて、ききました。

「光太が、お花をとったの？」

「うん。お花とって、トラックにのせて、ゆりこちゃんにあげたの」

私は、光太を叱《しか》ることができなくなりました。私たちが庭や野の花をつんで、花びんにさしたり、あるいは、花を人にさしあげたり、いただいたりするのを、彼は見ていたのです。

ある日彼は、湯上がりにつけるタルク・パウダーをもちだしてきて、ぜんぶ廊下にぶちまけ、棒を使って、いっしょうけんめいひろげました。幼稚園の先生が、運動場に石灰で白い線を引くのを、自分もやってみたかったのです。

ある日は、お客さんが帰った後、のみのこしのコーヒーをすすり、灰ざらの吸いがらをくわえて、マッチをすりました。それを叱られると、まわっている扇風機にスプーンをつっこみました。

光太は、おふろにはいるのは大きらいではありませんが、シャンプーをつけられ、シャワーでかみの毛を洗われるのは大きらいでした。ある日、ふろ場で友だちと二人であそんでいるうち、わが家に居候《いそうろう》の、のらねこミーコをつかまえて、シャンプーを一びん空になるまでふりかけました。ねこの全身の毛が、はりねずみの針のようにつっ立ちました。それからねこは、洗っても洗っても全身からあわが立ち、最後には光り輝くねこになりました。

ある日、トイレから光太の母親の叫び声がきこえました。私もあわてでかけつけてみると、水洗便器の中で、光太がハンカチを「おせんたくしてんの!」でした。

私たちが肝を冷やしたのは、おとなが来客と歓談中、台所でストンストン! と音がしたので、母親がいってみると、光太が大きな出刃包丁をもって、ストンストン! とオレンジを輪切りにしていたのです。母親が悲鳴をあげながら包丁をとりあげると、光太は、不満そうに、「おきゃくさんに、あげんの」といいました。

子どもは、目のとどく範囲でもこの始末です。育児は、ほんとに大変なことです。健康で知恵がつきはじめれば、どんな子どもも、『ひとまねこざる』のじょーじを地でいくのです。

子どもの本を創《つく》る場合にも、あるいは、子どもに本を与える場合にも、子どもを育てる場合と同じように、おとなは、二つの態度をとることができます。

すべての危険から子どもを遮蔽《しゃへい》して、子どもがまったく傷つかないようにして保護して育てるか、あるいはその子どもの能力の許すかぎり、世界のすべてにふれさせながら育てるかです。

じょーじは、電線の上を綱渡りしたり、じてんしゃにのって独りででかけたり、電話のいたずらで消防車をよんだり、独りで魚つりにでかけたりします。

『ひとまねこざる』の作者が、どちらの態度をとっているか説明の必要がありません。いたずらが過ぎて、じょーじは、じてんしゃをこわしたり、入院させられて手術をうけたり、牢屋《ろうや》に入れられたりします。

だからといって、これらの本の作者たちは、読者の子どもたちを脅かしているのではありません。これらの本を読む子どもたちは、じょーじと同じように心ゆくまで冒険をたのしみ、そして失敗すれば、自分のことのように、痛みを感じたり後悔したりするにちがいありません。

マーガレット・レイとH・A・レイご夫妻のような作家は、心にくいほど、子どもの心のわかる、そして躾《しつ》けの上手な絵本作家だと思います。

『もりのなか』との出会い

私の書斎の絵本の棚に、古ぼけた一冊のアメリカの絵本があります。その絵本は、一九四四年九月に出版されたもので、書名は *In the Forest* で、作者は、Marie Hall Ets です。そして、とびらのよこに、

To Shigeo Watanabe and the children of Japan. Greetings! Marie Hall Ets (渡辺茂男さんと日本の子どものみなさんへ。はじめまして。マリー・ホール・エッツ)

と、作者の自筆の挨拶《あいさつ》と署名が記されています。

ここまで書けば、絵本に親しんだ読者の方なら、この絵本が『もりのなか』(マリー・

ホール・エッツ文・絵、まさきるりこ訳、福音館書店、一九六三年刊）の原書であることに、すぐ気づかれることと思います。

この心あたたまるやさしい絵本がアメリカで出版された一九四四年には、私は、私自身の年譜によれば、十六歳で「動員先の工場で東海大地震に遭遇、危うく作っていた水上機のフロートの下敷き」になりかけていました。そして、その翌年には「……八月、終戦直前の空襲により生家ふたたび焼失（私の生家は、昭和十五年の静岡大火で以前にも焼けていました）。大家族の流転《るてん》ふたたび始まり、飢えに苦しむ」という境遇でした。

それから十年後、一九五五年、二十七歳のときに、「アメリカのケース・ウェスタン・リザーヴ大学で図書館学修士を得、同時にニューヨーク公共図書館に児童図書館員として勤務。本館、スタットン島、ブロンクス、ハーレムの分館に勤務。アン・キャロル・ムーア、ヘレン・マスティン、オーガスタ・ベーカーなど、著名な児童図書館員の薫陶《くんとう》を受ける」という、まったく予測できない流転の人生を歩いていました。

マンハッタンの五番街と四十二丁目の角にある、ライオンの彫像が番をする、世界一大きな公共図書館の地下に、中央児童室がありました。

かけだしの児童図書館員として勤務していたある日、私は、もの静かな、とても小柄な、めがねをかけた、銀髪の老婦人に出会いました。

毎日、なにかを調べにやってくる老婦人の文献探索を、図書館員としてお手伝いをしているうちに、その老婦人が、かつて社会事業を専攻し、子どもの福祉のため働いたことがあり、そのときには、子どものために書かれた健康や衛生の本を調べていることを知りました。

静かな老婦人は、私が日本からの留学生であることを知ると、敗戦後の日本の子どもたちの生活のことや、当時ニューヨークに治療にきていた原爆乙女のことなどを、辛《つら》そうに顔を伏せながらたずねられました。そして、私が勉強を終えたら帰国することを話すと、とても嬉《うれ》しそうな表情になり、「いつまでも子どもの本の仕事をつづけるように」と、両手をにぎって励ましてくれました。

そして、「私の書いた絵本を一冊もっていってくださいますか?」と、恥ずかしそうにサインしてくださったのが、私の書斎にいつもおかれることになったこの絵本なのです。

学生時代に、二十世紀の絵本の古典の一冊として教えられ、図書館員になってからも、絵本の時間に、子どもたちにたえず読んであげていた名作『もりのなか』を、作者から、こんな幸せな出会いの折に贈られたのでした。

『もりのなか』の日本語版は、一九六三年に出版されますが、訳者の間崎ルリ子さんは、慶應義塾大学の図書館・情報学科の学生時代に、私の授業で初めてこの絵本にふれ、私と同じように留学、アメリカのボルティモアの図書館で、子どもたちといっしょにこの絵本を読み、帰国後に翻訳されたのです。

『もりのなか』は、黒のコンテだけで描かれた、白黒の静かな絵本です。幼いぼくが主人公で、独りで森へ散歩にいき、いろいろなどうぶつに出会い、みんなでたのしくあそびます。

そこには、暗いすずしい木陰ばかりでなく、小川も、陽のあたるピクニックの広場もあります。読者の幼い子どもたちは、主人公の男の子になりきって、森の中を散歩しながら、それぞれの情景で、その情景に一ばんふさわしい色を感じ、光を感じ、森の香りにひたります。それは、クレヨンや絵の具の色だけで表現することのできない微妙な色彩であり、時々刻々に、光とともに、動きとともに、変化していく色彩なのです。子どもの成長とともに変化していく色彩であり、香りであり、情緒でもあるのです。

最後にかくれんぼをやり、ぼくが鬼になり、目をあけると、どうぶつは、みんなかくれてしまい、おとうさんが迎えにきています。

私は、この絵本が大好きなのですが、とくに結末が好きで、ぼくのおとうさんのやさしさ、それは、エッツさんのやさしさでもあり、また、エッツさんが、ご自分のおとうさんに感じられたやさしさを、しみじみと感ずるからです。

私は、いまはおとなになってしまった長男が幼かったときに、この絵本を読んでやりながら、結末にくるたびに、自分も、こういう父親になりたいとねがいました。それと同時に、私の内に生きつづけている、私の父を思いだしていました。十二人の子どもたちを厳しく育てながら、内にやさしさを秘め、ときには、おさえきれない愛情を無骨に表現してみせた父でした。

父に対する追憶が、私に『寺町三丁目十一番地』を書かせました。

長男は、当時私たちが住んでいた辺りに、わずかに残されていた木立のなかで「もりのなか！」「もりのなか！」といっては遊びました。「もりのなか」に長男をさがしにいった私は、長男を肩車にのせて帰ったものでした。

二年後に生まれた二男が、よちよち歩きをするようになると、「もりのなか」の散歩のなかまがふえました。親子四人で、そろってでかけることもありました。幼い子どもたちと散歩にでて、もうしわけばかりの木立をとおりぬけながら、子どもが「パパ、『もりのなか』みたいだね」といえば、私は「うん、うん」と相づちをうちながら、いつのまにか、私自身が主人公になって「かみのぼうしをかぶり、あたらしいラッパをもって、もりのなか」をあるいているのです。そうすると、その森がどんどん深くなって、なにか事件がおこりそうな気がしてきます。大きなカシの木でもあれば、その木のてっぺんか、ぐるりとまわった幹の向こうがわに、なにかいなければおさまらなくなります。赤と白のしまもようのでっかいたまごをみつけて、私たちはとびあがります。

ああ、おべんとうをもってくれれば、もっとたのしかったのに！

こうして『もりのなか』が、私に『もりのへなそうる』を書かせました。エッツさんと子どもたちのおかげです。

二男が生まれてから十年たって、三男がさずかりました。新しく買い替えた『もりのなか』を、くりかえしくりかえし、母親に読ませた三男は、ニュータウンの公園や、家族ででかけたキャンプ場の林で、自分の「もりのなか」をもちました。

いまやわが家では、だれかが「もりのなか」という言葉を口にするとき、それは、家族のだれかが現実に踏み入った、森の中のことであると同時に、幼いときに遊んだ「もりのなか」でもあるのです。「もりのなか」は、こうして、家族が経験を分かち合い、心を一つにすることのできる家族の言葉になりました。

こういうことを、もしかしたら家庭の文化というのかもしれません。

私たち夫婦の子どもたちが親になったとき、『もりのなか』を思いだして、それぞれの子どもたちに読んでやるかもしれません。私たちにもし娘がいれば、嫁ぐときに、きっと『もりのなか』を嫁入り道具の中に入れていくにちがいありません。そうすれば、わが家の文化が次の世代に継承されていくのです。

幼い子どもたちが、自由に遊べるこんな森を小さくてもよいから生活環境のなかに持ちたいものです。せめて絵本でもと思います。ここで書き添えておきたいのは、『もりのなか』につづく『また もりへ』です。幼い主人公の「ぼく」は、森のさわぎに誘われて、また森へ遊びにでかけます。すると動物たちが、とくいな技のうでくらべを始めるところです。「ぼく」は、ぞうさんにたのまれて、呼出係をつとめます。動物たちの素朴なうでくらべのたのしさは幼い心を魅了します。このあどけない物語のクライマックスで、一つの秘密が語られるのです。それは科学的事実なのですが、人間と動物の一つの違いなのです。読者の幼い心に「なぜ?」「どうして?」と自然の不思議に関して、終生続く疑問が芽ぶきます。作者の専門的教養が幼い心に与える刺激です。

『わたしとあそんで』の女の子

　口にするだけで幼いときの思い出がよみがえってくる呼びかけの言葉があります。「あそびましょ！」この言葉にこめた私の願いに、友だちがこたえてくれたときは、目のまえが開けるような喜びを感じました。友だちに断られたときには、まるで世界じゅうが自分を相手にしてくれないような孤独を感じました。でも、私の子ども時代には、自然が豊かだったので、魚や虫や小鳥が友だちになってくれました。

　春、姉に連れられて、町のはずれから広がる田んぼの畦道《あぜみち》や、川の土手につくしんぼを摘みにいき、黒い土の中からいっせいに背伸びをしている、とんがり帽子をかぶった奇妙な細い白い竹のような草をつぎつぎみつけて「どうして、こんな草が、地面からで

てくるの？」と聞いては、腹ばいになって眺めたものでした。

夏になれば、兄について近所の寺の境内に蟬《せみ》とりにいき、兄がもち竿《ざお》で蟬をとっている間に、楠《くすのき》や欅《けやき》の幹にしがみつくようについている蟬の抜け殼を紙袋いっぱい集めたものでした。小学校にあがる前だったけれど、蟬が、あの殼をかぶったまま地中に七年間もぐっていると教えられて、自分が真っ暗な地中にもぐっているさまを空想して息が苦しくなったことがありました。河原で蛇の抜け殼をみつけたときには、蛇は何年もぐるのか知りたくて、乾いた抜け殼を拾って帰り、机の引き出しにしまっておきました。おたまじゃくしも、とてもふしぎな生き物で、バケツにいっぱいとってきて、親に叱られたことがありました。

生き物との遊びは残酷なことをおもしろがってするときもありました。蛙《かえる》をつかまえ、尻《しり》の穴に草の茎をつっこみ、空気を吹き込んで小川に戻し、水にもぐれなくて浮いたまま流れていく蛙に石をぶつけて遊んだこともありました。でも、その情景は一生おぼえていて、心の中で後悔し続けるのです。

それから虫かごのなかで死んでいる蟬や蛍の姿が哀れで子ども心に、とても悲しくなったことをおぼえています。

このように自然の生き物を相手に遊んでいるうちに、生命の不思議も知りました。こういう不思議が、子どものなかにはいりこむと、その心を、一生、緑に保ってくれるのではないのでしょうか。私の好きな絵本に、『わたしとあそんで』という一冊があります。原書は、*Play with Me* という題で、一九五五年にアメリカで出版されました。作者は『もりのなか』と同じマリー・ホール・エッツです。詩人の与田準一さんが美しい日本語に訳しています。

表紙の真ん中で、金髪に白いチョウのリボンを結び、くちびるをそっと閉じた、幼い女の子が、こちらをじっと見ています。絵本を開くと、どのページにも、白をバックに、そこだけがお日さまに照らしだされたように、淡い黄色のやわらかい枠のなかに、女の子がいます。「あさひが　のぼって、くさには　つゆがひかりました。わたしは　はらっぱへ　あそびに　いきました」。幼い女の子が、草の葉にとまったバッタをみつけ、「ばったさん、あそびましょ」と、つかまえようとすると、バッタは、とんでいってしまいます。同じように、カエルも、カメも、リスも、カケスも、ウサギも、ヘビも、「あそびましょ」と、手をさしだすと、つぎつぎ逃げてしまいます。「だあれも　だあれも」遊んでくれないので、幼い女の子は、池のそばの石に腰かけて、ミズスマシを、じっとみつめます。音も立てずにじっとしていると、バッタがもどってきて、草の葉にとまります。カエルももどってきて、草むらにしゃがみます。やがて、カメも、リスも、カケスも、ウサギも、ヘビも、もどってきます。女の子は、それでも音を立てずに、じっとしていると、シカの赤ちゃんがそばによってきます。それでも、じっとしていると、シカの赤ちゃんが、ほっぺたをなめてくれます。

淡彩のクレヨンで、いとおしむようにやさしく描かれた、安らぎにみちた絵を、一枚一枚お見せできないのが残念です。この絵本のなかで、幼い女の子は、自然のなかの独り遊びで、生き物に接する方法を発見します。というよりも、自然が教えてくれるのです。女の子がじっとしていると、自然が女の子を包みこみ、小さな動物たちがそばによってきて友だちになりました。私たちは、自然を追いかけてはいけないのですね。こうして、この子のうちで、豊かな情感、繊細な感受性、想像力が養われていきました。絵にも文章にも、幼い主人公にも、生き物たちにも、作者の心にも、そして訳者、編集者、出版社の心にも、やさしさと愛情があふれている絵本です。動物社会学者の河合雅雄先生は、こういう感情は、「人類が、他人と暮すために、長い時間をかけて獲得した財産であり、自然のなかで蓄えた感情です」と語り、これを、人々が持つ「内なる自然」とよんでいます。『わたしとあそんで』を親子で読むとき、親の心に「内なる自然」がよみがえり、子どもの心に緑の種がまかれるかもしれません。

『てぶくろ』の不思議

子どもたちに、あるとき、一たす一は二になる、二たす一は三になるという、すばらしいことを教えるのは、もちろん必要です。けれども同時に、カメラには写らないけれど、心の眼には写る広い世界があるということを知らせてやることも大切です。そのためには、おとなが子どもたちのために、その世界にはいるとびらを開いてやらなければなりません。

近頃は、想像力や感受性よりも、計算能力や反応の早さが大事にされます。ゆっくり働く想像力こそ世界を大きく深く見せてくれたり、だれも気づかなかったことを発見したりする魔法の力なのです。

幼い子どもたちの生活では、現実と空想の間に、はっきりした境界線はひかれていません。イヌやネコや、ぬいぐるみの動物に話しかけ、花や石に話しかけるのは、幼いときには、どんな相手にも生命を感ずるすばらしい感受性が、だれにもあるからです。すぐれた絵本では、画家のすぐれた想像力と、そしてその力が見る世界を描きだす表現力――絵筆の動きが、世にもふしぎなできごとを、リアルに見せてくれます。

このような想像力と表現力のとけあった傑作が、ラチョフの描いたウクライナ民話『てぶくろ』です。

小犬をつれたおじいさんが、森のなかに、手ぶくろを片方落としていきました。絵本の一ページ目で、雪のうえに、手ぶくろが片方落ちています。くいしんぼねずみが、それをみつけて、「ここで　くらすことにするわ」と、もぐりこみます。緑色のぴょんぴょんがえるが、はねてきて「わたしも　いれて」。つぎは、はやあしうさぎが「ぼくも　いれてよ」。もう、三びきになりました。おしゃれぎつねがやってきて「わたしも　いれて」。そのつぎは、はいいろおおかみが「おれも　いれてくれ」「まあ　いいでしょう」。パイプをくわえ、杖《つえ》をついたきばもちいのししが、「ふるん　ふるん　ふるん」と、とおりかかり、「わたしも　いれてくれ」「ちょっと　むりじゃないですか」「はいってみせる」というわけで、六ぴきが、ぎゅうぎゅうづめ。手ぶくろの家は、動物が一ぴきふえるたびに、ページごとに大きくなり、はしごがかけられ、窓があき、せまくても、ぬくぬくと気持よさそうです。最後にやってきたのが、白いガウンにしゃれた帯をむすんだ、大きなのっそりぐま。「うおー　うおー。のっそりぐまだ。わしも　いれてくれ」「しかたがない。でも、ほんの　はじっこにしてくださいよ」。これで七ひきになりました。手ぶくろは、いまにも　はじけそう。さて、おじいさんが、落とした手ぶくろに気づいてもどってきます。小犬が、むくむく動く手ぶくろをみつけ、ほえたてました。そこで動物たちが逃げだし、あとからきたおじいさんが、手ぶくろを拾いました。

絵本の最後のページにも、雪の上に、手ぶくろだけが描かれ、おじいさんも小犬もでてきませんが、おじいさんに拾われる手ぶくろが、元のまま落ちています。

ラチョフの想像力と表現力は、なんとすばらしいではありませんか。ページを開いたとたんに、読者の私たちは、おじいさんの落とした手ぶくろの現実の形や大きさなどまったく忘れ、あたたかそうな民族衣装の冬着に身をつつんだ森の動物たち、しかも、それが、小さなねずみから、大きな熊《くま》まで、たった一つの「てぶくろ」の家にもぐりこむようすに魅せられっぱなしになってしまいます。ラチョフの描く絵は、話し上手の語り手の語るユーモラスな昔話が、聞き手の素朴な人びとの心に描きだす絵そのままのように、私には思えます。

「一たす一は二」だけで育つ、さめた子どもは、「こんな話、うそだ！　手ぶくろのなかに、そんなにたくさん、どうぶつがはいりっこないもん！」と、いうかもしれません。

でも、そういいきる子どもは、大きくなって、ピカソやダリや北斎の絵などに、なんの興味も示さないおとなになることでしょう。

逃げだした『おだんごぱん』

子どもに本を読んであげるときは、ゆったりした気分で読んであげてください。気分が何よりも大切です。

せかせか読んだのでは、どんなすばらしい絵本を読んであげても、物語は伝わらないし、伝わるのはおかあさんのせかせかの気持だけで、子どもはたのしみません。ゆっくり間をとって読みはじめると、まず自分が落ち着きます。

子どもに本を読んであげる時間は、子どもが成長してからでは、とりもどすことができない貴重な時間なのですから大事に使いましょう。

手にしただけで、おかあさんも子どもも、ゆったりした気分になってしまうような絵

本があります。焼きたてのやわらかいパンの香りと色をした絵本とでもいいましょうか。「よいしょ！」と子どもをひざにのせ、この絵本の表紙を、ふたりで、ゆったりながめながら一字一字くぎるように、『おだんごぱん』と、ゆっくり読みます。子どもの目は、大きな白い鉢にはいった大きな「おだんごぱん」にひきつけられます。鉢をかこんでおおかみと、おばあさんと、おじいさんと、うさぎと、くまと、きつねがのぞきこんでいます。おだんごぱんは、困った顔をしています。

そんな奇妙な絵が、あたたかい淡いセピアの色調でのんびりと描かれています。「おだんごぱん」だなんて、なんとゆかいな題ではありませんか。ロシアのむかし話です。

むかし　むかし　おなかのすいたおじいさんにせがまれて、おばあさんが、粉箱をごしごしかいて、なけなしのこむぎ粉を集めて「おだんごぱん」を焼きました。

無地の白を背景に、おおらかな線描の輪郭とソフトな水彩で、広い空間におじいさんとおばあさんのおだんごぱんを焼くやりとりが、ゆったりと描かれ、物語はのんびり進行し空想をさそいます。

ほかほかに焼けたおだんごぱんを、おばあさんが、まどのところに冷やしておくと、おだんごぱんは、「まどから　ころんと、いすのうえ。いすから　ころんと、ゆかのうえ」。床から戸口へころころ。それから、ろうかをころがり、だんだんをおりて、表の通りへでていった。まるで『どろんこハリー』みたいではありませんか。

ページをゆっくりめくると、おだんごぱんが、逃げだすさまがたのしく描かれ、おじいさんとおばあさんが気がついたときは、表の通りから門の外。

ここが絵本のたのしいところで、読者の子どもは、おだんごぱんを目で追いかけている間に、自分が、逃げだすおだんごぱんのような気持になってしまいます。

読んであげるこつは、子どもと同じように描かれたおだんごぱんを目で追いながら、間を上手に生かすことです。この絵本の文章は耳にやさしく快くひびき、わらべ歌のように聞こえます。

逃げだしたおだんごぱんは、野原で、うさぎと、おおかみと、くまに、つぎつぎ出会います。見開きのページごとの広がりに描かれた出会いの絵画表現は、物語のリズムにぴったりのゆとりを読者にあたえます。おだんごぱんは、出会いのたびに食べられそうになりますが、こう歌って逃げていきます。

　ぼくは、てんかの　おだんごぱん。ぼくは、こなばこ　ごしごし　かいて、あつめて　とって、それに、クリーム　たっぷり　まぜて、バターで　やいて、それから、まどで　ひやされた。けれども　ぼくは、おじいさんからも、おばあさんからも、にげだしたのさ。おまえなんかに　つかまるかいところが最後に悪知恵の働くきつねに出会います。

歌がじまんのおだんごぱんは、きつねにほめられて、くりかえし歌いながら、きつねの鼻の上から舌べろのうえにのるものですから、あっというまにきつねのおなかのなかにはいってしまいます。

おだんごぱんは、所詮《しょせん》食べられる運命でした。

私は、気持よく読んでいたら、自分もきつねのおなかにはいってしまいました。

絵の流れといい、表情といい、空想を誘う余白といい、そして、みごとな語り口といい、『おだんごぱん』は、子どもといっしょに読むたのしさを、たっぷり味わわせてくれる絵本です。

第2章　空想と現実

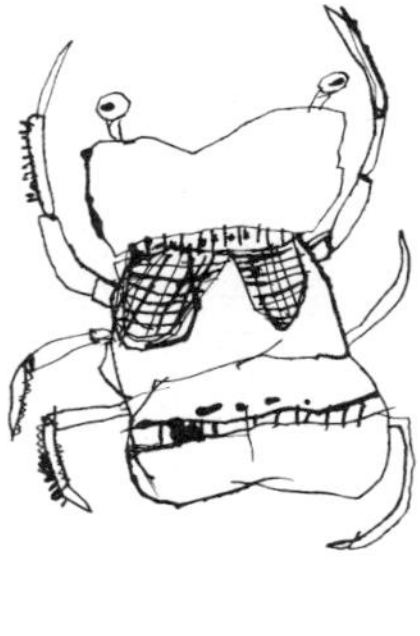

多摩で育った子どもたち

昭和四十年(一九六五年)の秋、引越し荷物を積んだトラックの後から、妻と幼児を二人乗せた中古車のハンドルをにぎり、関戸橋《せきどばし》を北から渡った日のことが、昨日のことのように思い出されます。

「ここは、つい先日まで多摩村だったんだな」と、私は、助手席の妻に向かっていったことをおぼえています。橋のたもとに英語でTAMA・VILLAGEと書かれた米軍用の標識が立っていたからでした。聖蹟《せいせき》桜ヶ丘の駅前から田んぼにはさまれた道路を経て、未舗装の蛇行する急な坂道をのぼると、丘の上に、分譲地が造成されていました。なだらかな斜面を利用して整然と区画されているとはいえ、地肌をむき出しにした階段状の広大な敷地は異様な眺めでした。各区画ごとにカイヅカイブキが一本ずつ、区画を数える目印として並んでいましたが、砂漠の道標とも見えるほど生気を失っている感じでした。一軒二軒と数えられるほどしか建っていなかった新築の住宅が、とてもさみしそうに見えました。わが家は、その一軒でした。

引越しの片付いた夜半、真っ暗な戸外にでると、空には星がいっぱいでした。星空の下に多摩丘陵がひっそりと横たわり、どこからともなく、狼《おおかみ》の遠ぼえのような犬の鳴き声が聞こえてきました。ずっと後になってから読んだ『多摩のかたりべ』(井上正吉著)というたのしい本によると、私たちの住んでいる今の桜ヶ丘二丁目、三丁目のあたりは、そのむかし狼谷戸とよばれ、江戸時代に旅人が狼の群れにおそわれて、食べられてしまったそうです。もし引越しの夜私たちがそんなことを知っていたら、恐ろしさに震えあがっていたことでしょう。ついでに引用させていただくと、桜ヶ丘のバス通りが昔の峰だったそうで、私たちが引越した頃、バスは、まだ走っていませんでした。

多摩の新しい住民になるために、やることがたくさんありました。まず鎌倉街道に面した貝取の丘の上にある町役場に住民登録にいきました。この辺り一帯、太古は海の底で、その証拠に貝の化石がたくさんでる、というその由来を知るまでは、貝取なんて何と妙な地名だろうと思いました。分校の建物をそのまま使っていた役場は、村役場が町役場になったばかりの頃でした。「町長さんは村長さんだったのか」と、手続きには関係のないことを考えながら、何となく多摩村に引越してきたような、のんびりした気分になりました。役場の丘から南に広がる多摩村を見渡すと、東の連光寺の丘の上の天王寺の森から西に向かって丘陵がなだらかに連なり、稜線《りょうせん》からこちらに下るおだやかな斜面には、雑木林や竹藪《たけやぶ》に囲まれた農家が点在していました。役場の裏にまわり、湧《わ》き水からせせらぎの流れる谷戸(谷戸は、辞書によれば「やつ」「やと」という関東地方で使う言葉で、低湿地を意味し、特に鎌倉辺に地名として多く現存。アイヌ語からか、とある)の道を走りだす子どもたちを目で追いながら「いいところに越してきたね」と、私は妻に話しかけていました。

つぎの日、私たちは、関戸で郵便局を、駅前で酒屋さんと八百屋《やおや》さんをみつけました。それから川崎街道で肉屋さんと、その隣りに氷も売ってる炭屋さんをみつけ、「子どもが熱を出しても大丈夫だね!」と、ほっとしました。東寺方《ひがしてらかた》の畑のなかに「小西小児科医院」という看板をみつけたときには、「これで心配なしだ!」と思いました。銀行は府中までいかなければありませんでした。府中にいくために、駅のホームで田んぼをながめながら電車を待っていると、ニワトリがよってきたりしたものです。「一般家庭の電話は関戸橋のこちら側は、当分見込がありません」といわれました。

そういうことなので多摩農協から有線電話を引いてもらいました。勤め先の慶應義塾大学や都心の出版社などから用事があれば、農協に電話をして連絡してもらうのです。農協が開いていない時間には、電報がいちばん速い通信手段でした。そのかわり朝の六時には、「おはようございます。今日の種まきは、おそまきの大根です」などと勝手にしゃべりだす有線電話が起こしてくれました。

多摩町は、それほどに牧歌的でしたから子育てには最高の環境でした。山あり、川あり、野原あり、池あり、沼あり、森も林も藪もありました。「子どもは外で遊ばせる。泥んこになったら洗ってやればよい。腹ぺこで帰ってくる子どもに、家で料理したものをたっぷり食べさせる。夜は早く寝かせる」が、わが家の子育ての基本でした。

ひかりが丘幼稚園の子どもたちは、お昼になると、先生といっしょに愛宕《あたご》の丘の雑木林や野原でおべんとうを食べました。冬でもお天気のよい日には、女の子も男の子も上半身裸になって「いち、にい！　いち、にい！」と、車の走らない道をジョギングしていました。

村の診療所そのままの多摩診療所の少し先で旧鎌倉街道から分かれて細い街道にはいると、昔の「絹の道」だったのでしょうか、両側の木立や竹藪の間に、古いたたずまいの農家が点在していました。その道を西に進むと、自警団の消防ポンプ小屋と駐在所があり、その先に多摩町立第三小学校がありました。この校門の前を高速道路のような多摩ニュータウン通りが走るなどと、だれが想像したでしょうか。校門をはいると、緑の丘を背に広い運動場に囲まれて、ピンクのモダンな校舎がたっていました。新しい住民の子どもたちは、昔からの住民の農家の子どもたちと仲良しになり、授業が終わるのをまちかねて、ザリガニやクワガタとりに夢中になりました。子どもたちの遊びの天国にはカッパ川や、お化け坂や、底無し沼があり、造成の途中で長いことほっておかれた聖《ひじり》ヶ丘のあたりは「西部のアパッチ砦《とりで》」とよばれていました。

長男の担任だったT先生は、理科の時間に近所の野原に子どもたちを「お花つみ」に連れていきました。二男の担任だったS先生は、毎日放課後、そして日曜日も、野球の指導をしてくださいました。二男はS先生にあこがれて、自分も小学校の先生になる夢をもちました。三男の担任だったH先生は、サッカーでした。運動の苦手な三男も、サッカーだけは一度も休もうとしませんでした。お蔭《かげ》さまで、子どもたちは、三人とも、とても健康に育ちました。運動会のたびに、私たち夫婦も、べんとうをもって応援にでかけ、桜の木陰でみなさんといっしょに食べました。

歩くことの大好きな私たちにとって、今でも、多摩市は天国です。早春には、庚申塚《こうしんづか》通りから殿田橋《とのだばし》を渡り、大乗寺、十二社を経て、静かな谷戸の裏山から梅の百草園《もぐさえん》に向かいます。春らん漫の時期には、熊野《くまの》神社の裏から桜ヶ丘を下り、聖ヶ丘を経て大谷戸《おおやど》公園から桜の花吹雪を浴びながら聖蹟記念館の裏山を登ります。子どもたちといっしょに歩いた頃は、道すがら、ナズナ、セリ、ノビル、ヨモギをつんだり、桃色のじゅうたんを敷きつめたようなレンゲ畑でころげまわったりしたものでした。中沢池には、べんとう持ちで釣りにいき、マムシにおどされました。

愛宕団地の造成の始まる前、雑木林に分け入ると、シュンランやカンゾウが風にゆれ、まばらな竹藪にヒトリシズカがひっそりと咲いていることがありました。

野の花に会うことを楽しみながら、子どもといっしょに、稜線を越えて反対側におりようとしたときのことでした。目の下に、昔そのままの長者屋敷が忽然《こつぜん》と現われたのです。私たちは、まるで隠れ里に導かれるようにおりていったものでした。

私たちがこの町に引越した頃の多摩市は、子育てに理想的な町でした。春夏秋冬がめぐりくるたびに、空も山も野も自然のよそおいに身をまかせ、私たちの日々の暮しに、計り知れない喜びを与えてくれました。自然の恵みのなかで、子どもたちは遊びながら育ちました。日に照らされて遊び、雨にぬれて遊び、風に吹かれて遊び、雪にうずもれて遊びました。

それから四季の訪れが何十回くりかえされたでしょうか。その間に木が抜かれ、丘はけずられ、野川は治水され、線路が敷かれ、広い自動車道路が縦横につくられ、団地が造成され、駅ができ、ビルが建ち、デパートやホテルが店開きし、かつてはススキの原野だったところに建てられたコンサートホールで世界の音楽家が演奏するようになりました。ひとむかし前のあぜ道を思い出しながら散歩すると、肥だめのあったところにグロリアマンションが建っていたり、牛小屋のあったところにビューティーパーラー・パリジエンヌがあったりするのですから、ファンタジーそのままの変わりようです。

けれども、したたかな自然は、どんなに人工的な手を加えても、しっかりと生きつづけ、よみがえっています。ニュータウンの町造りをした人びとの中に、自然を愛する人たちもいたことが幸せでした。残された自然は育ちつづけ、新しく植樹され種をまかれたところには、緑がよみがえりました。

手際《てぎわ》よく整備された公園を伝い歩くと、雑木林をぬって昔の林道や谷戸の小道が遊歩道として再生し、初夏には若葉にむせ、冬には散り敷いた落葉をふみしめながら歩くことができます。たしかに空の青さは薄れ、多摩川の水は汚染され、大栗川《おおくりがわ》にザリガニはいなくなりましたが、多摩の自然が生きているのを感じます。

信州の伊那谷《いなだに》に住む友人が、タヌキが川で溺《おぼ》れ死ぬようになった、と伝えてきました。川の両岸をコンクリートブロックで固めてしまったので、魚を捕ろうとして川に落ちるタヌキが、つかまる草や木の根がなくて、溺れてしまうのだそうです。

多摩市でも人工的に改造した中沢池で幼い子どもが命を失うという痛ましい事故が起きました。自然の沼だった中沢池は、改造される前には魚釣りはできても、神秘的な沼のよどみが、幼い子どもには危険な遊びを許しませんでした。自然のたたずまいが動物や人間の命を守るのです。

それでも多摩市は、自然と文化的環境に恵まれた日本一のニュータウンで、現在も子育てに最適の町だと、私は思います。先日ニューヨーク市のブルックリンの下町からやってきたアメリカの友人がタマ・ニュータウンを見て「緑の豊かな美しい町だ！　ここに住むあなたがうらやましい」といいました。

ただ残念なことは、多摩の谷戸の村がタマ・ニュータウンに大変身する間に、もう一つ大きく変わったのは「子育て」をする親の心だと思います。子どもを自然のなかで遊ばせ、自分の手でわが子を育てることをやめ、子どもを室内や建物のなかに閉じこめ、他人にお金を払って育ててもらう傾向が強くなってしまったことです。

大昔からの自然と歴史の跡がよみがえっているこのすばらしい環境で、子どもたちの遊び声が聞こえなくなりました。放課後の校庭や近所の公園は、ひっそりと静まり返り、日曜日にも子どもの姿がちらほらとしか見えません。

私たち夫婦は、子どもたちが幼かったとき、ひまを作っては、多摩の自然のなかを歩きました。子どもたちといっしょに歩き、走り、いっしょに発見し、いっしょに空想しました。子どもたちと遊ぶことで、私たちの内にみずみずしい感性のよみがえりを感じました。そして子どもたちから、成長について多くのことを教えられ、幼いときに心に自然をとりこんでこそ人間らしく生きることができるのだ、と知りました。

『やまのこどもたち』と『やまのたけちゃん』

わが家の蔵書の中にぼろぼろになった二冊の絵本があります。いまでも手にとると、もろもろの懐《なつ》かしさがこみあげてきます。『やまのこどもたち』（一九五六年刊）と『やまのたけちゃん』（一九五九年刊）です。私たちは、幼かった子どもたちに夫婦交替でこの二冊の絵本を読んでやり、子どもたちの反応と私たち自身の思い出を交えながら話し合ったものでした。

石井桃子さんが山の男の子のたけちゃんに託して語り、そして深沢紅子画伯が描くいなかの暮しを、私たちはとても身近に感じました。私たち自身の子ども時代の思い出と、未《ま》だ残っていた多摩の自然のなかで遊ぶ子どもたちのさまが、この二冊の絵本を読むた

びに重なり合い、私たちは暖かい喜びにつつまれました。とても嬉《うれ》しいことに、この二冊の絵本は、ながいこと絶版だったのですが、最近復刊されて手にはいるようになりました。

春、山のたけちゃんは遠くからてるちゃんの家の前の満開の梅の花を見てかけだし、よっちゃんとてるちゃんといっしょに、松林で落葉のお皿と梅の花のご飯でままごと遊びをしました。

私たちは、子どもたちと散歩にでかけ、乞田《こった》の農家の梅林で白い梅の花をながめました。別の日には、第三小学校の満開の桜の下で風に舞う花びらを浴びながら「ゆきがふってる、ゆきがふってる！」といいながらはねまわりました。百草の南斜面の下の桃色のじゅうたんを敷いたようなレンゲ畑で、ころげまわったこともありました。

夏、たけちゃんは、庭にある村いちばんのナシの木にのぼってかくれました。

私たちは、多摩川のほとりのナシ畑に、ナシをもぎにいきました。小学校に入ったばかりの長男は、「ぼくは大きくなったら、ナシ屋になるんだ」といいました。それからシノ竹を切って釣り竿《ざお》を作り、川虫を餌《えさ》にして川でハヤを釣りました。

秋、稲刈りがすむと、山の小学校で運動会がありました。たけちゃんの家では、家族そろって、むしろをもち、重箱をさげて、応援にでかけました。綿ガシやお面を売るお店もでました。

多摩第三小学校では、子どもたちといっしょに親もお手伝いして校庭の草取りをやり、運動会の準備をしました。町から移り住んできたおかあさんたちは、農家のおかあさんたちに、小さな鎌《かま》の使い方を教わりました。当日はおかあさんたちは、おべんとうとビニールの敷物やござを持って見物にいきました。お昼には木陰でおべんとうを食べました。児童数が少ないので、子どもたちは、三回も四回も競技に出場し、親も総出で綱引や大玉ころがしをやりました。それでも太陽が真上近くにある時間に運動会は終わりました。

落葉の頃になると、たけちゃんは、おにいちゃんたちといっしょに山へ落葉集めにいきました。たけちゃんは、かごといっしょに谷底にころげ落ち、落葉にうずもれてしまいました。

私たちは、雑木林でドングリを拾い、落葉を集めて落葉たきをしながら、焼芋を作りました。

そして、冬、たけちゃんの家では、雪の降る夜、いろりのそばでお年越し、明日はお正月です。

私たちは、除夜の鐘を聞きながら凍《い》てつく夜道を歩いて、近所の「山神社」とよばれる小さな社《やしろ》に初詣《はつもう》でにいきました。それから終夜運転の京王線で高幡《たかはた》不動に足をのばしたものでした。境内のお店でのんだ熱い甘酒のおいしかったこと。

先日、台風の去った翌朝私は散歩にでかけました。愛宕の遊歩道のトンネルを抜けたときふと下に目をやると、湿った黒土の上に落ちたばかりのドングリが一つありました。淡い緑のあまりの爽《さわ》やかさに、思わず手をのばして拾いました。私は小さなドングリを人差し指と親指の間にはさみ、みずみずしい薄緑の色合いに声もなく見とれました。そのドングリが、とてもいとおしくて、ポケットにそっとしのばせました。翌日ドングリに気づいてとりだしてみると、前の日の新鮮な驚きが、ポケットの中で色あせていました。

人間も含めて自然の美しさが最高に輝くとき、そこに居合せる幸せをドングリが教えてくれた思いでした。

『ちいさいおうち』が教えること

私たちおとなは、忙しさにかまけて、時のたつのを、忘れるようになりました。

幼いときは、遊びほうけて、時がたつのが早いのに腹を立てたり、その反対に、「もういくつねるとお正月」の童謡のように、時がたつのが遅くて遅くてがまんがならなかったりしたものです。子ども時代は、それほどに、体全体が、時という自然のリズムに対して敏感なのでしょう。

生命の誕生と同時に、自然のリズムで赤ちゃんは育ち始めると思うのです。一日に朝、昼、晩があり、幸いにも日本の風土には、春夏秋冬の訪れがあるように、暮しのリズムが、自然のリズムと合っていれば、子どもたちは、健《すこ》やかに育ち、私たちも健康に生活

できるのではないでしょうか。

『ちいさいおうち』は、自然と人間の暮しの調和について、幼い心に種をまくようなやさしい絵本です。

　むかしむかし「ちいさいおうち」は、いなかの静かな丘の上で、とても幸せにくらしていました。まわりの景色は、たいへんきれいでした。朝になるとお日さまがのぼり、夕方にしずみます。今日がすぎると明日がきます。夜、お月さまが、三日月になったり、まんまるになったり、お月さまのない夜は、お星さまをながめました。

　私たちが幼かったとき、そして、私たちの子どもたちが幼かったとき、水平線から昇る朝日、山の向こうに沈む夕日、お月見の満月、暗い夜空の満天の星に、小さな胸をどんなにはずませ、幼い心が、どれほど魅せられたことでしょう。

「ちいさいおうち」のまわりでは、どんどん、時がたっていきました。春には、南の国から小鳥たちが帰り、リンゴの木は花ざかり。小川で子どもたちが遊びました。

　夏には、ヒナギクが野をおおい、畑には作物がみのり、リンゴが色づきました。子どもたちは池で泳ぎました。

　秋には、日が短くなり、夜は寒くなりました。霜がおり、木々の葉は紅《あか》く黄色く染まりました。リンゴつみも始まりました。

　冬には、夜が長くなり日が短くなりました。あたりは、雪でまっ白になり、子どもたちは、そりにのり、スケートですべりました。

私たちが幼かったとき、そして、私たちの子どもたちが幼かったとき、朝がどれほど明るさに満ち、夜がどんなに静かでくつろぎに満ちていたでしょうか。そして四季の訪れが、私たちの日々の暮しに、どれほど新鮮な喜びをもたらしたことでしょうか。「ちいさいおうち」にとっても、都会に住む私たちにとっても、それは、昔のことになりました。

牧歌的に描かれていた田園のたたずまいが、ある日、変わり始めます。建設機械がやってきて道路を作り始めました。自動車やトラックの往来が始まり、ガソリンスタンドやお店や住宅が建ち始めました。「ちいさいおうち」のまわりに、団地のアパートや学校が建ち、道路もふえました。

大きな町は、夜になっても明るく、静かになりませんでした。ヒナギクもリンゴの木もなくなりました。

やがて、「ちいさいおうち」の頭の上も、地面の下も、高架線やら地下鉄やらがとおり、朝昼晩電車が、ゴーゴーと走り、そして、天を突くような高層ビルがずらりと並びました。もう、朝日も夕日もお月さまもお星さまも見えなくなりました。春夏秋冬の訪れもわからなくなりました。時が死んでしまったのです。

私たち家族は、東京の郊外の多摩丘陵に住んで「ちいさいおうち」そのままの体験をしました。大都会にはならずにすみましたけれど、「ちいさいおうち」の悲しみに、心が痛みます。

この絵本は、一九四二年にアメリカで出版されコールデコット賞を与えられた傑作です。そして五十年以上時がたった今、「ちいさいおうち」が片っ端からつぶされていく日本で、私たちの心を強く打つ絵本です。

『すばらしいとき』の余白に

ロバート・マックロスキーの二度目のコールデコット賞受賞の絵本『タイム・オブ・ワンダー』との出会いが、私に、生涯忘れることのできない「すばらしいとき」をもたらしてくれました。そのことについては、一九七八年六月『子どもの館《やかた》』(福音館書店)に書き、更に一九八四年『すばらしいとき――絵本との出会い』(大和書房)に、詳しく書きました。未《いま》だに冷めやらぬ私の興奮を理解していただくために、その一部を後者から引用します。

わたしは、青春時代のある日、一冊の絵本に出会いました。その頃わたしは、児

童図書館員としてニューヨーク公共図書館の黒人街の分館で働いていました。児童室に配本されてきた新しい子どもの本を書棚にならべながら、私は、その絵本を手にしたとき、あまりのさわやかさに、思わず小さないすにすわりこんで読みふけってしまいました。……

目にしみるような明るさとむせかえるような潮の息吹《いぶ》きに、身も心も解放される思いがしたのです。わたしは、遠く離れたわたし自身の子ども時代の海辺の日々を思い出しさえしました。

その絵本は、アメリカ合衆国の東北端にあるメイン州の、美しい入江にある、小さな小さな島の一軒家で、ひと夏をすごす家族の物語でした。おおらかな水彩で描かれ、快くひびくことばで語られた、自然の賛歌のような絵本には『タイム・オブ・ワンダー』という題名がつけられていました。そこに描かれた太古から変わらぬ自然のたたずまいと、大自然に抱擁されてつつましやかに日々をすごす人びとに魅せられたわたしは、啓示のような感銘を受けると同時に、こんな美しい絵本など手にすることのできない日本の子どもたちのことを思いうかべました。

それから二十年後〔一九七七年五月、引用者注、以下同〕わたしは、作者のロバート・マックロスキーさんに招かれて、この小島を訪れました。

――五月下旬とはいえ、メインの丘や野では、春の色合いの浅黄色の緑が、いまだ春を立ち去らせない感じだった。……

松、もみ、にれ、かし、ぶな、からまつなどの群生する自然林を縫って車は走りつづけ、突然、空が開けた思いがして丘の上に車がさしかかると、私は、目の前に展開する光景に、思わず息をのんだ。ロバートは、百八十度にひろがる自然のたたずまいに車を吸いよせられるように止めた。私たちは、車をおりて、丘の頂きに立った。

静かな海に大小無数の島が重なり合いながら、鏡のような水面に影を落としていた。

「この景色、見おぼえがありますか?」と、ロバートがきいた。

「『タイム・オブ・ワンダー』の中で、私のいちばん好きなページです」と、私は答えた。メイン湾のふところに秘められたような、ペノブスコット湾のたたずまいだった。メインの山脈《やまなみ》を背に、秘密の入江のように静まりかえる湾の中央に、アイルボロ島、ヴァイナルヘイヴン島が横たわり、ペノブスコット湾を東と西に分けていた。その間に無数に点在する小さな島々の一つにマックロスキー家があるはずだった。――

その日から数日、わたしは、『サリーのこけももつみ』『海べのあさ』『タイム・オブ・ワンダー』の舞台となったマックロスキーの世界で幸せな時《とき》をすごしました。島をめぐり、湾や入江を漂い、島と海の生きとし生けるものの姿に目をこらし、歌声やささやきに耳をすまし、金色の日光と黒い島影が縞《しま》を織りなし、その先に銀色の帯がひろがる暁の海に目を奪われ、何も聞こえない闇夜《やみよ》に、自分を見つめている目を感じ、砂にふれ、岩をなで、海底をのぞき、大自然の中の独りを感じ、文字通り『タイム・オブ・ワンダー』にひたりきったのでした。

わたしは、若かった父親のロバート・マックロスキーが、自分の愛している自然のふところにたたずんで、のびやかに、感性豊かに育っている娘さんたちに向かって語りかけたのだということがよくわかりました。わたしは、ロバートのことばを自分の耳で聞きながら、通訳するような気持ちで『タイム・オブ・ワンダー』を日本語で語ることができ、日本語訳の題名は『すばらしいとき』となりました。（出会いのときから二十年かかった一冊の絵本の翻訳でした。

ここからは、その後の余白の物語です。

先年昇天した妻との思い出を書いた文章の一部です。

そんなことがあるのだろうか、二度目の手術後、一時的に意識がもどり、書くことの好きだった君が、遺稿となった随筆を書いた日(一九九一年八月十六日)のちょうど一年前の同じ日に、君と私は、カナダのバンクーバーに向けて飛び立っていた。もちろん、君の発病など予想もしなかったことだ。アメリカの古都ウィリアムズバーグで開かれる子どもの本の国際会議に、いつものように、君と一緒に参加するのが目的だったのだが、その前に、ブリティッシュ・コロンビア大学の広大なキャンパス、美しいバンクーバーの町、メインの大自然、ニューイングランドの緑の夏を、ぜひ君に見せたくて、二人の夏休みの旅にスタートしたのだった。

私にとっては、いずれも再訪の地だったが、前の独り旅では、抑え切れない感動や興奮を、その場で君と分かつことができなくて、とても残念だった。君がいつもいっていたように「旅の感動は、そこに行った人だけのもの」だからね。こんどこそ、心ゆくまで、旅の喜びを二人で分かち合いたかった。

入り江の岬の大半を占めるキャンパスは、夏休みでとても静かだった。ひっそりとした人類学博物館で、太古のモンゴロイーデの遺産やインディアンのトーテムポールに魅せられたり、広大な植物園を何時間も歩き回り、足が重くなって、芝生に仰向けになって青空を眺めたりしたね。美しい日本庭園で樹齢も知れない巨木の根元のうろを、妖精《ようせい》がいないかとのぞきこんだりもした。

昼間は、こうして「とき」をすごし、夜は、バスでバンクーバーの下町にでかけて食事をした。中国料理がおいしかったね。君の日記には、いつものようにイラスト入りで料理が描写され、それを見ると、いまでも何を食べ、どんな味と香りだったか、はっきりと思い出す。

メインで私が最初の「すばらしいとき」を過ごしたのは、一九七七年五月のことだった。絵本『かもさん おとおり』の作者ロバート・マックロスキーさんに招かれ、ペノブスコット湾のふところ深く抱かれた小島で過ごした数日は、私の生涯でいちばんすばらしい旅のひとつだった。その旅の後で、私はマックロスキーさんの『すばらしいとき』を日本語に訳し、旅行記も書いて君に読んでもらった。

今度の旅は、神様が私たちにくださった贈り物としか思えないのだが、前の旅で私がマックロスキーさんと並んで立った丘の同じ場所に、十三年後に君と並んで立って、ペノブスコット湾を見下ろしながら「すばらしいとき」のすぎゆくのを眺めたね。ひと足先に独りで出発した末っ子の光太は、その先の岬の村で、彼の夏休みを始めていた。

君は、ジェニファーといっしょに、入り江の果てる林の奥の沼地まで、何時間も生まれて初めてカヌーを漕《こ》いだ。ジェニファーのお父さんの操るヨットで、十五年前マックロスキーさんが私にしてくださったように、ペノブスコット湾の島めぐりをしたとき、潮風がすばらしかったね。

それにしてもチャコの親友のジェニファーが、鉄太とチャコの結婚式に東京まできたときには、私たちは、彼女のことを典型的なヒッピー娘だと思ったのに、彼女の家の敷地が、真鶴《まなづる》半島よりもひとまわり広かったのには驚いたね。君は、初めからジェニファーのことを「自然のなかで育った心豊かなむすめさんね」といっていたけど、ほんとうにそのとおりだったね。

(『季刊AVIS』No.87　一九九二年十二月)

岬の突端にあるジェニファーの家から、庭伝いに渚《なぎさ》におりれば、マックロスキーさんのスコット島が目と鼻の先に見えました。私たちの気ままな訪れを、ジェニファーが、マックロスキーさんに連絡してくれたのですが、折悪《おりあ》しく、奥さんのペギーが、ボストンの病院に入院中で、マックロスキーさんにお目にかかることはできませんでした。

物語はまだつづきます。それから数年後、長男の鉄太とチャコと彼らの娘の鼓子が、鼓子の最初の誕生日にジェニファーに招かれて、同じ場所で「すばらしいとき」を過ごしたのです。

現在、マックロスキーさんは、ペギー夫人が亡《な》くなってから島を去り、対岸の静かな町の老人ホームで、おだやかな日々を過ごしていらっしゃいます。

ボストンの『かもさん　おとおり』

すべてが懐《なつ》かしい思い出になりましたが、一九八七年のクリスマスに、ロバート・マックロスキーさんからクリスマスカードがとどきました。住所はアメリカの「メイン州・ペノブスコット湾・子鹿《こじか》の小島のその先・スコット島」でした。カードの絵は、ウインズロー・ホーマー（一八三六―一九一〇）の名画のひとつ、「冬の海辺」でしたが、その絵は、私に二十年前に「すばらしいとき」を体験させてくれたメインの小島の冬景色を連想させました。

マックロスキーさんからのクリスマスの便りのなかに、こんなことが書かれていました。

「茂男、ウォール・ストリート・ジャーナルで、東京の『かるがもの記事』を読んだよ。ちょっとおどろいたり喜んだり。ボストンのパブリック・ガーデンに、去年かもさん一家のブロンズ像がおかれたのを知ってるかい？　パブリック・ガーデン開設の百五十周年を記念して、十月にお目見得したのさ。私にとって特別うれしいできごとだった……」

大統領夫人が、子どもたちを招待して、官邸の庭で『かもさん　おとおり』を読んだそうですね。

もう、それから十年たちましたから、パブリック・ガーデンは、百六十周年を迎えたことになります。

そうでしょうマックロスキーさん、ボストンのチャールズ川からパブリック・ガーデンまで、八羽の子がもをつれて、おかあさんがもが、道路をいくつもよこぎって引越しをしたできごとを、こんなに有名にしたのは、あなたのやさしい絵本『かもさん　おとおり』ですからね。あなたの絵本は、一九四一年に出版されて以来、アメリカの子どもたちだけでなく、各国語に翻訳され、世界じゅうの子どもたちに愛読されてきました。日本語版も毎年増刷され、超ロングセラーになっています。

「かもさん　おとおり」のできごとが、この日本で、話題になったのは、最近のことですが、もしかしたら、ボストンでは、百年も、いえいえ百六十年もつづいている日常のできごとかもしれませんね。

この機会にあなたの『かもさん　おとおり』を読まずに育った人たちに、この絵本のやさしさとたのしさを、ぜひ紹介したいと思います。


ボストンの町にとんできた、かものマラード(まがも)夫婦は、巣をつくる場所をさがします。長旅につかれたかもさん夫婦は、公園の池のなかに小さな島をみつけ、そこで一夜をすごすことにしました。おそろしい狐《きつね》はいないし、昼はスワンボートで船遊びをする人たちが、ピーナッツをくれるし、巣づくりの格好の場所をみつけたと思いました。ところが、かもさん夫婦は、公園を散歩していると、自転車にひかれそうになったので、もっと安全な場所を求めてとびたちます。

ビーコン・ヒルにたつステート・ハウス(州議事堂)の上をひとまわり、それからルイスバーグ広場をのぞいてみます。けれども、そこには水場がありません。

そこで、こんどは、チャールズ川の上をとびます。大きな橋(ロングフェロー・ブリッジ)の川上に、島がありました。静かそうだし、ピーナッツのもらえる公園から、そう遠くはないし、かもさん夫婦は、そこに巣をつくることにきめました。川岸の公園の交番のマイケル巡査とも仲よしになりました。

やがてマラードおくさんは、卵を八つ生み、八羽のひなをかえします。ジャックとカックとラックとマックとナックとウァックとパックとクァックです。アルファベット順で語呂《ごろ》もいいし、とてもうまい名まえのつけ方ではありませんか！

ある日、マラードだんなは、一週間後に公園での再会を約束して、川上へ旅行にでかけます。マラードおくさんは、子どもたちのしつけを始めます。

およぎかたに、もぐりかた。一列行進。よばれたら、すぐ集まること。自転車やスクーターには近よらないことエトセトラ、エトセトラ……

これで、どうやらしつけができた、というところで、かもさん母子は、公園に引越しです。かあさんがもの合図で、八羽のひなは、一列にならんで川をおよぎ、大通りにむかって行進です。大通りは、ひきもきらずに自動車の列。かもの母子の行列は、道路をよこぎりかけます。たちまちおこる大さわぎ。警笛にブレーキの音、かもさん母子のなき声。さわぎに気づいてかけつけたマイケル巡査が、道路のまんなかで交通整理、かもさん母子をよこぎらせます。

マイケル巡査は、かもさん母子がマウント・バーノン・ストリートにすすんでいくのを確かめて、本署に連絡、パトカーの出動を要請します。かもさん母子は、本屋の角をまがり、チャールズ・ストリートに進行。一列にならんで、からだをふりふりかも歩き。

かもの行列が、ビーコン・ストリートにさしかかると、パトカーがとまっていて、四人のおまわりさんが自動車を交通止め。

かもの行列は、道路をゆうゆうよこぎり、ぶじに公園にはいっていきました。それから公園の池でまっていたとうさんがもも合流し、みんなそろって、とてもたのしくらすのです。

物語の粗筋は、こういうことですが、一九四〇年代の懐かしのボストンの町並を背景に、かもさん夫婦の鳥瞰《ちょうかん》や、子がもたちの下から見あげる目線などをまじえながら、セピアのモノトーンのリトグラフのイラストは、「かもさん　おとおり」の一部始終をあたたかく、ユーモラスに描きあげています。

この絵本は、年間の最優秀絵本に与えられるコールデコット賞を受賞したのですが、傑作を生みだすエピソードが、またたのしい物語です。

当時マックロスキーさんは、ボストンのジョージ・スクール・オブ・アートを卒業した後、いったん故郷のハミルトンにもどるのですが、ふたたびニューヨークのナショナル・アカデミーで二年勉強し、ボストンで、壁画製作の仕事に従事していました。そして、仕事場への行き来で通るパブリック・ガーデンで、たのしそうにあそぶかもの群れをながめているうちに、ある日、実際にかもの親子の行列が、道路で自動車の流れを止めるのを見て、『かもさん　おとおり』のアイデアが生まれたのでした。

ところが、それからが大変！　実は、マックロスキーさんにとって、とてつもない苦労がまちかまえていたのです。それまでは、この世のなかに住んでもいない竜とか、一角獣とか、ペガサスとか、変なものばかり絵に描くことが好きだったマックロスキーさんが、かもを描こうとしても、さっぱり様子がわかりません。それから動物園や博物館に日参、おりにしのびこんだり、木の上からながめたり、剝製《はくせい》と一日中にらめっこをしたりの日がつづきます。挙句の果てが、鳥屋と交渉して、生きた「まがも」を四羽買いこみ、アパートのスタジオで画学生の友人と、ふたりと四羽の同居が始まります。友人は何もいわなかったけれど、四羽が、マックロスキーさんのスケッチに文句のつけどおし。かもの泳ぐ姿は、いっしょに水ばりの風呂《ふろ》にはいって、スケッチしなければなりませんでした。

それから、子がもも六羽仕入れました。笑い上戸の子がもに、泣き虫子がもに、うるさい子がもに、たいくつそうな子がもに、走る子がもに、歩く子がもに、すわる子がもに、のびた子がもに、ねる子がもとくるから、なにもかも、かもずくめとなってしまったらしいのです。だから、『かもさん おとおり』は、こんなにたのしい絵本になったのでした。この絵本が出版される少し前に結婚したマックロスキーさんは、第二次世界大戦後に、メイン州のペノブスコット湾の、美しい入り江に浮かぶ小島の一軒家に居を移しました。長女のサリーちゃんが生まれたばかりでした。メインのたたずまいは、マックロスキーさんにとって、つきることのないインスピレーションの源となり、自然につつまれた素朴な暮しのなかから、『サリーのこけももつみ』(一九四八年)、そして、次女のジェーンちゃんのいたずらざかりの年に『海べのあさ』(一九五二年)、それから数年もたたないうちに、ひと夏の大自然のドラマを、色と形とフィーリングと詩で歌いあげた『すばらしいとき』(一九五七年)が生まれました。

この作品に、ふたたび、栄《は》えあるコールデコット賞が与えられました。マックロスキーさんは、この作品で、季節の移り変わりや、海の波や、風になびく草や、息づく貝などの大自然のリズムと、岩や、海や、丘や、空や、花などの自然の色と、木や土や石などの自然の織りなす模様や、植物や動物や、そのほか風や水が創《つく》りだす自然の形が、ピストンのリズムや、ネオンの色や、化学繊維の模様や、人工のオブジェなどと、どう違うのか、私たちに見せてくれます。

私は、一九七七年の初夏、マックロスキーさんに招かれて、スコット島のお宅へ向かう途中、ボストンのパブリック・ガーデンで『かもさん おとおり』の原風景をたのしみました。スワンボートをながめたり、かもさん母子の歩いた道をたどったり、チャールズ川の岸辺から、かあさんがもが、ひなをかえした島をながめたりしました。たのしかった旅の思い出です。

『ピーターのいす』と家族

食卓のない家は、家であって家でないようなものです。

どこの家でもそうでしょうが、わが家の食卓では、私たち夫婦と、三人の息子たちのすわる場所がきまっていました。全員がそろって食事をすることは、週に数えるほどしかありませんでしたが、ふしぎなもので、全員がそろいそうな気配のあるときには、多少、食事時間がずれても、全員そろってから「いただきます」ということになりました。

食卓に空席がある日は、そのいすがさみしそうだし、そのいすにすわるはずの家族の一人のことが、食事中の話題にはいりこみました。なにかの都合で、一人が、しばらく家から離れていても、そのいすは、空けてありました。そんなとき、私は、私の父の時代なら陰膳《かげぜん》をおいたのにな、と思ったりしたものです。

　お茶をのんだり、新聞を読んだりするために、その場にいあわせないもののいすにすわると、なんとなく落ちつきません。わが家の主婦は、家計簿をつけるときも、指定席以外にはすわりませんでした。私も、息子たちのだれかのいすにすわると、お尻《しり》がむずむずしたものです。

　私が、しばらく単身で外国へでかけたとき、幼かった三男が、私のいすにすわって「パパのいす！　パパのいす！」と、なでていたそうです。私は、そのことを書いてきた家からの手紙を読んで、子どもがいとしくて、涙を流したことがありました。

　子どもたちが赤ちゃんだったときにすわった赤ちゃんいすを捨てるとき、とても辛《つら》かったことを、いまでも思い出します。どうしても捨てられなくて、金具が赤さびるまで、物置にしまっておきました。捨てるときには、子どもたちにみつからないように、遠くのごみ捨て場に捨てにいきました。

　ゴッホは、親友のゴーギャンが、彼とけんかして、タヒチへ去ってから「ゴーギャンのいす」を描いています。とてもさみしい絵です。

　いすとは、そういうものではありませんか。

ピーターの家に赤ちゃんのスージーが生まれました。するとピーターは、家の中で、音を立ててあそぶと、しかられるばかりか、自分のものだったゆりかご、食堂いす、ベッドが、妹のスージーのためにつぎつぎピンクにぬられていきます。ピーターは、自分が小さかったとき、いちばんお気に入りだったいすを持ち、犬のウィリーをつれて家出します。家出の先は、まどの下です。

けれども、せっかく持ちだしたいすは、小さくてピーターにはすわれません。ピーターは、妹が生まれ、おとうさんおかあさんの関心が妹に向けられることに、やきもちを感じました。傷心のピーターは、両親に対する抵抗と、妹に対する意地悪を試みるのですが、自分ではすわれないほど小さくなってしまったいすで、自分の成長に気づき、妹に対するやさしい気持ちがわいてきます。

ピーターは、家の中にもどり、おとうさんといっしょに、小さないすをピンクにぬるのです。

まだ幼い子どもに、弟や妹が生まれたときの幼い心情の微妙なゆれ動きは、子ども自身には、適切に表現できないかもしれません。民俗学者の柳田国男は、妹が生まれたさわぎのさなか、夕ぐれどきのさみしさに、ふっと雲がくれしてしまった、幼い日のできごとを書いています。そして、「神隠し」とは、こういうことを指すのではないか、といっています。

それにしても『ピーターのいす』は、なんとやさしく、なんとあたたかい絵本でしょう。名作『ゆきのひ』と同じエズラ・ジャック・キーツの作品です。ソフトな色調のコラージュ(はり絵)のピンクと黄が、この家族のあたたかさを、そしてブルーが、ピーターのひとときのさみしさを象徴しているようです。両親を信頼しきっている子どもらしいピーター。おだやかで芯《しん》の強そうなおとうさん。そして、すべてをつつみこむようなあたたかさと、おおらかさにあふれるおかあさん。家族のぬくもりが伝わってくる絵本です。

『ゆきのひ』の体験

ニューヨークに雪が降りました。下町のアパート街も雪におおわれました。ベッドの上で、ピーターは、雪を見つめます

あさごはんを　たべてから、
ピーターは　マントを　きて、そとへ　とびだした。
おもてどおりでは、ひとが　あるいてとおれるように、
ゆきが　たかく、とても　たかく、つみあげてあった。

一人で雪のなかに出ていくピーターの興奮が、胸のうちに秘められたような、抑制の利《き》いた言葉で語られます。美しいコラージュの雪景色が、赤いマントのピーターを包みこんでいきます。ピーターは、真白な雪の上に足跡をつけ、線をひき、木の枝につもった雪をおとし、大きな子どもたちの雪合戦を、うらやましくながめ、一人で雪だるまをつくり、雪山にのぼって坂をすべり、雪だんごをつくってポケットに入れます。

家にはいったピーターは、おかあさんに、ぬれた靴下をぬがしてもらい、雪遊びのたのしかったことを話します。それから、ゆっくりお風呂《ふろ》にはいり、雪のなかで何をしたか、何回も何回も思い出します。

夜、赤いコートに入れた雪はとけてしまい、ピーターは、あたたかいベッドのなかで、お日さまが雪をとかす夢を見ます。翌朝、みごとにふりつもった雪の谷間に、またピーターはでていきます。

幼い子どもの雪の日の興奮、雪のやさしさ、静けさを、家のなかのあたたかさと対比させて、美しいコラージュで描いた傑作です。つめたい透明なブルー、目のさめるようなブライト・レッド、ソフトな茶と薄紫などモノトーンの色紙の背景や切り絵に、美しいテキスタイルや着物地を連想させる墨流しの紙を配し、主人公の感情と、雪の日の内外の情景を、みごとに表現しています。画材の紙は、キーツ自身の作によるものが多いのです。

独り遊びをする子どもの静かな興奮が、この絵本を見る私たちの心に、しみじみと伝わってきます。遊びのなかで子どもは、何と創造的で、何と行動的ではありませんか。そして、外の雪のなかでも、家のなかでも、子どもの心は、安らぎにみちています。ぬれたピーターを迎えるおかあさんの、何とおおらかで、何とあたたかいことでしょう。作者の家庭と子どもに対する愛情が、この本のすみずみからにじみだすようです。

『ゆきのひ』は、一九六三年度のコールデコット賞を受賞しました。

なにごとにつけ、人間にとって初めての体験は、その人の人生観を左右するほどに、大きな意味をもつことがあります。とりわけ、初めての体験をしたときが、幼ければ幼いほど、心に焼きつく印象は、鮮明で、いつまでもはっきりした輪郭と色彩で残ります。

その印象は、美しくもあり、みにくくもあり、やさしくもあり、恐ろしくもあります。そして、おなじ印象を、美しくもし、みにくくもし、やさしくもし、恐ろしくもするのは、そのとき、幼子とおなじ体験を分かち合うおとなの心がまえによることが大きいと、私は思うのです。

私は、わが子が、初めて雪を見たときの興奮が、自分のことのようにうれしくて、『アイスクリームがふってきた』という絵本の物語を書きました。おかあさん、雪が降ったら、ぬれたっていいじゃありませんか、どろんこになったって、いいじゃありませんか、お子さんと、雪のなかで、ころげまわって、遊びませんか！　そのあとで、ゆっくりお風呂にはいって、あたたまったら、『かさじぞう』の絵本を読んでごらんなさい。日本の雪国の、昔話の世界に、どっぷりとひたることができますから。

暮しのなかの『ペレのあたらしいふく』

スウェーデンのストックホルム生まれの、絵の大好きな少女が、芸術学校に学び、卒業後、母校の小学校の絵の先生になりました。それから、牧師さんと結婚、教師をやめて、絵本や子どもの本の挿絵の仕事をはじめました。一生の間に、三十三冊にもおよぶ絵本を創りました。その代表作が『ペレのあたらしいふく』で、一九一〇年ごろ出版されたのですが、たくさんの外国語に翻訳されて、今も世界中の子どもたちに愛読されています。少女の名前は、エルサ・ベスコフ（一八七四―一九五三）といいました。

ペレという男の子が、子ヒツジを飼っていました。子ヒツジは育ち、ペレも大きくな

りました。子ヒツジの毛は長くなり、ペレの上着は短くなるばかりでした。ペレは、子ヒツジの毛を刈りとって、おばあさんに梳《す》いてもらいます。その間、ペレは、ニンジン畑の草むしりをします。それから、ペレは、別のおばあさんのウシの番をしてあげて、毛を糸に紡《つむ》いでもらいます。

大きなページに白縁をとり、やわらかい水彩とパステルで、子どもたちにわかるように写実的に描かれた、おだやかな情景は、私をペレと同じ年ごろの子どもに引き戻し、私は、袖口《そでぐち》のほつれた、お下がりの上着をきている自分を思い出しました。

ペレは、こんどはペンキ屋のおじさんのところへいき、糸を染める染粉を少しください、とたのみます。ペンキ屋のおじさんは、ペンキ屋には染粉のないことをペレに教え、ペレが、川向こうの雑貨屋までテレピン油を買いにいってくれるなら、銀貨のおつりで染粉を買っていいよ、というのです。ペレは、舟をこいで雑貨屋へ向かいます。

私は、子ども時代にやらされた、さまざまなお使いや手伝いを懐《なつ》かしく思い出しました。寺町のはずれにある菓子屋横丁の大家さんへ家賃を届けにいって、紙に包んだ駄菓子をお駄賃にもらいました。大きい兄の一人とリヤカーをひいて、材木町の材木屋まで、こっぱをもらいにいきました。家族のはいるお風呂の焚《た》き付けにするものでした。

ペレは、ペンキ屋さんのお使いをしてあげたお駄賃で染粉を買います。それから自分で糸を染め、妹のお守りをして、おかあさんに、糸を布に織ってもらいます。ペレは布をもって仕立て屋さんのところにいき、干し草を集め、ブタに餌《えさ》をやり、薪《まき》をはこんで、布を新しい服に仕立ててもらいました。ペレは、日曜日の朝、新しい服を着て、子ヒツジのところに見せにいきました。

私は大家族で育ちましたから、兄や姉が、小さい弟や妹の世話をするのは当り前のことでした。子ども時代を過ごした寺町界隈《かいわい》には、鬼の看板を掲げたもぐさ屋、絵ビラに提灯屋《ちょうちんや》、そば屋、紺屋(染めもの屋)、「仕立て直し、裏返しやります」と貼《は》り紙した仕立て屋などがありました。下駄屋の息子が友だちで、遊びにいくと、店先に並べてある、トクサをかけた下駄の台の片付けを手伝わされました。そのお駄賃に、二階のおばあさんの部屋に置いてある講談本を貸してくれました。そのなかの一冊が『南総里見八犬伝』でした。分厚い眼鏡をかけた紋屋のおじさんの傍らに、きちんと正座をして、小さい道具を手渡すのを手伝ったりしたこともありました。おじさんは、仕事の区切りに、家紋の由来にまつわる昔の武士の話をしてくれました。今でも、そのおじさんの声が聞こえるような気がします。

話がわき道にそれましたが『ペレのあたらしいふく』は、この粗筋からわかるように、新しい服ができるまでのプロセスを、子ヒツジを育てるところから、毛を刈りとり、梳き、紡ぎ、染め、織り、仕立てるところまで、ペレの体験を通じて語っています。

この絵本は、服ができるまで、という知識を伝えているだけではありません。素朴な暮しのなかで、ペレが、両親だけでなく、近所のおじさん、おばさん、そして、おばあさんたちのお手伝いをすることにより、自分のしてほしいことをしてもらえる、ということを学ぶのです。

子どもとおとなの信頼関係のなかで自立していく子どもがペレであり、子ども、おとな、老人の区別なく、人間と動物の共存する地域共同体の暮しの温かさが描かれています。今の世のなかによみがえらせたい温かさです。

この絵本のなかにでてくる、やさしいおばあさんが、直接話しかけてくるように、物語が、私たちの耳に聞こえてきます。あるいは、絵が、しっとりと語りかけてくるので、そんな気がするのかもしれません。

ベスコフは、一九一〇年代のスウェーデンの農村の生活を、子どもたちにも、よく理解できるように描いています。人間、服装、家、家具、道具、家の周りに咲く草花や、畑の野菜、家畜などが、水彩とパステルの伝統的なおちついた画法で描かれています。知識絵本のイラストレーションのお手本といえます。

ある画家が、別の画家の優れた作品を見て語った言葉ですが、「あの人の描いた橋は、歩いて渡れる。あの人の描いた家は、そのなかに住むことができる。そんなことを感じさせる絵だ」。私は、同じことをベスコフの絵から感じます。

『ペレのあたらしいふく』は、私にとっては、私自身の「幼ものがたり」をよみがえらせてくれた大事な絵本ですが、今の子どもたちにも大切なことを伝えてくれる一冊の絵本です。「もの」は、お金では作れない、ということを、幼いときに知るべきだと、私は思います。

『11ぴきのねこ』の笑い

むかしから「笑う門には福来《きた》る」というように、一家団らんのみなもとは、笑いです。家族にユーモアに富んだ人、あるいは洒落《しゃれ》の上手な人がひとりいると、居間の雰囲気や、食卓でのひとときが明るくなります。

幼い子どものあどけない仕草やおどけるさまに、家族じゅうのものが、涙を流して笑いころげるときほど、家族の幸せを強く感じるときはありません。親の心は、わが子へのいとしさでみちあふれ、子どもは、家族の愛情につつまれ、家族にとって、まさに至福のときです。

私は自分の育った家庭を思い出すとき、両親ときょうだいが持っていたユーモアのセ

ンスをとてもありがたいと思います。ユーモアのセンスは、親子相伝というのでしょうか、日々の暮しを通じて伝わる家族の秘伝のように思われます。

人前でおどけてみせる子どもは、あたたかい気持の持主です。大勢のきょうだいの間で育った私には、そのことが、とてもよくわかります。その子の心のなかに、他人を喜ばせようとする気持が働くからです。こういうあたたかいおどけや洒落にけちをつける人や、興ざましをする人のことを、英語では、ウェット・ブランケット(ぬれ毛布)といいます。

『11ぴきのねこ』の作者、馬場のぼるさんは、家族秘伝のセンスを豊かに持ち合わせているにちがいありません。こうした生来のほのぼのとしたユーモアに加えて、こっけいで機知に富んだ筋立てとやりとりは、長じて体得したおとぼけの天才の至芸の技といえましょう。

日本の絵本の世界で、これほどこっけいで、人を食った(絵本の中では、ねこたちが巨魚を食うのですが)、それでいて別格の魅力を感ずる作品を、私はほかに知りません。『11ぴきのねこ』という題からしておもしろいではありませんか。なぜ11ぴきか？　そんなやぼなことは訊《き》かないこと。

表紙で、緑の丘の上で10ぴきののらねこが、ピンクの空に浮く魚群の雲を見あげています。この絵本を見開きにすると、背表紙にとらねこたいしょうが、でんと昼寝をしています。あわせて11ぴき。

明るい、ほのぼのとした漫画の画面から、作者の馬場のぼるさんの声が聞こえてくるような気がします。

11ぴきは、いつも　おなかが　ぺこぺこでした。

落ちていた1ぴきの小さな魚に、10ぴきがとびかかるのを、とらねこたいしょうが制して、11等分にわけました。

「まんなかが　おいしそうだな。」
「あたまの　ほうが　おおきいぞ。」
「しっぽは　いやだよ。」

大家族で育った私は、思わずふきだしながら、子ども時代の食卓を思い出しました。私なぞ今でも「迷い箸《ばし》」をして女房に叱《しか》られます。

「ゴホッ　ゴホッ　ゴホッ」と咳《せき》こみながら、じいさんねこが現われて、山のむこうの湖に、怪物みたいな大きな魚がいるとおしえてくれます。

11ぴきのねこは、湖にでかけ、いかだを作りました。帆をはり、ドラムかんやなわもつみました。三日航海して、島に上陸してまっていると、

「でたあっ。」

ニャゴー　ニャゴ　ニャゴ　ゴロニャーン

グワァーッ

ついに現われた怪物みたいな大きな魚を、11ぴきのねこが、どうやってつかまえるか、二転三転する活劇と、奇想天外の結末を、話してしまっては、この絵本のたのしさを台なしにしてしまいます。

とにかく一度見たら忘れられない『11ぴきのねこ』、お代は見てのお帰りに！　といたしましょう。

『ぐるんぱのようちえん』――みんなの世界

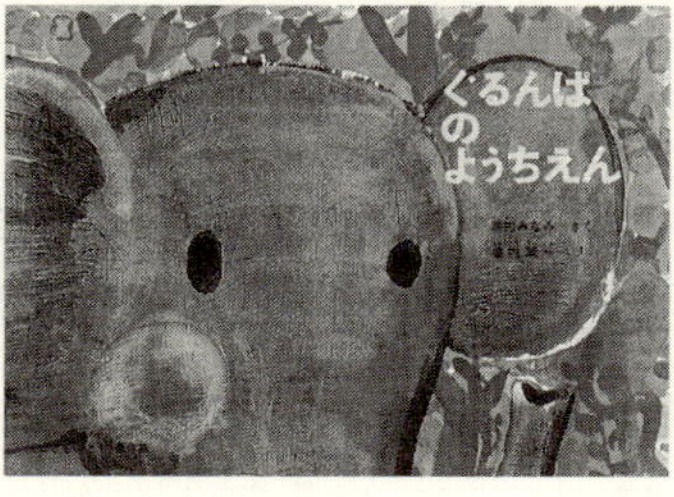

子どもは、ひとりぼっちになることが、ときどきあります。ひとりぼっちは、さみしいものです。

「ただいま!」と、家に帰って、ドアにかぎがかかっていたら、たちまちひとりぼっちです。おるすばんをさせられて、おかあさんが、いつまでも戻ってこないと、さみしくてたまらなくなります。

「ぼくも入れて!」とたのんでも、遊びの輪に入れてもらえないとき、世界じゅうでひとりぼっちを感じます。入れてもらえない理由は、子どもの世界では、多くの場合、理不尽そのもの。ただの「だめ！」に始まり、「おまえなんか、きらい！」「でぶだから」「やせだから」「大きいから」「へたっぴいだから」「小さいから」「すぐ泣くから」「くさいから！」。

ぐるんぱは、とっても　おおきなぞう。ずうっと　ひとりぼっちで　くらしてきたので、すごく　きたなくて　くさーい　においもします。

ひとりぼっちの　ぐるんぱは、ときどき「さみしいな　さみしいな」と　いって、みみを　くさに　こすりつけたりしました。

すると、おおきな　なみだが　ぐるんぱのはなを　つーっと　ながれておちました。

緑の草原に、黒くよごれた、灰色のゾウのぐるんぱが、ごろりところげています。堀内誠一さんの描くぐるんぱは、とてもさみしそうです。

そこでジャングルのゾウたちは、ぐるんぱを川につれていき、たわしでこすり、鼻のシャワーで洗ってやりました。みちがえるようになったぐるんぱは、動物たちに見送られて人間の世界へ働きにでかけます。ちょっと『ぞうのババール』のようですね。長い鼻を空に向け、歩く姿からは、歌声が聞こえてきそうです。

いちばんはじめは、ビスケット屋のびーさんのところ。ぐるんぱがはりきって焼いたのは、特大ビスケットで、一コ一万円。大きすぎて高すぎて、だーれも買ってくれません。その次にいったところは、お皿作りのさーさんのところ。ぐるんぱがはりきって作ったのは、池みたいな特大のお皿。だーれも買ってくれません。

その次にいったところは、くつ屋のくーさんのところ。ぐるんぱがはりきって作ったのは、くつ屋のくーさんがすっぽりはいってしまうくらいの特大のくつ。だーれもはけません。

その次は、ピアノ工場のぴーさんのところ。ぐるんぱが作ったのは、ちょっとやそっとたたいても音のでない特大ピアノ。だーれもひけません。

その次は、自動車工場のじーさんのところ。ぐるんぱが作ったのは、運転席にすわると前が見えない特大スポーツカー。だーれも運転できません。

ページをめくるたびに、ぐるんぱ、勤め先をみつけては、特大のものを作って、やめさせられ、「しょんぼり　しょんぼり　しょんぼり」……がっかりして、ビスケットとお皿とくつとピアノをスポーツカーにのせて、また職さがし。なみだがでそうになりました。

しばらくいくと、子どもが十二人もいるおかあさんに、子どもの遊び相手をたのまれます。ぐるんぱが特大ピアノをひいて歌いだすと、「あっちからもこっちからも」子どもが集まってきます。ぐるんぱの幼稚園では、特大くつでかくれんぼ、特大のお皿のプールで水あそび。おやつは特大ビスケット。

弾むようなリズムをもつ西内さんの文章を読みながら、緑、赤、白、青、黄色などの明るい色彩と、のびやかな構図の情景のなかを灰色のぐるんぱについていくと、まるで、たのしいミュージカルの世界に魅《ひ》きこまれていくようです。

この絵本を読んでもらえば、ひとりぼっちの子どもも、ぐるんぱのピアノにあわせて歌いだしたくなります。子どもには、ひとりぼっちで、さみしいときがあってもいいのです。やさしいおとなのはげましがあれば、ぐるんぱのように晴ればれとして、みんなの世界にとびこみますから。

『マーシャとくま』は、どうなるの？

むかし話のなかには、擬人化されたさまざまな動物がでてきます。動物同士で口をきいたり、人間相手に対等に口をきいたりします。それがごく自然であるために、聞き手の子どものなかには、自分が相手をしているような気になって、ネズミやウサギのような小動物であればこわくなくても、トラやクマのような大きな動物になると、こわがる子もいます。むかし話のなかでは、このような動物たちが、いろいろな美徳や悪を象徴していることもあるので、感受性の鋭い子どもは、それを感知するのかもしれません。

こわい話のうけとり方は、子どもの感受性によって差がありますが、情緒的に健全な子どもなら、こわいもの見たさで、こわい話が好きなものです。こわがりやの子どもで

も「すこしだけこわい」お話なら聞きたがります。

例えば『おおかみと七ひきの子やぎ』や『赤ずきん』をこわがらずに聞けるようになる前に、ぜひ読んであげたいのが、『てぶくろ』と、この『マーシャとくま』です。このやさしくて、すこうしだけこわいロシアのむかし話も、『てぶくろ』と同じ画家のラチョフが、表情豊かな、おおらかな絵本に仕立てています。

わが家では、子どものひとりが幼かったとき、「この本読んで！」と、飼い犬の鼻先につきつけたことがありました。私が子どもたちの目の前で、この絵本を手にするだけで、「読んで！　読んで！」とせがまれたほど、魅力にみちた絵本です。

絵本のカバーで、素朴なきものを着た大きな茶色のくまが、荒縄でくくったつづらをせおって、人のよさそうな顔をして、こちらを見ています。その下の緋色《ひいろ》の帯の上に、白抜き文字のなかにブルーの芯《しん》を通して、大きく『マーシャとくま』と書いてあります。心憎いばかりに読者の目を捉《とら》えてしまう、主人公のお目見得です。

表紙をめくると、観音開きに開いたまどから、やさしいおじいさんとおばあさんが、こちらを見ています。

「むかし　むかし、あるところに　おじいさんとおばあさんが　すんでいました。ふたりには、マーシャという　まごむすめが　いました。」

おじいさんとおばあさんは、友だちと森へきのこやいちごとりにいったマーシャのことを話しているのでしょう。

深い森のなかで友だちにはぐれてしまったマーシャは、大木の陰に立っていた、どっしりした小屋をみつけて、なかにはいりました。

つぎの場面では、マーシャが、テーブルの向こうにでんとすわった、見上げるような大きなくまに、おかゆのつぼをさしだしています。小さなマーシャは、くまの召使いにされてしまったのです。

そこから逃げだすために、マーシャは、いいことを思いつきました。

つぎの場面では、小さなマーシャが、つづらのなかに、大皿に山もりのおまんじゅうを入れようとしています。それを、大きなくまが荒縄を手にさげて見おろしています。

つぎの場面で、大きなくまは、つづらをせおったまま、とても人のよさそうな顔をして、森の切り株にこしかけています。

つづらのふたが、すこうし開いて、マーシャの顔がのぞいています。

くまの召使いにされてしまったマーシャは、この先、くまから逃げだすことができるのでしょうか。

たったの六場面なのですが、どのページを開いても、輪郭が力強く、色彩には、どっしりとした風土感があり、くまの表情が何とも憎めなく人好きがして、この絵を見る幼い読者が、マーシャがどうなるか早く知りたくて「読んで！　読んで！」と声をあげてせがみます。

第3章　個性と創作

「ものがたり」が生まれるとき

自分の子ども時代の思い出は、心に浮かびあがる絵と共に、私自身の内に幼かったときの感性をよみがえらせてくれます。とても幼かったとき、小学生の頃、あるいは春を思いはじめた頃、その折々の節のようなできごとを思い出すと、そのできごとのなかで、ほほえんだり、笑ったり、胸をはずませたり、怖がったり、黙りこくったりしたときの自分に戻ることができます。

思い出の情景が、たったいま、そこの街角を曲がったばかりのように見えるだけでなく、そこを歩いている自分が見えるのです。

「幼ものがたり」を書く私には、幼い自分が、いつも身近に存在していて、おとなとして感ずる喜びや悲しみを、同時に幼い自分が経験することで高められています。

つい最近のことですが、歌舞伎《かぶき》の「黒塚」を見ていたときのことでした。老女岩手、(実は安達原《あだちがはら》の鬼女)を演ずる猿之助の迫真の演技に魅せられ、私は、いつのまにか子どものように「怖い、怖い」と、小声で叫んでいました。隣の席の友人が、私にそっと手を触れなかったら、私は、両手で顔をおおってしまったかもしれません。初めのうちは、能のシテが舞う鬼女を歌舞伎では猿之助がどのように演ずるのだろうか、と興味を持って見ていたのですが、いつの間にか幼い自分になって、鬼女の恐ろしさにおののいていたのでした。

「幼ものがたり」で、私は、幼い自分が、どのように恐れ、悩み、それらを克服して、喜びをみつけるかを書こうとするのですが、「ものがたり」であるためには、他人の幼い分身と交叉《こうさ》することがとても助けになります。

『しょうぼうじどうしゃ じぷた』のじぷたは、ひ弱で体がとても小さく、いつでも他人に後れを取っていた幼い自分の分身でしたし、のっぽくんと、ぱんぷくんと、いちもくさんは、強くたくましかった遊び友だちの分身でした。

『もりのなか』の主人公のぼくと、幼い自分が交叉し、幼いわが子たちと遊んでいる間に『もりのへなそうる』が生まれました。

私の友人夫婦の混血の娘さんが幼かったとき『もりのへなそうる』を読んで、こういいました。「渡辺さんのおじさん、あたしのことを書いたのね」。幼いへなそうると彼女が交叉したのでした。

『エルマーのぼうけん』を翻訳したときには、少年時代に『宝島』や『十五少年漂流記』を読んだ自分がよみがえってきて、その自分が、ニューヨーク市の下町で親しくなった子どもたちと入り交じりながら仕事を進めました。私は、私の幼い空想力をはるかに超えたこの「ぼうけん」を、心ゆくまでたのしんだので、私の貧しい創作力の働く余地はありませんでした。

子どもは、はじめての経験に必ずしも無垢《むく》ではありませんが、何の備えもありません。「幼ものがたり」は、そこから始まります。

『元気なモファットきょうだい』(エレナー・エスティス作)の末っ子のルーファスは、その典型です。モファット家の物語は、私の子ども時代と余すところなく交叉し、小学校六年生になりきった私は、心を弾ませながら『寺町三丁目十一番地』を書きました。文化の違いを超越して幼い心の通いあう幸せな経験でした。

私にとって聖書のような『ムギと王さま』(エリナー・ファージョン作)のなかで、作者が書いています。「どんなときに、ふいにつつかれたら、『お人よしのウィリー』が話しはじめるのか、それは、だれにもわかりませんでした」。

私の内でも、心の隅にはった銀のクモの巣にかかった小さな生命が、まだ生きているかもしれないし、心の土壌に落ちた種が、何かの拍子に芽をふくかもしれません。感性をみずみずしく保ちたいと思います。

幼い子どもの物語を書くときには、子どもが私に物語を思いつかせ、物語を書かせてくれるのです。その子どもは、わが子でもあれば、よそさまの子どもでもあれば、私自身の内なる子どもでもあるのです。そういう子どもに語りかけるつもりで物語を創《つく》ります。

幼い子どものあどけない仕草を見ていると、私がそのように幼かったときのことが、春の芽のように心のなかによみがえってきます。私は、それを語ります。けれども、ここでいう「子ども」が幼ければ幼いほど、内なる「子ども」を早く失ってしまったおとなには、「幼ものがたり」が通じないことがあります。

私の創作、くまくんの絵本シリーズの一冊め、『どうすればいいのかな？』は、私の危惧《きぐ》したとおり、当初「内なる子ども」を失ったおとなの心を素通りしましたが、私の予想どおり、幼い子どもたちは、彼らの体と心で、がっちり、うけとめてくれました。彼らと私の「内なる子ども」が、手をとりあって喜びました。

同じシリーズの『いただきまあす』を手にして困惑したおとなは少なくありませんでした。なにしろ主人公の子ぐまが、スープをのもうと、スプーンとフォークを手にもったまま、スープのお皿をかかえて、口をつっこみます。エプロンをスープでべちょべちょにしたくまくんは、こんどは、パンにフォークをつきさして、口につっこもうとします。ジャムもたべようと、ジャムのビンをテーブルにかたむけ、スプーンでかきだします。スパゲティは、スプーンとフォークにひっかけてふりまわす。

「どうすれば　いいのかな?」思案の挙句くまくんは、スパゲティに「すーぷを　かけて、」「さらだを　まぜて、」かきまわし「てで　たべようっと。」「おいしい　おいしい!」。結末は、テーブルの上にすわりこんで「ごちそうさま!」。

末息子が二歳の頃の食事のありさまを、呆《あき》れ返って見つめる父親がそこにいたのです。躾《しつ》けの観点から見れば救いようのない無作法なのですが、幼いわが子の食欲と、自分で食べようとする意欲こそ、この子の発育に大事なのだ、と父親は合点していたのです。

この絵本の英語版は「チュコフスキーの『2歳から5歳まで』で分析された、さかさまや失敗を喜ぶ幼児心理を日本の子どもの本の創り手が、絵本で表現してみせた。」(*The Horn Book Magazine*, 1980. 4)、そして「渡辺茂男のアイデアと大友康夫の生き生きしたファース(笑劇)のような絵による『いただきまあす』ほど巧まざる自然さをもった作品は例が少ない。」(*The Times*, 1980. 7)と紹介されました。

あたりまえのことですが、あたりまえの挨拶《あいさつ》の言葉が私たちの日々の暮しを、とても温かく安らかにしています。初めて訪れた町で、見知らぬ人に「こんにちは」と挨拶されると、その町に親しみを感じ、「こんにちは」と挨拶を返すと、その町の人々に対して、自分の心が開かれた気がします。

わが子に向かって「おはよう」「いってらっしゃい、気をつけて」「ありがとう」「おかえりなさい」「おやすみ」と自然にいえるときは、親として自分の心が平穏で、子どもに対するやさしい気持ちにみちているときです。また、子どもたちが、私たち親に向かって「おはようございます」「いただきます」「ああ　おいしかった」「ごちそうさま」「ありがとう」「いってきまあす」「ただいま」「おやすみなさい」といえるときは、子どもたちの心がくつろいでいて、親に対する信頼の気持ちでみちているときです。

私は、人びとの集まりで講演をするとき、必ず「おはようございます」「こんにちは」と挨拶することにしています。すると、まるで、その言葉で童心にもどったようなみなさんから、声をそろえて「おはようございます！」「こんにちは！」の挨拶がもどってきます。そして、私とみなさんの心の扉が開かれて、とても話しやすくなるのです。

幼い子どもの心は、いつも開かれています。「こんにちは」という挨拶をおぼえたばかりのわが子は、私と散歩にでるたびに、生命あるものすべてに声をかけました。

「おはなさん　こんにちは」
「すずめさん　こんにちは」
「ねこさん　こんにちは」

ません。

「いぬさん　こんにちは」
「ぎゅうにゅうやさん　こんにちは」
「しんぶんやさん　こんにちは」
「ゆうびんやさん　こんにちは」
「おかあさん　こんにちは」

心を開く言葉は、おとなが使わなければ、子どもも使いません。

『こんにちは』(渡辺茂男・大友康夫)

私は幼稚園や保育園の運動会を見るのが大好きです。

子どもたちはたのしそう。ピチピチした先生たちもたのしそう。おかあさんたちも、おとうさんたちも、おばあさんたちも、おじいさんたちも、みんなたのしそうです。

幼稚園や大きな保育園では、年齢によって組分けしてあるので、年少組、年中組、年長組と、子どもたちの成長につれて、ダンスでも、鉄棒でも、障害物競争でも、組み体操でも、一年違うと、子どもたちの体力は、こんなに違うものかと、目を見はる思いがします。

もちろん同じ年齢でも、太った子、やせた子、大きい子、小さい子、走るのが速い子、おそい子、ダンスの上手な子、下手な子、鉄棒でくるくる回れる子、ぶらさがったままの子などさまざまです。親ゆずりの体格や運動神経をひきついだ先天的のものや、それぞれの成長の速度や、個性の違いがありますから、一人ひとりの子どもの違いは当然です。

騎馬戦をやれば、馬に乗ることがたのしくてたのしくて、相手の帽子をとることも、自分の帽子を守ることもしないで、拍手ばかりしている子がいたりします。年少組では競争することを知らない子もいます。「ようい　どん」の合図で走りださないで、スタートラインで、ぴょんぴょんはねている子。いちばん最後からゴールにとびこんで「ぼく一とう！」の子。ゴールのひもの下をくぐりぬけるいちばん速い子。ゴールの手前で仲良しを待っている子などなど無邪気なものです。

あどけなさがいっぱいの幼い子どもたちは、かけっこであれ、ダンスであれ、鉄棒であれ、速いおそい、上手下手よりも、その子の個性が、生まれたときのままのような新鮮さで目にうつり、競争が一等でもかわいいし、びりでもかわいいものです。親は親で、勝ち負けよりも、自分の子であれ他人の子であれ、子どもたちのありのままの姿に拍手を惜しみません。

日本の保育は、一斉に同じことをさせる「一斉保育」が多いものですから、年長組に進むにつれ何となく標準を気にする思考が生まれ、それが何であれ、子どもの能力が、標準より進んでいるか遅れているかを親が気にし、そして、子どもも気にし始めるのです。そのため年長組の競技では、子どもの勝ち負けに、親が真剣になります。子どもが小学校に入ると、親のこの傾向は一気に強まるのです。なぜでしょうか。

勝ち負けでなく、いっしょうけんめいやる子どもの姿に拍手をおくる親でいつまでもありたいものです。

子どもの幼稚園の運動会を見ながら、こんなことを考えていると、くまくんが走る障害物競争の絵本『ようい　どん』のアイデアが生まれました。ちなみにイギリスで出版された英語版は *Ready, Steady, Go!* という題名で、テキストは、私の苦心した日本語を超えています。私の使った擬声語と擬態語を殆《ほとん》ど使わず、意味とひびきの同調する語《ご》彙《い》を選び、ずばりと表現しています。例えば……

はしを　とんとんと　わたります。
Across the beam.
どすん！　あれあれ。
Ow!
てつぼうで　ぐるりと　ひとまわり、
Round the bar.
どすん！　あれあれ。

Thump!

という具合です。英語表現の論理性と日本語表現の情意性の差とでもいうのでしょうか。

アメリカ版はタイトルが *Get set! Go!* とアメリカ英語の表現となり、副題に *Overcoming Obstacles*(障害物をこえて)と付けています。そればかりでなくこの絵本のシリーズ名を作り *an I CAN DO IT ALL BY MYSELF book*(じぶん　ひとりで　できるんだ　の本)としています。

イギリスとアメリカの絵本観の相違とでもいいましょうか、私には、興味ある微妙な差異でした。みなさんは、どのように感じられますか。

そういえば『どうすればいいのかな？』は、アメリカの書評の一つで「幼児向きのコンセプト・ブックの先駆けともいえる作品」といわれました。

『どうすればいいのかな?』——子どもの本の翻訳

絵本を翻訳する場合には、文章が短く平明であるために、翻訳は非常にやさしいと考えられがちですが、翻訳者は、絵本の形で表現された一つの世界の全体を、くまなく理解することが要求されます。いいかえれば、言語感覚と視覚と感性のすべてを働かせて、その世界にはいることを要求されるのです。文章を読むだけでなく、絵と心象をくりかえしくりかえし読むうちに、血の通う人物に出会い、個性をもつ人の話し声が聞こえ、動物や鳥の言葉や鳴き声がわかり、木や花の香りが匂《にお》い、すべての生物の感情が伝わってきます。

このように言語感覚と視覚と感性のすべてを投入し、文字を読み、絵を読み、空間を読み、物語を読み、作者の創造した世界を歩き、それから、その世界の出来事を、子どもたちの耳に快く響き、心象が心の目によく見える日本語で語るのです。それほどの努力をしても、原作の言葉がもつ色彩や、物語の底に流れる意味を伝えることはむずかしいものです。絵本は、一ページに一語か二語しかないような場合もあります。そのうちの一語の意味のとりちがえが、全体を台無しにすることさえもあります。
子どもの文学の場合には、言葉による表現であれ、絵による表現であれ、簡潔あるいは直截《ちょくせつ》がよしとされます。それは、子ども向きに、ただやさしい言葉で単純に語ることとはちがいます。なぜなら、本質をやさしくすることはできないからです。すぐれた作者は、本質を表現するために不適切な飾りや枯れ枝を丹念に除去するのです。翻訳においても同じ作業を必要とします。

このように本質を表現する言葉や文を翻訳するとき、私たちは、多くの場合、その言葉なり文が描く心象を思い浮かべます。やさしくいえば心に絵を描きます。そして、心に絵を描く想像力は、果しない広がりと限りない多様性をもっています。つまり、ひとりひとりが心に思い描く絵は、それぞれの経験や個性に即して千差万別で、それ故《ゆえ》に大切なのです。ひとりひとりの心の中で想像力が描きだす絵は、おのずから経験が輪郭をつくり、個性が彩《いろど》りをそえるものなのです。

三人息子のいちばん下の光太が、二歳になるかならないかという頃でした。ある日の夕方、お風呂《ふろ》から出てきた裸の光太が、いつもなら母親にパジャマを着せてもらうのに、なにを思ったのか、さっきまで着ていたシャツとパンツを自分で着はじめたのです。まだパジャマを着せられるのはいやだったのかもしれません。自分で着替えをしようとする光太を見るのは、私には初めてでした。

まだ遊びたいんだろうな。外へ出たいのかな。自分の意思で行動する自立心が育ちはじめたな。私が勝手なことを考えながら光太を眺めていると、おや、おや！　光太は、なんと、パンツを頭から「かぶり」、両腕を両足を入れる穴から出してもがいているではありませんか！　まるでタコ踊りです。

私はふき出しながら、自分が幼かったときの、まったく同じ体験を思い出していました。思い出すというよりも、光太の仕草が、私自身の幼児体験をよみがえらせたのでした。シャツと思い込んでパンツをかぶったときの、目の前のぼやけた明るさが、そのとき感じた奇妙なとまどいといっしょに、私のうちに生き生きとよみがえったのでした。一生忘れることのできない劇的な体験だったのでしょう。子どもの育つ日々は、ちいさなドラマの連続です。折にふれ、わが子とのふれあいが、私の内に子どもの感性をよみがえらせてくれるのです。

この出来事をたのしく反芻《はんすう》しているうちに、子どもに問いかける言葉が、イメージといっしょに湧《わ》いてきました。


『どうすればいいのかな?』

しゃつを　はいたら　どうなる？
どうすれば　いいのかな？
そうそう、
しゃつは　きるもの。

ぱんつを　きたら　どうなる？
どうすれば　いいのかな？
そうそう、
ぱんつは　はくもの。

ぼうしを　はいたら　どうなる？
どうすれば　いいのかな？
そうそう、
ぼうしは　かぶるもの。

くつを　かぶったら　どうなる？
どうすれば　いいのかな？

しゃつを　はいたら　どうなる？
どうすれば　いいのかな？

そうそう、
くつは　はくもの。

さあ、
しゃつを　きて、
ぱんつを　はいて、
ぼうしを　かぶって、
くつを　はいて、
いってきまあす。

私の内から湧いた単純な問いかけの言葉は、みずみずしい感性を秘めた才能豊かな大友康夫さんというイラストレーターの描く子ぐまの主人公によって、表紙、裏表紙を含む十五場面の絵本の舞台で、みごとに演じられました。その年のボローニャの国際子どもの本展の原画コンクールで、子どもたちによって「くつを　かぶったらどうなる?」のイラストが、「いちばんたのしい絵」の

グランプリを与えられました。

その頃、東京の大学に研究にきていたアメリカ人の友人がいました。現在はブルッキングズ研究所に籍をおく高名な日本研究者の一人ですが、日本人の奥さんと二人のげんきな坊やをつれて、わが家によく遊びにきました。遊びにきた折に、この絵本を坊やたちにあげたところ、日本語の達者なエド(友人の名前です)は、早速坊やたちに読んで聞かせました。日本語のよくわからない坊やたちも、絵が楽しいので、声をたてて笑いました。それからエドは、なにかつぶやいていましたが、私に向かってこういいました。

「ワタナベさん、この文章、とてもむつかしいですね。英語に訳せません！」

私は、エドが冗談をいっているのかと思いました。

「作者のアナタは訳せますか？」

幼児でもわかる言葉だけ使って、私は、やさしい文章を書いたのです。私は、エドと英語で話すこともできました。それまでに、アメリカの子どもの本を何冊も日本語に翻訳していました。私は、『どうすればいいのかな？』を開いて、自分の書いたやさしい、やさしい日本文を英語に訳してみました。エドのいうとおりでした。

しゃつを　はく
しゃつを　きる

ぱんつを　きる
ぱんつを　はく
ぼうしを　はく
ぼうしを　かぶる
くつを　かぶる
くつを　はく

幼児でもわかる、衣類の着脱の幼稚な誤りを表現している、この四つの、やさしいナンセンスな対句を、日本語から、英語に訳せないのです。すこし説明過多になりますが、「しゃつを　はく」「ぱんつを　きる」「ぼうしを　はく」「くつを　かぶる」の日本語の表現が持つ、着脱の誤りと言葉の用法の誤りという二次元のナンセンスを英語の単語で表現できないのです。

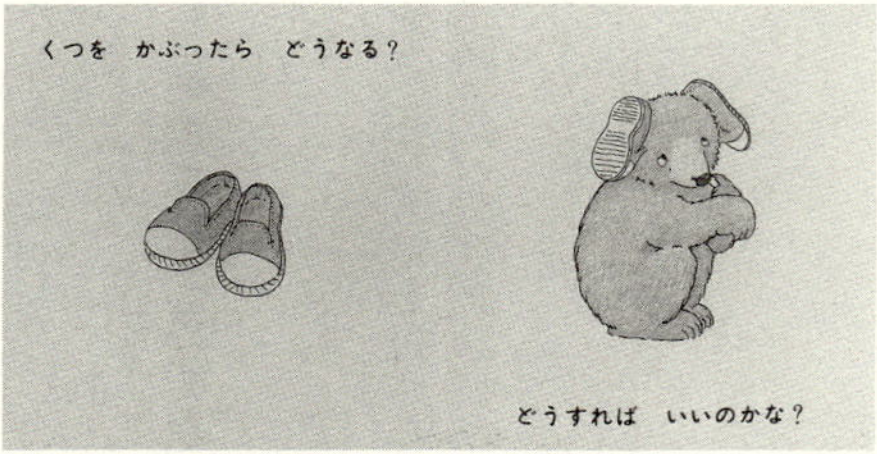
くつを　かぶったら　どうなる？
どうすれば　いいのかな？

そうそう、
くつは　はくもの。

わが子とのふれあいが私の内に幼い感性を目覚めさせ、わが子に問いかけるように

『どうすればいいのかな?』の短い文章が、生まれたのでした。その過程では、私は何も意識していなかったし、やさしい言葉の根について考えたこともありませんでした。この経験を契機に私は、言葉についてこんな推測をもつようになりました。

「やさしい言葉ほど、文化により深く根をおろしているのではないか?」「やさしい言葉ほど、ひとつの文化で使われてきた歴史が、より長いのではないか?」「ひとつの文化の土中に種が落ち芽を出した根源的な言葉は、異質の文化で育った言葉に訳すことは不可能か、非常に困難なことにちがいない」。

日本人の祖先が、衣類を作り着始めた頃、「きる」「はく」「かぶる」などの言葉が生まれたのでしょうし、もっと昔、火の上に水を入れた器をおき、水を煮えたぎらせたときに、熱い水を「湯」と呼び始めたのでしょう。英語では「水」は沸かしても「湯」にならない。熱い(hot)水(water)になるのです。

子どもは「内から外に向かって発育する」のですが、幼児の自立と言葉の習得は、密接に結びついています。目で見、耳で聞き、その繰り返しにより言葉は脳の記憶に留まり始めますが、言葉を話す能力は、「話す」ことのみによって育ちます。「話す」作業は、話す相手がいなければできません。

例えば、上記のやさしい言葉の一つ「はく」を幼児はどのように習得するのでしょう。

体の発育にともなって幼児の行動半径は広がります。新しい世界を求めて、家の外へ出たがるようになります。おかあさんは、当然「くつ」を「はかせ」ようとします。子どもに向かって、こんなふうにいうでしょう。

「おくつ　はきましょうね」

「おかあさんが　はかせて　あげますよ」

おかあさんの話しかけの言葉が、毎日繰り返される間に、「はかせて」の言葉が、子どもの記憶に留まり、外にいきたくなるとくつを指差し「はかせて」というようになります。

そのうち子どもは、くつの「はきかた」を習得し始めます。おかあさんの話しかけが、子どもの自立をうながします。外にでようとしている子どもを見かけたおかあさんは、こういいます。

「おくつ　はきましょうね」

「うん　はく」

くつをはこうとする子どもを見守りながら

「あら　じぶんで　はけるのね?」と、おかあさん。

「はけるよ!」

子どもは、くつがはけました。

「まあ　じょうずに　はけたわね！」

「はけた！　はけた！」

言葉も同時に育つ子どもの発育が、この会話から見えるようではありませんか！　親でなければできない子育ての一時期です。テレビやパソコンや、どんな教育機器もこの時期の親の代わりを務めることはできません。

ちなみに、この絵本は、日本語の初版から二年後にイギリスとアメリカで *How do I put it on?* という題名で同時に出版されました。

"How do I put it on?"

This is my shirt.
Do I put it on like this?
No!
I put my shirt over my head.

These are my pants.
Do I put them on like this?
No!
I put my legs through my pants.

This is my cap.
Do I put it on like this?
No!
I put my cap on my head.

These are my shoes.
Do I put them on like this?
No!
I put my shoes on my feet.

Here goes. . .
Shirt.

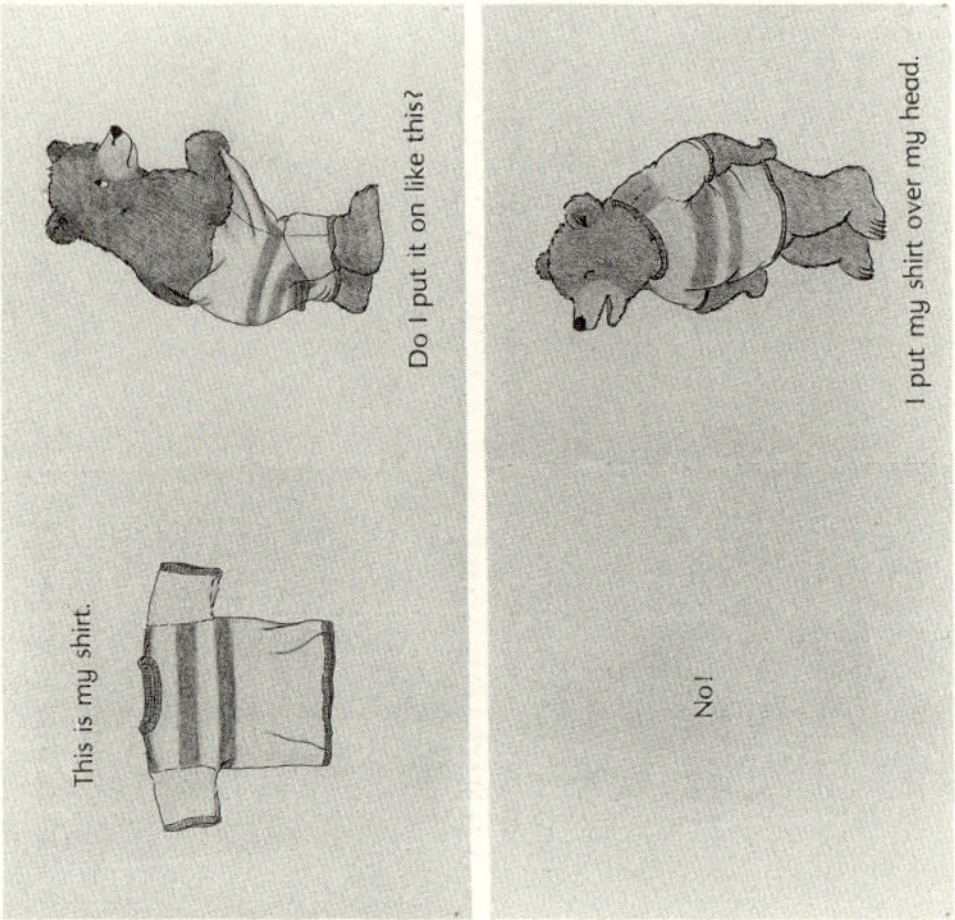

Pants.
Cap.
Shoes.
I'm ready. Off I go!

いかがでしょうか？　この英文。私は、翻訳の真髄を見るような気がします。あたかも、初めから英語で発想し、英語で書かれた文章のようです。翻訳とは、そこに書かれている外国語の文章の〝意を体し〟自分の国の言葉で書く、あるいは語ることだと思います。

子どもの心と体の発育を表象し、言語の翻訳の根源まで私を散歩に連れ出した『どうすればいいのかな？』の幼い主人公は、イギリスやアメリカの子どもたちともすっかり仲良しになって、彼の活躍する絵本は、保育園、幼稚園や公共図書館の児童室になくてはならぬものになりました。

この主人公の小さい「くまくん」は、日本ではいつのまにか「くまたくん」の愛称でよばれるようになりましたが、海の向こうの世界で一人歩きを始めると、私の知る限りでは、フランス、ドイツ、チェコ、スロバキア、インドネシア、台湾、ヴェトナムの国や地域の言語、そして、ヒンドウ語、ウルドウ語、グジャラティ語、パンジャビ語、べンガル語を話すインドやパキスタンの子どもたちと仲良しになりました。こんなに多くの外国語に翻訳され出版されたのは、子育てが、世界の親子に共通の幸せな体験だからだと思います。

童話を書きたい人のために

子どもの感性をよみがえらせて

童話を書くとき、何よりもたいせつなことは、自分自身の内に子どもの感性をよみがえらせることです。

私の場合には、そのきっかけは、わが子と共にすごすひとときがあたえてくれます。団地の公園や近所の裏通りを子どもと散歩するとき、いっしょに風呂《ふろ》にはいるとき、子どもの着替えを見ているとき、子どもが居間のいすやテーブルをひっくりかえして、のりもの遊びをするとき、いっしょに釣りやキャンプにいくとき、などなど。

子どもの笑い声や泣き声やさけび声、そして、そのときどきの顔つきや表情や仕草が、私の内に、私が同じように幼かったときの嬉《うれ》しさや恐ろしさや悲しさや痛みをよみがえらせてくれます。

子どものように視《み》ること

このようにして自分の子どもたちに助けられて、子ども時代の情感にひたり、自分の内に子どもの感性をよみがえらせていくと、子どものように、ものが視えはじめるのです。それは、目の前の現実のありのままのすがたや形の中に、生命を感じはじめることです。とはいえ、おとなの感覚でいう洞察力というほどすぐれた力ではなく、むしろその逆に、子どもがすべてのものを生きていると感ずる素朴な力に近いものです。山や川や谷、太陽や月や星、橋や城や寺、木や草や花、像やよろいかぶとなどを見ると、それぞれに、生命や歴史を感ずる視方なのです。

秘境の吊《つ》り橋、苔《こけ》むした廃寺、湖底の村を見て何も感じない人がいるでしょうか。あるいは、トリカブト、ウシコロシが、なぜ、けものを酔わせ、殺すのか、ふしぎを感じないでいられるものでしょうか。

このような素朴な想像力は、私たちの祖先が豊かに持っていた力でした。人類が幼く素朴であったときに、神話や童話の多くが、生まれたのです。

想像すること

月夜《つきよ》見里《みのさと》、鹿路庭《ろくろば》、猿ヶ京《さるがきょう》、犬吠埼《いぬぼうさき》など文字に書かれた地名を見つめているだけでも、さまざまな情景が浮かんできます。心の目に見えてくるのです。私は、このような力を、自分勝手に想像力と名づけています。何か一つの形あるものを手がかりにして想《おも》いをはせているうちに、さまざまな心象を想い描く力が躍動してくるのです。

山と湖が恋をすることもあれば、その恋をねたむ氷の女神が、山と湖ともども凍らせることもできます。魔神が、ふたごの仲をねたみ、まっ二つに裂いたところに千仞《せんじん》の谷が口をあけることもあります。大自然に託して想像力をはせるとき、私たち自身の内に、大昔の語り部たちの豊かな感性をよみがえらせることさえできます。

心に絵を描く想像力は、はてしない広がりと限りない多様性をもっています。そして、ひとりひとりが、心に想い描く絵は、おのずから個性や経験が彩《いろど》りをそえ、輪郭を描くものなのです。

けれどもマスメディアは、体験や個性までをも類型化する強大な影響力をもっているので、想像力の描くものまで類型化してしまう危険があります。

それを防ぐには、自分の目で見、自分の感性で感ずる以外に方法がありません。自分の目で見るということは、心の中にできあがってしまっている心象の類型――テレビ・アニメの主人公たちは、その典型といえましょう――を超えるきっかけを自分にあたえ、自分の想像力が描きだす心象を、真実のもつ心象に近づけてくれます。

創造すること

自分の目で見ることにより、生活の断片的なことについて他人からあたえられてそのとおりだと思いこんでいる心象の歪《ゆが》みを正すことができます。また、大自然や生命にひそむ力と自分との偶然の出会いが、これまでに超自然的な物語を読んで心に焼きついていた心象を、まざまざと自分の目に見せてくれることがあります。いや、見せてくれるなどという観察的なことでなくて、心象の中に自分が投げ入れられ、心象を全身全霊で体験するという、はげしい劇的興奮をおぼえることがあります。このような体験は、物語を創《つく》る意欲をはげしく刺激します。インスピレーションというのでしょうか。インスピレーションは、辞書では啓示とか霊感という言葉が当てられていますが、ある心象が想像力を躍動させ、新たな心象を導きだす心的な働きのように思われます。だからこそ「啓示」なのかもしれません。

子どもに向けて物語を創るとき、ある意図が先に頭の中にあると、その意図をみたすために物語を書こうとして、結果は、子どもに何かを教えようとする、類型的な教訓童話になってしまうことがあります。

幼い心に笑いをよびおこしたり、高まりを感じさせたり、あるいは、体ぐるみ自由に動きまわらせてやることのできる物語を創ることは、意図的にはできないことのように思われます。

童話を書く初歩は、ナイーヴ(純朴)な感性を磨くことだと思います。

簡潔、直截《ちょくせつ》に書く

ナイーヴな感性は、ものごとの本質に直截に迫ります。子どもたちは、そういう存在です。ですから、子どもの文学は、簡潔あるいは直截でありたいものです。それは、子ども向きに、ただやさしい言葉で単純にものごとを語ることとはちがいます。なぜなら、本質をやさしくすることはできないからです。幼い心にとどく磨きぬかれた平明な言葉を選び物語を語るのです。

アマチュアは、知っていることのすべてを書こうとしますが、プロは、一つのことだけを書きます。子どもは、一つのことに興味を集中します。おとなのように、一つのことをやりながら、あれを考えたり、これを思ったりしません。一つのことに集中できない子どもは、育ち方か環境に欠陥があるのです。例えば、テレビを見ながら本を読むなど。

簡潔、直截をよしとする子どもの文学のジャンルの中でも、とくに短編童話は、書く対象、それを素材とよぼうが題材とよぼうが、一つを選び、一つの可能性、一つのポイントにしぼることがたいせつです。いわな釣りの経験者は、一つのポイントに一ぴきしかいないことをよく知っていますので、他人の釣ったポイントには竿《さお》をおろしません。

一人の視点で書く

どんな些細《ささい》なできごとでも、いろいろな事柄がかかわり、さまざまな側面があり、何人かの人間が関係してきます。もちろん、ほかの生物がからんでくることもあります。そのようなからみあいも、一人の視点で視ることによって、ポイントが明らかになり、できごとの因果関係、いいかえれば、物語の筋立てが整理できます。

その一人が視、感じ、動かされたように書くのです。その一人が、少年か、少女か、老人か、異邦人か、ねこか、狼《おおかみ》か、トロルか、コロポックルかによって、同じ素材でも、物語は決定的に異なってきます。

ここで「一人の視点で書く」と強調していることは、主人公をはっきりと描きだすという意味でもあり、短編童話では、書き手側にも読み手側にも、集中力と、表現の抑制が要求されますので、他の登場人物は、主人公にかかわる最小限の範囲にとどめます。そして、一人の主人公の性格、行動、感情に集中することで、物語を展開する上での感情的効果と劇的効果を統一できるのです。

また「一人の視点で書く」ということが、「吾輩《わがはい》は猫である」というように、主人公が一人称で物語を語ることのようにうけとられそうですが、子どもの文学の場合には、一人称で成功した例は、まれにしかありません。個性をもつ三人称の主人公を創ることがたいせつです。

目に見えるように物語を語る

ファンタジーという言葉の意味が「目に見えるようにすること」であるのと同じように想像力は、「心に絵を想い浮かべる力」でもあるのです。昔話の時代から、物語の創り手は、目に見えるように物語を語り、聞き手や読者は、語り手から直接物語を聞きながら、心に絵を描いてきたのでした。

子どもの心に絵を描かせる物語は、劇的な文体をもつものです。劇的という用語は、精神的あるいは感情的高まりを刺激する表現として使われることが多いのですが、ここでは、劇的という言葉の本来の意味でも使いたいと思います。

つまり、物語が、舞台で演じられる劇を見るように語られ、読者は、劇を見、会話に聞き入る観客となるのです。子どもは、目に見えるアクションに魅《ひ》かれ、そのアクションを演ずる登場人物の行為の動機や、実際の行動を通じて、考えや感情の動きを知るのです。

思想や教訓について、そこに書いてあることを読むのではないのです。作者の思想や哲学は、作品からにじみでるものです。

感性を磨き、ナイーヴさをよみがえらせ、想像力をきたえ、言葉の力を蓄え、抑制した、美しく、力ある表現で、一つの物語を語る。このようにして創る短編童話は、創作を志すものにとっては、いつでも、大きなチャレンジです。

ひとり歩き――『いってきまあす！』

私は、幼年時代、ひと一倍体が弱かったので、外で遊ぶのが嫌いでした。嫌いというよりも苦痛だったのかもしれません。

幼稚園にはいる前には、年のはなれた元気な兄たちといっしょに、外で遊んだ記憶が殆《ほとん》どありません。八歳年上の姉に背負われたり手を引かれたりして、姉の行くところについていくのがやっとのことで、あとは家のあがりかまちに座りこんで、外を眺めてばかりいたような気がします。

ですから、家から二キロメートルほど離れたところにある幼稚園にはいってからは、歩いて通うのがとても辛《つら》く、毎朝、厳しい父に叱《しか》られて、泣き泣き歩きだしたものでし

た。泣きながら歩き、後ろをふりかえると、父が、怖い顔をしてつっ立ったまま、私を追いやるように手をふっていました。角をまがって父の姿が見えなくなっても、私は、父の視線を背中に感じました。

足が弱くて転んでばかりいる私を、幼稚園の先生は「茂男ちゃん、おひざをおだいじに！」といって幼稚園を送りだしました。長い道のりに足が痛くなってしゃがみこんでいると、父がどこからともなく自転車に乗って現われ、片腕で私を抱え上げ、荷台にまたがらせました。

父は、私の体力の限界がきてへたりこむまで、遠くから見守っていたのでしょう。そうだったにちがいありません。私は嬉《うれ》しくもあり、友だちがいると恥ずかしくもありました。やがて私は、遠い道を道草をしながら歩けるようになりました。

元気に育った私の子どもたちが、「いってきまあす」と、ひとり歩きを始めたとき、私は見えがくれに後をつけながら、父のことを思い出していました。

こんな体験が私に書かせた『いってきまあす！』の小さい主人公は、やはり「いってきまあす！」と、外国へでかけました。またわかりやすいイギリス版とアメリカ版を比較してみます。

『いってきまあす！』

"I'm going for a walk!"(イギリス)
"I can take a walk!"(アメリカ)

どこへ　いこうかな?
I'm going for a walk.(イギリスはタイトルのくりかえし)
I can take a walk all by myself!(アメリカは「ぼく、ひとりで、さんぽにいけるんだ!」)

さくを　くぐり、
Through the fence.(イギリス)
I'll just slip through the fence.(アメリカ)

やまを　のりこえ、
Over the hill.(イギリス)
I can climb this tall mountain.(アメリカ「こんな高い山をぼく　こえられる」)

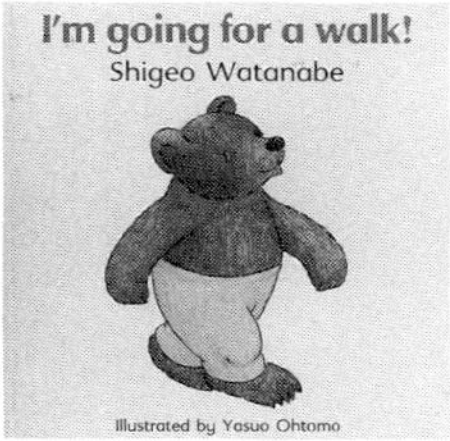

はしを　わたって、（くまくんは、ベンチの上を歩きます）
Along the bench,（イギリス「ベンチをわたって」）
I can cross this high bridge.（アメリカ「ぼく　高い橋もわたれるよ」）

ぴょん！（とびおりると、まわりのハトがとびたつ）
And—whoops!（イギリス）
Boo!　I really scared those flying dragons!（アメリカ「空とぶリュウをおどかして」）

みずたまりを　じゃぶ　じゃぶ。
I'm splashing in the puddle!（イギリス）
Now I'll cross this deep river.（アメリカ「深い川をわたるんだ」）

へいを　つたって、
I'm balancing on the wall.（イギリス）
I can climb along the edge of this high cliff.（アメリカ「高い崖《がけ》の上を伝い歩きできるんだ」）

おりられない　おりられない。
Oh, no! I think I'm stuck.（イギリス）
Oops! Now how will I get down?（アメリカ）

ああ　よかった！（お父さんが現われて助けおろしてくれます）
Thank you, Papa.（イギリス）
Daddy! I'm so glad to see you!
Let's walk home together.（アメリカ「お父さんがきてくれてよかった！」「さあ、いっしょに帰ろう」）

しんごうが　あかですよ。
I'll take you home the other way.（イギリス「ほかの道から帰ろうね」）
Wait! The light is red. We can't cross the street yet.（アメリカ「まちなさい！信号が赤だよ。まだ道路をよこぎれない」）

てを　つないで　わたろうね。（信号が青に変わります）

Now we can cross.(イギリス「さあ、わたれるよ」)
Now it's green. Let's go!(アメリカ「信号が青になった。さあ、わたろう！」)

日本語の原書の最後のページは、小さいくまくんが先にたち、大きなおとうさんが後ろから、縦にならんで家路につく絵だけで終わります。
親子の姿態と表情がすべてを語り、言葉の必要がありません。と原作者の私たちは考えました。

イギリス版とアメリカ版はつぎのように文章を添えています。

We've been for a walk!(イギリス「散歩にいってきたんだよ」)
What a good walk!(アメリカ「すてきな散歩だったね！」)

例文だけ抜き出して比較するつもりだったのが、面白いので、全文紹介してしまいました。私の原文は、主人公の散歩は絵に語らせ、くまくんの小さい冒険の道程と興奮の道標となるように、簡潔な言葉を添えただけでした。読者の幼い子どもたちが、くまくんといっしょに散歩にでかけ、自由に楽しむ空想と時間の余白をたっぷり残しておきました。大友さんの絵画空間は、その余白を見事に広げています。

絵本を手にとって比較するのと異なり、文章だけの比較では、絵と併せて読み取るときの微妙なニュアンスの相違は感じとりにくいかもしれませんが『いってきまあす！』では『どうすればいいのかな？』よりもイギリスとアメリカの差が出てきました。イギリス版もアメリカ版も、それぞれに私の尊敬する、国際的にも高名な編集者が手がけています。お二人とも、直訳に近い私の英訳をもとに、文章を練られたのです。

イギリス版は、私の原文に近い簡潔な表現になっています。そしてリズムのある文体です。

しかし、私のそれほど鋭敏でない英語の感覚では、日本語の表現の持っている「茶目っけ」と幼児の「かわいらしさ」が伝わってこないのです。英語の文章が、絵の雰囲気よりも「しっかり」している感じがするのです。まさに言語の違いとでもいうのでしょうか。

それに較《くら》べてアメリカ版は、私の原文からかなり離れた自由な再話というか翻案をしています。ベンチが高い橋になり、ハトが空とぶ竜になり、水たまりが深い川になり、塀の石垣が高い崖になっています。私は、面白いな、アメリカの幼児は、こんな壮大な空想をするのかな、と考えながら、私自身で旅をしたことのある、アメリカ大陸の大自然の情景を心に思い浮かべてみたりしました。日常生活の背景にある自然の広がりが、単純な物語にこれほどの表現の違いをもたらすのかな、と自分を納得させてもみました。

それにしても、これほど壮大な空想をするのには、私の物語の主人公は幼過ぎるのです。アメリカの編集者の主人公への思い入れが強すぎて、幼い主人公の心には映らないイメージを吹き込んでしまったのではないかな、と思ったりしました。

信号に従って道路を横切る場面は、アメリカらしさを強く感じました。ルールを守らないと生命にかかわることがあるのです。おとなは毅然《きぜん》と子どもたちを守ります。子どもたちは、おとなの庇護《ひご》を求めることは、自分を守ることだと教えられるのです。

私は、アメリカで学生だった頃、人気のない街角で「ミスター、信号が変わったら、手をつないで、いっしょにわたって」と、幼い女の子にたのまれたとき、自分の背筋がしゃんと伸びたことを今でも忘れません。強烈にアメリカを感じました。

イギリスのロンドンで暮らしたときには、生活に慣れた頃、小学校三年生だった長男が、赤信号でとびだし、救急車で病院に運ばれる事故に遭いました。ロンドンでは、多くのおとなたちが、信号に関係なく車の流れを泳ぐように、道路を横断するのです。

『ぼくおうちをつくるんだ！』の箱のなか

箱のなかにはいって遊びにふける幼い子どもを見ていると、その子の周りに、ラスコーやアルタミラの洞穴のような空間があるように思われてなりません。大昔、ホモ・サピエンスは、外部の明るさのとどかない、神秘感にみちた深い洞穴のなかで、壁に動物の絵を描きながら、動物との出会いを想像し、狩りの成功を願いました。わが家のホモ・サピエンスが一歳半から二歳にかけて、独り遊びをするようになった様子を見ていると、部屋のすみとか、テーブルの下とか、椅子《いす》の陰は、彼にとって、まさに、ラスコーの洞穴を思わせます。これは、これからの成長の過程で、彼が「独り」になる空間と時間を必要とすることを予測させます。

箱のなかで独り遊びにふけるわが子を見ていると、自分自身の幼い記憶から木箱のなかに、じっと身をひそめたときの感触がよみがえってきます。小さな体が、やっとはいる程度の大きさの、りんご箱に身をひそめてしまったときの安堵感《あんどかん》。それよりも小さなみかん箱に、なんとか入ろうとして、尻《しり》だけは入れたものの、両足は、前に投げだしたままの、中途半端《はんぱ》な感じ。

私は幼かったとき、近所の下駄屋さんの大きな木箱のなかにはいると、まるで、自分だけの秘密の部屋にはいったように感じたものでした。手で触れると、とげの刺さりそうな荒けずりの板にかこまれて感じた木のにおい。すわりこむと、素肌のもものあたりがこそばゆく、遊び相手の女の子が古ござをさがしてきて、二つにも三つにも折って、木箱のなかに敷くと、まるで所帯をもったような気がして、幼い心で照れたりしたものでした。

これも近所の造り酒屋の、蔵の間の空き地にころがしてあった、大きな大きな酒樽《さかだる》のなかにしのびこむと、身のとろけそうな甘いかおりがして、この世ならぬ別の世界へ引きこまれてしまったように感じたものでした。「ほうっ」と声をだすと、その声が、暗い樽のなかで、体を包みこむようにこだまして、わけのわからない恐ろしさを感じました。樽が生きているからなのでしょうか。そして、長くはいっていると頭が痛くなり、外にとびだして、青空を仰いで深呼吸をしたものです。その後でのんだ冷たい湧《わ》き水のおいしさは、いまでも忘れられません。

このごろでは、木箱はめずらしくなり、ダンボール箱ばかりになってしまいましたが、幼い感性は、相も変わらず、箱のなかにひそむ安らぎを求めています。『ぼくおうちをつくるんだ！』の物語が生まれたときの思い出です。

親子で『おふろだ、おふろだ！』

大家族で育った私は、子ども時代に独りで風呂《ふろ》にはいった記憶がありません。幼かったときには、父が、芋の子でも洗うように、二、三人ずついっしょに入れて洗ってくれました。そんなときには、いつも母がこういいました。

「おとうさん、お風呂のなかに手ぬぐいを入れないでくださいよ」

「はい、わかったよ」

父は、そう応じながらも、にやにや笑いながら、手ぬぐいをもって風呂のなかにはいります。そして、手ぬぐいを二つ折にして風船の形をつくり、湯のなかに沈め、子どもたちにつぶさせて、親子でたのしみました。体にまとわりつきながら、ぷつぷつと割れていく小さな泡粒の感触が、いまでも私に父を思い出させます。

私が親になって、わが子を風呂に入れるようになったとき、私は、いつのまにか、父が私たちにしてくれたことを、わが子にするようになっていました。

手ぬぐいはタオルに替わりましたが、風呂のなかでの風船割り、両手のひらを十の字に合わせ、四本指で水を包みこむようにして、親指の間からふき出させる水鉄砲。文字通り父と子の裸のつきあいです。子どもは、幼い友人との交遊や、幼稚園や小学校でのできごとを聞くともなしに話しだすし、また、私の幼かった日のできごとを話せとせがみました。

子どものひざ頭の傷や、ももの青あざが昼間の冒険を訊《たず》ねるきっかけになったり、子どもが、私の左うでにある大きな火傷《やけど》のあとを見つけて、空襲で死にそこなった私の恐ろしい体験を知ったりしました。

やがて子どもの尻にある青黒い蒙古《もうこ》斑《はん》が色あせていくにつれ、子どもは、私といっしょに風呂にはいらなくなりました。

考えてみれば、親子がいっしょに入浴する習慣は、ほかの文化に見られない日本の家庭だけのものかもしれません。親子の情愛のこまやかさをかもしだす良俗かもしれません。

それにしても、私たちをめぐる生活様式の変化は、私の子ども時代の木の風呂を、バスタブに変えました。私と大友康夫さんの合作絵本『おふろだ、おふろだ！』は、ヨーロッパやアメリカの読者のことも考慮して、純洋式の長方形のバスタブにしました。ところがです！　たいそう面白いことがおきました。原作の日本語版とイギリス版、アメリカ版を比較してみましょう。

『おふろだ、おふろだ！』
"I'm having a bath with Papa!"(イギリス)
"I can take a bath!"(アメリカ)

まあ、ひどい　どろんこ！
Look at me, I'm covered in sand!(イギリス「ぼくをみて、どろんこになっちゃった！」)
Look at me, I'm covered with sand!(アメリカ　同意訳。前置詞の差)

まて　まて。(おかあさんぐまが　子ぐまを追いかけているイラスト)
Oh no, I don't want a bath!(イギリス、アメリカ　同文「おふろは　いやだ！」)

さあ、つかまえた！（おかあさんぐまが、子ぐまを両腕でかかえて、バスタブにつれていくイラスト。おとうさんぐまが、体をあらっています）

Come along! Papa's having a bath, too.（イギリス、アメリカ　同文で、直訳すれば、「おいで！　パパも、バスをつかっているから」）

ところがです。ここでアメリカの編集者は、イラストレーターの大友さんに、前代未《み》聞《もん》の要求をしたのです。ここで展開される、くまの父子が体を洗う見開き四場面を描き直せ、というのです。理由は「アメリカでは、体を洗うのはバスタブのなかで、バスタブの外で体を洗う絵は間違いだ！」というのです。そういえば、私自身のアメリカ生活の体験からもそのとおりでした。ホテルでも家庭でも、お湯を張ったバスタブのなかで、お湯を石鹸《せっけん》の泡だらけにして体を洗いました。アメリカ映画で見るとおりです。イギリスでの限られた生活体験では、われわれ家族の借りたフラットや、地方への旅で泊まった宿では、バスタブがなかったり、あっても小さすぎて、そのなかに突っ立ってシャワーを浴びるのがやっとでした。ですから、イギリスの編集者は「この絵は、間違っている」とはいわなかったのだと思います。討論の結果、アメリカ版では、上記の四場面で、くまの父子をバスタブのなかに入れました。較《くら》べるとおもしろいですよ。日本の家庭のお風呂や銭湯の入り方は、日本人には説明の必要がありませんが、初めて日本を訪れるアメリカ人のお客さまには、説明する必要がありそうです。

『しょうぼうじどうしゃ　じぷた』誕生

前に書きましたように、長男が二歳のころ私は『きかんしゃ　やえもん』をくりかえしくりかえし読まされました。その絵本は、あちらこちらにクレヨンで煙がかかれたり、ページがやぶられたりしています。長男が、どれほど「やえもん」に同情したかの証拠です。このぼろぼろになった『きかんしゃ　やえもん』は、今でも、私にとっても長男にとっても宝物のように大事な一冊の絵本で、この絵本を手にすると、父と子の至福のときがよみがえり、岡部冬彦さんの表情豊かで楽しい絵を追いながら、阿川弘之《ひろゆき》さんのリズムあふれる語り口を読んだ自分の声が聞こえてくるような気がします。

そのころ、私のなかから『しょうぼうじどうしゃ　じぷた』が生まれました。

すぐれた子どもの本を子どもたちの手に渡すことを、児童図書館員の仕事として経験し、新米の教員として子どもの本のことを学生たちに話していたのですが、自分が物語を創《つく》るということは、真剣に考えたことはありませんでした。福音館書店の松居直さんといっしょの小さな旅の車中で、松居さんに「渡辺さん、絵本の物語を書いていただけませんか、のりものを主人公にして」と、気軽に頼まれたのが直接のきっかけでした。頼まれたとたんに、なぜか私は上の空で「消防自動車がいいですね」と、答えたような気がしています。松居さんの依頼の重さを真剣に受け止める前に、心のうちで私の空想が勝手に働き始めたにちがいありません。昭和初期の静岡市の駒形《こまがた》通りにあった消防署で「かっこいい」消防自動車をあかず眺めている幼い私自身の姿がよみがえったのでした。静岡市は、その後、すっかり変貌《へんぼう》してしまうのですが、記憶の絵として残っている故郷は消えることがありません。

けれども物語を創るということは、たとえ短い一話でも容易なことではありませんでした。それ以来いつも消防自動車のことが心のどこかにひっかかっていて、消防署の前をとおりかかれば、必ず足を止めて観察しました。いろいろ質問したくても、子どもみたいに聞くわけにもいかず、「かっこいい」各種のくるまの外観を観《み》るにとどまりました。そこで図書館にでかけ消防自動車の本を、大人の本でも子どもの本でも片っぱしから調べ、消防と消防自動車のことにずいぶん詳しくなりました。

ところが、本から得た知識は、実体がないというのか臨場感がないというのか、それに頼って物語を書くことは、とてもできませんでした。消防署での観察と図書館での調査でわからないことは、もう一歩つっこんで見るしかないと編集者に協力してもらって、消防署や消防自動車の製造工場へ見学にいきました。格好つけていえば取材ということでしょうか。消火活動や特殊な自動車の製造工程にかかわる人々の説明は説得力がありました。消防署の役割や高圧車、スノーケル車、化学消防車、救急車などの機能が、具体的に理解できました。この取材の後は、偶然に火災の現場に遭遇したときなど、消火の手順がわかって不謹慎にも心のなかで喜んだりしました。

数か月このようなプロセスを経て原稿を書いてみました。けれども書けた原稿は、それまでの調査の結果得た知識を整理したレポートのようでした。何回も読者の子どもたちの読解力に合うようにやさしく書き直すと、一応まとまりのある原稿になりましたが、自分で読んで、さっぱりおもしろくありませんでした。似たようなものがいくらでも出版されている、いわゆる「お子さま向き」観察絵本の説明文そっくりでした。観る(観察)と見る(見学)だけでは「物語」は書けませんでした。

私はなんとなく気抜けして、しばらく消防自動車のことを真剣に考えないことにしました。時がたち年が明けました。正月にたまたま見た新聞記事で年賀行事の出初《でぞ》め式が代々木の神宮外苑《じんぐうがいえん》で行われることを知りました。私は取材の再開をするようなつもりで、それほど気乗りもせずにでかけました。会場が球場だったか競技場だったかはっきり思い出せないのですが、グランドの見渡せる階段式のベンチに腰掛けて見物したことは、はっきりおぼえています。

初めに江戸時代の火消しのはしご乗りの曲芸がありました。いなせな装束の若者が高いはしごの上で演ずる粋《いき》で威勢のいい曲芸に、私は、はらはらしながらサーカスを見にきた子どものように興奮しました。そして、この火消したちは、どこから来たのだろう、どこに住んでいるんだろう、と不思議に思いました。

続いて行われた現代消防のデモンストレーションが始まっても、私のなかには、素朴な興奮の余韻が残っていました。堂々たるはしご車が、赤い車体の上に組み込まれた、銀色に輝く機械仕掛けのはしごの先端に消防士をのせ、空に向けて、それを延ばしていくさまを視《み》ていると、はしご車が、得意になって「これでもか！　これでもか！」と、はしごをさしのばしているように思われるのでした。となりに並ぶ重量感あふれる高圧車は放水を始めると、「おれの力をみろ！」とばかりに、おなかを膨らませているように視えるのでした。赤いランプを点滅させ、サイレンを鳴らしながら走り始めた救急車も、「負傷者がでたら、わたしにまかせて！」といっているようでした。

グランドの中央で、このような花形消防車のデモンストレーションが行われている間、会場の片隅に、当時のことですから、おそらく米軍払い下げのジープを改造したものでしょう、小さい小さい消防自動車が、だまって停まっていました。私には初めて見る珍しいものでしたし、観衆の注意から忘れ去られたような風情《ふぜい》がとても気になりました。半年以上もかかって書けなかった物語の主人公が、そのとき私のなかに入りました。外観の観察(観る)と見学(見る)では感じられなかった生命を感じ、聞こえなかった声が聞こえたのでした。出初め式で、共感をおぼえながら対象を視ることで、生命のないものに生命を吹き込み(animate)、人格のないものに人格を与える(personify)擬人化の作業をひとりでにやっていたのでした。

帰りの山手線の電車の座席で、登場人物たちの名前がつぎつぎ湧《わ》いてきました。はしご車の「のっぽくん」、高圧車の「ぱんぷくん」。ちょいと時間をおいて救急車の「いちもくさん」が浮かんだときには、思わず、にやりとしました。幼い読者は、大きくなってから、きっと、にやりとするぞ、と思ったからです。「じぷた」の名前は、家に帰りつき、床をはいまわっていた生後十か月の長男を見ているうちに決まりました。彼の名前の「てつた」と「ジープ」を両てのひらのなかに入れてころがしていたら「じぷた」になりました。

それから「じぷた」の物語を創るのは、たのしい作業となりました。上記の主人公たちの生きるさまが、私の心のなかに情景として浮かぶたびに、それを言葉で描いてみました。情景の中から登場人物たちのやりとりの声が聞こえるので描写は弾みました。個性というのか人格が言葉をあやつるのか、言葉が人格や心のうちを表わすのか、想像する情景のなかから聞こえてくる言葉が「のっぽくん」「ぱんぷくん」「いちもくさん」、そして「じぷた」の性格を際立《きわだ》たせてくれました。

考えてみれば、このような体験は、物語の作り手ではなく、聞き手の立場で幼い頃からしていたのでした。昔話を聞いて育った頃、語り手の語る言葉を聞きながら心に絵を描いていたのです。情景が見えるだけでなく、傲慢《ごうまん》な人、やさしい人、考える人、考えない人の顔や姿が見えました。心に絵を描く、つまり想像していたのです。幼いときに、いつ、想像する力が養われるものでしょうか。

私は心に浮かぶできごとや情景を時間の流れに沿って並べながら「じぷた」を物語に組み立てていきました。これも昔話から自然に教えられた起承転結の手法でした。

単純明快なやさしい言葉だけで語るリズムのある文体は、児童図書館員としてストーリーテリングの基礎を学び、子どもたちの前で語る経験を重ねるうちに、これもひとりでに身についたものと思われます。発声するときに自分の体を経由する言葉のひびきが、読みやすい、聞きやすい文体を作るのかもしれません。

たとえば、子どもたちに読みつがれる傑作絵本の『きかんしゃ　やえもん』と北欧民話『三びきのやぎのがらがらどん』を音読するときの読むたのしさ、聞き手になって聞くたのしさは、それぞれの文体が与えてくれるものです。

むかし　三びきの　やぎが　いました。なまえは、どれも　がらがらどん　といいました。

あるとき、やまの　くさばで　ふとろうと、やまへ　のぼっていきました。

いなかの　まちの　ちいさな　きかんこに　やえもんという名の　きかんしゃがおりました。

きかんしゃの　やえもんは　ながいながい　あいだ　はたらいたので、たいへんとしをとって、くたびれて　いました。

あるまちの　まんなかに、しょうぼうしょが　ありました。

そこには、はしごしゃの　のっぽくんと、こうあつしゃの　ぱんぷくんと、きゅうきゅうしゃの　いちもくさんが　おりました。

「むかし　あるところに……」と、父親が語り始めただけで幼かった私は、お話の世界にひきこまれていきました。『三びきのやぎのがらがらどん』の原話の語り手も訳者の瀬田貞二さんも、『きかんしゃ やえもん』の作者の阿川弘之さんも、勝手な推測をさせていただけば、幼いときに、きっと昔話を聞いて育っていらっしゃるのだろうし、私も、父親のおかげで、たくさんの昔話を聞き、世界の昔話を夢中になって読んだ一時期がありました。こうして私たちの体に染《し》み込んだ伝承物語の語り口が、物語を書かせてくれるのです。私たちの生命を通じて生き続ける文化遺産です。家族や親子で継承しなければ滅んでしまうのではありませんか。

私の父は、大正の初期に、徒弟奉公して開業した地方の写真屋でした。貧しいのに子福者で、再婚もしました。私には、きょうだいが十数人いました。血筋のきょうだいが五人、半血筋のきょうだいが五人、血筋のないきょうだいが一人いました。その他に、きょうだいみたいで、そうでなかったきょうだいが、三人から四人いました。父は、熱心な日蓮宗《にちれんしゅう》の信者で、たいそうおおらかな苦労人だったので、親戚《しんせき》や知人で、災難にあった人がでたりすると、「らくになるまで子どもをおいてきな。うちには、たくさんいるから、ひとりふたり増えても変わらんから!」とあずかったのです。

私は虚弱な子どもでした。寺町界隈《かいわい》の貧しい写真屋の大家族のなかで、そして「クラスでいちばんちびで、痩《や》せで泣き虫」が、どのように生きたのか、それは別の機会にお話しいたしましょう。「じぷた」の原型は、この子ども時代に人生のバネを仕込まれたのかもしれません。父の写真屋は、昭和十五年静岡市の大火で焼け、苦労して再建直後、ふたたび空襲で焼失しました。

こうして私のなかから生まれた「じぷた」の物語が、山本忠敬さんの手にわたり、絵本『しょうぼうじどうしゃ　じぷた』(一九六三年十月『こどものとも』91号)として誕生したのでした。

今日の読者にとっては信じられないことになるのですが、それから三十四年経た今年の夏(一九九七年八月)、山本さんとの対談の折、あの生き生きしたイラストが、どのようにして描かれたのか、私は初めてうかがいました。

当時、画家として、また、『週刊新潮』のカットを担当するなど活躍しておられた山本さんは、若かりし頃演劇青年でした。「じぷた」の物語を気に入ってくださった山本さんは、物語をくりかえし朗読し、登場人物の性格やできごとを体で感じ、朗読のたびに心に浮かぶ絵をデッサンして、各場面を描き、物語絵本として仕上げていかれたのです。戦後の古典絵本の一冊となった『しょうぼうじどうしゃ　じぷた』誕生の秘話です。

『おとうさん　あそぼう』の興奮

写真屋だった私の父は、神経を使う修整の仕事(針のように細い筆や鉛筆の長い芯先《しんさき》で、現像した原板のむらやしみを消す作業。インチキな写真屋は、この段階で、お客さんを喜ばすために、低い鼻を高くしたり、細い目を丸くしたりした)に疲れると、幼い子どもたちを相手に遊んで、首筋の張りや肩こりをほぐしていました。

子どもたちを、交互に自分の両足の甲の上に立たせ、両手をもって「おいちに、おいちに！」と歩かせたり、そのまま両手で持ち上げて「たかあい、たかあい！」。それから、くるりと子どもの向きを変えて、肩車。父が四つん這《ば》いになった上に、子どもたちが二人も三人もまたがっても、父は真っ赤な顔をして「はいしどうどう、はいしどうど

う！」と、力づよい駄馬のように歩いてみせ、部屋をひとまわりしたところで、「ふぎゃあ！」とつぶれて、子どもたちを喜ばせました。

私たちが、いちばん興奮したのは「ひこうきあそび」でした。父が畳に仰向けになると、子どもたちは、先を争って、父の両足の前に並びました。父は、よちよち歩きの小さい子は、すねの上にまたがらせ、両足をゆっくり上にあげながら、子どもの体を両脇《わき》からかかえ、ゆっくり回転させて、自分の頭の先に、そっとおろしました。

すこし大きくなった元気な子は、両足の前に立たせ、その子のおなかに両足の裏をあてがい、両手をつかんで、反動をつけて、ぐいっともちあげました。身の軽い私は、父の両足の上で両手をひろげ、飛行機のように、空を飛んでいる気になりました。それから、父の太い腕が私の両脇をつかむと、くるりと回転して畳の上に着陸しました。

家庭を持ち、親になった私は、子どもたちが幼かったとき、仕事に疲れると、父がやったと同じことを子どもたちにしてやって、とても喜ばれました。長男と二男が私を見下ろす背丈になり、二男より十歳年下の末息子が三、四歳の頃のことでした。家族そろって祭り見物にでかけた人混みのなかで、末息子が私に肩車をしろとせがみました。私が（ぎっくり腰にでもなったらどうしよう？）と、ためらっていると、長男が、末息子を後ろから「よいしょ！」と、かかえあげ、かるがると、自分の肩にのせました。

肩車にのった末息子の嬉《うれ》しそうな顔と、長男の何食わぬ顔を見て、私は、不覚にも涙をこぼしそうになりました。

『おとうさん　あそぼう』は、二世代の父と子の幸せな体験が生みだしたものでした。エッツさんから頂いた『もりのなか』の最終場面に登場する「おとうさんのかたぐるま」は、世界中の幸せな父と子が体験する温かいスキンシップなのですね。もしかしたら、近ごろは、たくましいおかあさんが、おとうさんに代わって肩車をするかもしれませんよ。

『まんいんでんしゃ』の二人

私は、体が細いし、力も弱いし、気も小さいものですから、満員電車にのるのが苦手です。ホームに並んで電車をまっている人たちの列を見ただけで、気おくれがしてしまいます。

丸い人も尖《とが》った人も、高い人も低い人も、若い人も年とった人も、電車がはいってくると、緊張感を体にみなぎらせ、気迫にみちた顔つきで身がまえます。どの人も「すわれますように」と心に念じながら。

私は、せっかく一台やりすごして列の先頭にいても、電車が着いてドアが開かれると、まず勝ち目はありません。空席が目に入ることはあるのですが、その瞬間、突進するいろんな体に押されて、席の「あらぬ方」へ移動してしまいます。争えば、めがねがとばされるでしょうし、そうなれば超近眼の私は、電車にのってどこかへ行く目的がすべて見えなくなってしまいますし、駅から家にもどる道さえおぼつかなくなります。

チャコの絵は、そういう気弱な私を励ます絵です。彼女の個展を見にきた私の友人も「見ていると元気のでる絵だね」といいました。絵のなかから調子のよい音楽が聞こえてきて、どこかへ行きたくなるような絵です。チャコ自身も、この絵本の制作中に、そんな気になって、フランスに飛んでいってしまいました。この絵本を見る子どもたちも、きっとどこかに行きたくなるでしょう。それよりも、うまいのか下手なのかよくわからない、元気な絵を見ると、子どもたちも安心して絵を描きたくなるにちがいありません。

親子ほども年の違う私とチャコが、いっしょにこんな絵本を創《つく》れたのも、二人の呼吸がぴたりと合ったからでしょう。私の心のなかに浮かんだ心象風景を、私が言葉で語ったら、チャコが、ガキガキと力をこめて、よどみなく流れる画面に描いてくれました。

常識はずれ（ナンセンス）な表現が、この絵本のあちこちにあるのは、二人がそれぞれ持っているブラックボックスから火花が散っているからです。

こっちも『ぶつかる! ぶつかる!』

私の寝室のたんすの上の壁の空間に一枚の絵がかかっています。縦五十センチ、横一メートルほどの横長の絵です。白灰色の疾風のなかを突き抜けるような勢いで、一台の自転車が画面いっぱいに走っています。自転車をこぐ若者の激しい前傾の姿勢と、吹きとばされそうな野球帽から、自転車と一体になって風と戦うエネルギーがほとばしっています。ベッドに横になって眺めていると、走ってるなんてものじゃなくて、暴風雨の宙を翔《と》んでるように見えます。写実的な絵ではありませんから、輪郭も形も定かではありません。見る人によっては何の絵か分からないかもしれませんが、私にはこのように

見えます。

現代美術の作品は、私のような素人《しろうと》には、見ることで、こちらのエネルギーが消耗してしまうことがよくありますが、この分野のはしくれ画家のチャコの絵は、見る私を解放してくれますし、元気づけてくれます。この自転車の絵もそうです。私の長男とチャコの新婚旅行は、自転車で野宿の北海道一周でしたが、台風の道連れというおまけがついたから、印象に残る旅だったにちがいありません。この自転車の絵は、その旅のチャコ自身を思わせます。

『ぶつかる！ ぶつかる！』の絵本の筋書は、チャコの自転車の絵がインスピレーションを与えてくれたのかもしれません。それから、自転車にのる私自身の幼時の興奮と、子育て時代の子どもたちの自転車のりの冒険が、さまざまにミックスして醸成されたのでしょう。自転車で走る子どもの興奮とエネルギーを絵本に表現できたら、という思いが、こんな題名をつけさせました。『まんいんでんしゃ』に登場した動物たちが協力してくれましたが、出版の年が、亥《い》年だったのは、たまたま「ぶつかった」だけです。

チャコは、実生活で、この絵本の制作中、大きなおなかをかかえてアトリエに通い、「お産としめきりが、ぶつかったらどうしよう！」といいつづけ、まさに、それがぶつかり、産後は、赤ちゃんを横抱きにしてアトリエに通い、おっぱいをのませながら、この絵本を完成しました。だから、明るさとエネルギーが、この絵本にはほとばしっているのです。

第4章　遊びと冒険

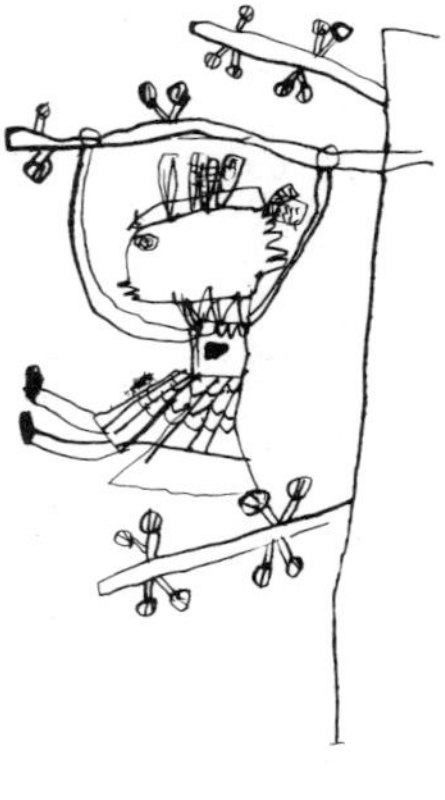

子どもの成長と親の勇気

子どもは、何か一つのことを自分ひとりでできるようになったとき、満足感で胸をふくらませ、その喜びをほとばしらせます。

「ぼく、ひとりでくつがはけるよ!」

「あたし、ひとりでおつかいにいかれる!」

「ぼく、およげるんだ!」

三輪車にさえうまくのれなかったわが子が、いつのまにか自転車にとりくみ、ころんだり泣いたりしながら、ついに、ひとりで走りだすのです。

「ぼく、じてんしゃにのれるんだ!」

嬉《うれ》しそうに叫ぶのを見ると、親の私たちは、子どもの成長の瞬間を見て、胸がいっぱいになってしまいます。子育てに遊びと冒険はつきもので、そして、この二つは、危険と紙一重でもあるのです。

あまえんぼうで気の小さいわが家の末息子が、初めて大きなプールにはいったとき、とても怖がりました。ひとりでは、どうしてもはいることができなくて、無理に入れようとすると、私の体によじのぼるようにしがみつき、首ったまにだきついたまま、プールをながめて泣きわめきました。

私も幼いとき水が怖かった。幼稚園の帰り道、お城の堀端の道を通ると、「鯉《こい》じいさん」が釣りをしていました。いつでも鯉を釣っていたので私が勝手にそう名づけたのです。タコ糸のように太い道糸の先にハリスを結んだ鯉鉤《こいばり》をつけ、サツマ芋を四角に切った餌《えさ》を鉤に刺し、同じ仕掛けを二、三本投げ込んで、悠然と煙管《きせる》の煙をくゆらせていました。私は、見物したいので、「鯉じいさん」に声をかけられないように、はなれてしゃがみこむのですが、水草の浮く深い堀の水面を見ていると、吸い込まれそうな気がし、見続けていると頭から転げ落ちていく自分の姿が見えるので、怖くて「鯉じいさん」が鯉を釣り上げるのを待つことができませんでした。落っこちて、堀の主の巨大な鯉や、河童《かっぱ》に追いかけられたらどうしようと妄想してしまうからでした。

家族そろっての海水浴は、袖師《そでし》か三保の海岸へいきました。袖師の海は遠浅で、波打ち際《ぎわ》で遊びました。浮き袋なしで、泳ぎの上手な大きな兄に波打ち際の向こうまで連れ出されたときは、海の青さが怖くて、泣き叫んでいるうちに足がつってしまいました。三保の内海は、足元の渚《なぎさ》から急に深くなるプールのような静かな海でした。海の底の白い小さい貝殻が手に取るように見える澄んだ海でした。お風呂《ふろ》にはいるようなつもりで、そろそろはいって水につかっていると、兄たち二人に抱え上げられ、水のなかにほうりこまれました。塩っ辛い水を鼻から吸い込み、呼吸ができず、手足をじたばたさせても足は海の底にとどかず、死ぬかと思いました。砂浜に這《は》うようにたどりつくと、兄たちが大笑いしながら「浮いたぞ！　浮いたぞ！」と手をたたいていました。

安倍川《あべかわ》橋の少し上流の西岸の船山の下に、きれいな水のよどむ淵《ふち》がありました。親子で、この淵で水遊びをしました。小学生になり、少しばかり泳げるようになっていた私は、父に気合いを入れられて、崖《がけ》っぷちから深い淵に、頭からとびこみました。息の止め方が下手だったのでしょうか、鼻の奥まで水を吸い込み、恐怖に襲われましたが、おぼれませんでした。辛うじて水面に浮かび上がり呼吸を整えてから、もう一度目を開けて潜ってみました。ハヤなのかアユなのか、深い色の水のなかで、銀鱗《ぎんりん》が光りました。そのとき初めて、生臭い水のにおいを鼻の奥で感じながら、泳げるという自信を持ちました。その自信が、虚弱児童だった私に中学一年生のとき、三保から湾を横切り対岸の袖師の海岸まで、六キロの遠泳に参加させる力となりました。そのとき泳ぎながら眺めた富士山と海の青さは、一生忘れることができません。

自慢話のようになって恥ずかしいのですが、泳げるおとなは、子ども時代に、みんな似たような体験をしているのです。長男は、飛び込みができなかった小学生のとき、いたずらざかりの従兄弟《いとこ》に、飛び込み台からつき落とされました。それを見ていた幼稚園生の二男は、つき落とされる前に背の立たないプールに飛び込みました。わが家の三人息子は、こうしてスイミングスクールなどいかずに、遊び仲間から「おぼれそう」になるチャンスを何回か与えられているうちに、いつのまにか泳げるようになっていました。泳ぎを身につけるのは、健康がゆるせば早いほどいいのです。赤ちゃんのときからでも早すぎません。水に落ちても水死しない子どもに育ちます。

水たまり、たらいの水、ホースの蛇口からほとばしる水、泉、小川、谷川、大河、湖、海、ふしぎなことに水は、幼いときからおとなになっても、私たちを遊びと冒険に誘います。

猛暑のニューヨークの黒人街で、真っ赤な消防自動車が道路の真ん中で、空に向かって放水しました。裸になった子どもたちが、滝のように降る冷たい水の下で、狂喜乱舞しました。真夏のある日、図書館の児童室の窓から見た風景でした。読書していた子どもたちは、外のさわぎに気づくと、読みかけの本をほうりだしとびだしていきました。

雨上がりの水たまりで遊ぶ幼い子どもたちの嬉しそうな顔を見ているうちに、私は、湧《わ》き水の小川に笹舟《ささぶね》をながして遊んだ幼い日のことを思い出しました。笹舟にのせたバッタは、どこまでいったのでしょう。

精霊《しょうりょう》流しの夜、幼かった子どもたちと手をつないで、焼津《やいづ》の浜辺に立ったことがありました。真っ暗な渚で、たくさんの人影がうごき、送り火が水辺に沿って焚《た》かれ、線香の香がただよいました。打ち寄せる波の彼方《かなた》の黒い水面で夜光虫が光っていました。細い小さなろうそくの灯《とも》された数え切れない灯籠《とうろう》が、そっと寄せ、つよく引く波に誘われるように波頭をこえて、暗い沖へただよっていくのです。「ご先祖様の霊が、西方浄《さいほうじょう》土《ど》へお帰りなさるのだよ」。近くにいたお年寄りの声が聞こえました。「ひとつ、ふたつ、みっつ」と、波間にみえがくれする灯籠をかぞえていた子どもの声がとぎれました。私の手を、小さな手がしっかりとにぎりしめました。

「ほら、若衆が、亡《な》くなった仲間の漁師さんの霊を沖まで送りなさる」

ふんどしをしめ、ねじりはちまきの裸の若い漁師が、三人、四人、手漕《てこ》ぎの漁船そっくりに作った立派な灯籠に火を灯し、それを黒い海に浮かべ、片手で押し片手で水をかき、真っ暗な沖に向かって泳ぎだしました。みるみるうちに、大きな灯籠が、沖にただよう無数の灯籠にまぎれこみ、若衆の泳ぐ気配も感じられなくなりました。私は、闇《やみ》の海を無数の精霊とただよう若衆の恐怖を想像して、歯の根のあわない恐ろしさを感じました。子どもたちは、私にすがりつくようにして、こきざみにふるえていました。声もだせない恐ろしさを感じていたのではないでしょうか。子どもたちの成長に、この体験がどんな影響を与えたのでしょうか。いまだによくわかりませんが、子どもたちは、ご先祖の墓前で神妙にお参りするようになりました。

寺の墓地は、私の育った寺町近辺の子どもたちの絶好の遊び場所でしたが、私は、異様な雰囲気がとても恐ろしくて、幼いときには近づけませんでした。死人、お化け、人魂、地獄極楽、などという言葉に異常に敏感だったのかもしれません。こういう言葉を、とても幼いときに常時聞いたような気がします。

わが家の子育ては、私が「ひ弱い子ども」だったので、できる限り子どもたちに冒険させることにしました。思い返してみると「かわいい子には旅をさせろ」で、子どもたちを、一人一人よく旅にだしました。多摩丘陵で育てましたから、学校から帰ってくれば、友だちと「ザリガニ釣り」や「クワガタとり」、日暮れまで造成地の空き地でボール投げか「西部砦《とりで》のカウボーイ」遊びでした。子どもたちにとっては、なるべく親の目の届かない場所までの小さな旅でした。

自転車に乗れるようになると、旅の範囲はひろがりました。多摩川沿いに走る距離は年ごとに長くなり、小学生ではべんとう持ちの日帰りの旅が、中学生で奥多摩のキャンプになり、高校生では、富士五湖をぬい伊豆半島の天城高原まで数泊の野営で走るようになりました。そこから先は、子どもそれぞれの性格や好みや体力によって異なるのですが、長男は、ワンゲルで大雪山を縦走し、二男はバイクで北海道を一周し、三男は、ローカル線を乗り継いで日本一周を試みています。

子どもたちの旅の間、親の私たちは、どんなに心配したかわかりません。連絡がないと悪い事故を想像し、眠れない夜がつづきました。そんなとき私は「子育ては賭《か》けなんだ！」と、自分にいいきかせました。子どもに冒険させるのは、親に勇気のいることです。子どもたちは、旅から帰ると、親の質問に「おもしろかった！」「たのしかった！」と答えるだけですが、友だちとの会話には「クマにであった」ことや「崖道で湖に落ちそうになった」できごとが、いくらでもでてくるのです。子どもたちは、親の手の届かない世界を生き始めていたのです。

私たちの育った時代とまったく異なる時代に生きている子どもたちは、こともなげに外国へ旅を広げました。長男は、奨学金で留学したワシントン州立大学の友人たちと、マッキンレイ山に登頂を試み酸欠で断念します。二男は、大学を一年休学し、オーストラリアのパースでスポーツグラウンドの整備係をやり、中古オートバイで大陸横断にでかけ、バイクの故障で失敗します。

英語の一言も喋《しゃべ》れなかった高校生の三男は、アメリカのメイン州の田舎町までの独り旅に出発し、ロサンゼルスで乗り継ぎに失敗しそうになり、荷物だけ先に乗り継いでしまい、搭乗する便の出発を遅れさせました。目的地につくまでストレスがたまり、到着して迎えのジェニファー（長男の妻・チャコの友人）の姿を見たとたん、へたりこみました。

このようにして「遊びと冒険」で育った三人息子は成人して、それぞれの人生の旅を続けています。子育てを終えた私は、わが家を飛び立った子どもたちの後ろ姿を見ているような気持ちです。

『ぐりとぐら』のおでかけ

幼い子どもは、成長するにつれ、行動半径が広がると、〝現実の世界〟と〝空想の世界〟を自由に行き来する機会が多くなります。そして、「お話」がますます好きになり、聞くことをたのしむばかりでなく、自分で「お話」を語ろうとします。

独り遊びをしながら「お話」を作ったり、友だちと遊びながら作ったり、親に話してもらっている「お話」のなかにわりこんで話したりします。

そういうときには、体験したできごとや、絵本で読んでもらって印象にのこっていることなどを、心に思い浮かべながら、知っているかぎりの言葉で語ろうとします。

幼いわが子の語る「お話」は、親の心の内に、自分が幼かったときに「お話」に夢中

になった興奮をよびもどします。

　のねずみの　ぐりとぐらは、おおきなかごをもって、もりの　おくへ　でかけました。

　ぼくらの　なまえは　ぐりと　ぐら
　このよで　いちばん　すきなのは
　おりょうりすること　たべること
　ぐり　ぐら　ぐり　ぐら

『ぐりとぐら』は、読みはじめたとたんに聞き手と読み手の心をとらえます。この世のなかに、食べることのきらいな人なんかいるはずがありません。

　ぐりとぐらは、どんぐりをひろって、「おさとうを　たっぷり　いれて、にようね」。くりをひろって、「やわらかく　ゆでて、くりーむに　しようね」と、もりのなかをあるいていきます。すると、道のまんなかに、大きな大きな卵がおちていました。
「おつきさまぐらいの　めだまやきが　できるぞ」
「ぼくらの　べっどより、もっと　あつくて、ふわふわの　たまごやきが　できるぞ」
「あさから　ばんまで　たべても、まだ　のこるぐらいの　おおきい　かすてらができるよ」

幼い子どもは、まるで自分が、ぐりかぐらの相手になってしまったように、二ひきの会話を聞きもらすまいと耳をかたむけます。読み手のおとなは、保育園で子どもたちの会話を聞いているみたいに、思わずたのしんでしまいます。

この絵本は、中川李枝子《りえこ》さんと大村百合子《ゆりこ》さんご姉妹の合作なのですが、お姉さんのユーモラスな物語にあわせて、妹さんがのびやかな、天真らんまんな絵で、物語のたのしさを何倍にも増幅しています。

二、三歳の幼児が、『ぐりとぐら』のお話をきいて、絵を描いたら、きっと、こんな絵を描くでしょう。

構図とか遠近法などまったく気にしないで、描きたいものを描きたい場所に描くでしょうし、大事なものを目立つように大きく描くでしょう。ふしぎなことに、大昔のラスコーの壁画とか、日本の古墳の壁画が、そのように描かれているのです。

どんぐりやくりは、ぐりとぐらの頭ほど大きいし、見開きのページに描かれたおなべ、ぎゅうにゅう、おさとう、ぼーる、あわたてき、えぷろん、りゅっくさっくなどが、それぞれ勝手に存在を主張しています。えぷろんが、ぐりやぐらのからだをくるんでしまうほど大きいし、りゅっくさっくは、二ひきがはいってしまいそうな大きさです。

もりのなかで、特大のカステラが、みごとに焼きあがり、もりのどうぶつたちと、みんなでわけてたべました。まるで、どうぶつ保育園のピクニックみたいです。あとにのこったのは、大きい卵のからだけでした。

この　からで、ぐりと　ぐらは　なにを　つくったと　おもいますか？

『ぐりとぐら』は、戦後の日本の絵本が生んだ最高の人気者です。

『おかあさんだいすき』の贈りもの

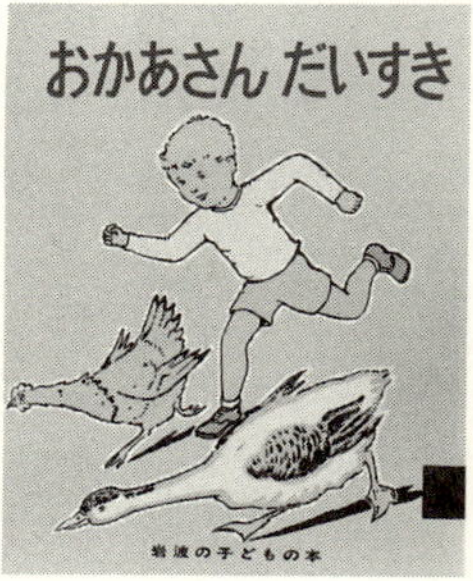

　幼い子どもは、おかあさんやおとうさんと散歩にいくのが大好きです。おとなの私たちから見て小路やせまい公園が、幼い子どもには、どんなに広く見えるのでしょう。おとなの私たちにとって、目と鼻の先にある場所が、幼い子どもには、どんなに遠いところなのでしょうか。私たちのだれにも、子ども時代に遊んだ広場が、おとなになってから訪れてみて、意外にせまい場所だったり、遠かった友人の家が、とても近かったりして驚く経験があります。

　行動の空間が広がりはじめると、子どもの心のなかでは、想像の空間が広がりはじめます。いいかえると、現実の空間のなかであそびながら、心の働きで想像の情景を描くことが多くなります。

たとえば、公園にあるコンクリートのくぐり穴に出入りしながら、「こんにちは」「いってきまあす」。石垣の上に手をのばして、「アイスクリーム、ください」。ブランコにのって、「ひこうきだよ、ひこうきだよ！」。すべり台の下に三輪車をのり入れて「ガソリンいれてください」。平行棒の上に腹ばいになって「消防士のおじさんだ！」などと、行動と空想が一致して広がっていきます。

砂場でミニカーやシャベルなどであそびながら、手先が作り出すあらゆる形(イメージ)をかりて、心の中に、つぎからつぎへと、さまざまな情景が描かれます。そして、その中に登場するのりもの、動物、人間(おとうさん、おかあさん、きょうだい、やおやのおじさん、薬局のおばさんなど)に語りかけ、さらには、自分も情景のなかに登場させて物語を語りはじめるのです。

幼い子どもの内で、現実的にも想像的にも、空間を把握する力が育ちはじめると、子どもは、ものを見るだけでなく、ものの内を視《み》るようになりはじめます。

こうして、子どもは、時と場所をえらばず「お話をつくり」そして、そのたのしみを倍加させようと、「お話して！」とせがむようになります。

『おかあさんだいすき』の絵本のなかの「おかあさんのたんじょう日」は、作者のマージョリー・フラックが、自分のお子さんのヒルマが、小さかったときに、話してきかせてやったお話です。きっと、おやすみ前のひとときに、ベッドのわきで話してあげたのでしょうね。ヒルマは、それを何度でも聞きたがり、くりかえしているうちに、ヒルマもお話作りに加わりました。ですから、母子の合作です。絵本になってから、五十年以上も読みつがれている秘密はそこにあるのかもしれません。

ダニーという男の子が、おかあさんのたんじょう日に、おかあさんにあげるものをみつけにでかけました。

めんどりは、「うみたての卵をあげる」といいますが、ダニーは卵ならもっていました。

がちょうが「羽のまくらができるように、羽をあげる」といいますが、ダニーは、まくらももっていました。

やぎは、「チーズができるように、ちちをあげる」といいますが、ダニーは、チーズも、もっていました。

ひつじは、「毛布ができるように、毛をあげる」といいますが、ダニーは、毛布ももっていました。

ダニーは、めんどりとがちょうとやぎとひつじといっしょに、めうしのところにいきます。めうしは、「ちちを　あげる」といいますが、ダニーは、牛乳ももっていました。

そこで、めうしは、「むこうの　お山の森にすんでいる　くまさんに　きいてごらん」といいます。

どうぶつたちは、くまがこわくて、そこから先へはいきません。ダニーは、ひとりでくまさんをさがしにでかけました。

もりのなかで、おおきなくまにであったダニーは、おかあさんのおたんじょう日のおくりものになにをみつけるのでしょう。このお話のいちばんのたのしさをそこなわないために、結末は伏せておきましょう。

ダニーは、くまさんから、おかあさんが、いちばん喜ぶおくりものを教えてもらいます。これこそ、作者が、わが子に教えたかった「愛情の表現方法」かもしれません。

一人旅、冒険、自立という子どもの成長を愛情が支えている、すばらしい物語です。

私は、この文章のしめくくりの言葉を書き終えてから、それまで気づかなかった、大事なことに気づきました。この物語のなかで、「くまさん」が、だれを象徴しているか、ということでした。

「おかあさんが、いちばんよろこぶ　おくりもの」を知っているのは、ダニーのおとうさんにほかなりません。

『もりのへなそうる』と『ボクらはへなそうる探険隊』

私の生家は大家族で、小さな保育園みたいな家でした。父の仕事がひまなときとか夏休みの夕方などには、近所の子どもたちも集まって、みんなで話好きな父親の語るこわい話をたのしみました。子どもたちの遊び場所は、近所ではお寺の境内や墓地のなか、足をのばせば、駿府《すんぷ》城の堀や、安倍川の河原や、麻機《あさはた》の沼や、大浜の海や、浅間神社の裏山があり、竜や河童や天狗《てんぐ》やお化けがいくらでもいました。

前にも書きましたように、私はアメリカに留学したとき『もりのなか』という絵本を、作者のマリー・ホール・エッツさんからサイン入りでいただきました。白黒の静かなこの絵本のなかで、幼い「ぼく」が森へひとりで散歩にいき、ライオンやゾウやクマやカ

ンガルーやコウノトリやサルや、そのほかいろいろな動物たちと出会って、いっしょに一日たのしく遊びます。夕方になってかくれんぼをやり、目をあけると動物たちは一ぴきもいなくなり、迎えにきたおとうさんがいます。おとうさんは「きっと、またこんどまで　まっててくれるよ」といって、ぼくをかたぐるまにのせて帰ります。私は、この絵本を読むたびに、自分の父を思い出し、私もこんなおとうさんになりたいな、と思いました。

やがて私は結婚して父親になりました。『もりのなか』は、わが家の育児の必読書となり、三人の息子たちに読みつがれました。この絵本は、子どもたちの想像力を育て、子どもたちは、ほんとうの林や森のなかで、自然の内にひそむ生命を感ずるようになりました。それだけでなく「もりのなか」という言葉は、子どもたちにとって、幼い日の遊びのたのしさを思い出す懐《なつ》かしい言葉となりました。

子どもたちが幼かったとき、私たちの住む東京の郊外には、武蔵野《むさしの》の木立や丘陵の雑木林が豊かに残っていました。その頃の日課のひとつは、夕食前に自然のなかを歩くことでした。『もりのへなそうる』は、長男の鉄太が五歳で二男の光哉が三歳のときに、親子の散歩の間に生まれました。幼い子どもたちといっしょに歩き、走り、いっしょに発見し、いっしょに空想しました。私たち親子にとっては至福のときでした。子どもたちと遊ぶことで、私の内にみずみずしい感性のよみがえりを感じました。

雑木林のはずれに、堆肥《たいひ》にする稲束と落ち葉が山積みになっていれば、少年時代に、木切れで端のほうを掘り起こし、駿府城の堀で鮒《ふな》釣りの餌《えさ》にするサクラミミズをとったことを思い出しました。そこで幼い子どもたちといっしょにミミズをとって、近くの沼でモロコを釣りました。私の少年時代には、細いミミズを細竹の穂先に刺し通し、それを使って、湧《わ》き水の流れる小川の石垣の隙間《すきま》からサワガニをおびきだしてつかまえたこともありました。「昔はそういうところに『八つ目うなぎ』がいたんだよ」と話して子どもたちを驚かせたこともありました。

近所の農家の庭で、落ち葉焚《た》きに仲間入りをさせてもらい、子どもたちは、ほんものの焼芋をごちそうになりました。季節には、竹藪《たけやぶ》でタケノコ掘りもやらせてもらいました。畦道《あぜみち》を散歩していて蛇や蛙に出会うのは珍しくありませんでした。ときにはモグラに出会うこともありました。すべてがこの世で初めての体験をする子どもたちの様子は、私にとっては「へなそうる」そのものでした。

そして子どもたちから、成長についてどれほど多くのことを教えられたかわかりません。幼いときに心に自然をとりこんでこそ人間らしく生きることができるのだ、と知りました。

北上市の南保育園の、斎藤桂子先生から『ボクらはへなそうる探険隊』と題する素晴しい保育の記録をいただきました。市街地化しているとはいえ、豊かな自然に恵まれている保育園の一年間の保育の記録です。「はじめに」で、このような紹介があります。

自然に恵まれ、四季を通じて遊び場に事欠くことはありません。雪どけの道端から散歩のお土産として、ばっけ(ふきのとう)、いぬふぐり、はこべ等の花が届きはじめると、園には年中、野の花の絶えることもなく、梅雨時のかたつむり、あげはの幼虫、ザリガニと、飼育する小動物も園の周辺から子どもたちが探してきます。秋のやきいも会もたくさんの落葉の中でほっかり焼け、冬の雪祭は、かまくら、スロープ、雪像づくりと自然の恩恵の中で続きます。周辺には、小川、田んぼ、畑、森、林があり、川向うに東の山(北上山脈)、堤防に上がれば、西には遠く青く奥羽《おうう》山脈が続きます。そうです。この山こそかぎりなく子どもたちの、そして私たち職員の夢を掻《か》き立てた〝へなそうる〟の住んでいる山となったのでした。

これから紹介する探険のお話は、近くの森と遠くに続くこの奥羽山脈とをかけ橋にした、子どもたちの想像と現実の世界の中で生き続けたものです。

子どもたちの純真な感受性とエネルギーが、職員と父母、祖父母、郵便局長さんまで巻き込んだ「探険」は、「こったら小さいわらしでも、自分たちでこういうところまでやれるんだなす!」と、南保育園で父母の方々をたまげさせました。私は子どもたちの成長の記録に涙のでるほどの感動をおぼえました。『ボクらはへなそうる探険隊』の記録を読むと、私たち夫婦が、子どもたちのお蔭《かげ》で人間として少しでも成長できたように、南保育園の先生方の成長が生き生きと伝わってきて、先生方と肩を組んで子ども賛歌を歌いたくなります。何と幸せな子どもとおとなの出会いだったのでしょう！

『ボクらはへなそうる探険隊』も『もりのへなそうる』も、私たちおとなが、子どもたちとの遊びのたのしさと感動を忘れたくないために、書かずにいられなかった二つの記録なのです。

「へなそうる」は、私がこれまで出会った大勢の子どもたちのなかから生まれた子どもです。幼年時代の遊び仲間、きょうだい、わが子たちの友だち、外国で出会った子どもたち、外国の小学校へ転校したときのわが子たち、近所にひっこしてきた外国人の子どもたちのなかから生まれたのです。

子どもたちの世界では、塀や国境はありません。言葉が通じなくても、習慣がまったく違っていても、年齢が同じでなくても、自然に心が通じあって、いっしょに遊びはじめるのです。同じ文化で同じ環境で育った子どもたちにも成長の過程で、だれにも幼年時代があるように「へなそうる時代」があるのです。私も幼いとき「へなそうる」でした。いまでも日本人をだれも知らない国へいけば、りっぱな「へなそうる」です。

私たち夫婦の感動を電話で斎藤桂子先生にお伝えした家内は、その年（一九九一年）の秋、私よりひと足先に「にしのやま」へ雲にのって旅立っていきました。彼女がいなければ、私の『もりのへなそうる』は生まれませんでした。

『どろんこハリー』の冒険

この絵本の表紙には、ふたごのように、緑色をバックに、黒いぶちのある白い犬と、黄色をバックに、白いぶちのある黒い犬が、向き合って、うしろ足で立っています。その上に、黒い太字でタイトルの『どろんこハリー』。

この絵本を読むときには、この表紙からはじめます。ここが、この絵本のたのしい仕掛けです。表紙の絵からストーリーがはじまります。文章の印刷されているのは、五ページ先です。

左側の白い犬を指しながら

「ハリーは、くろいぶちのある　しろいいぬです。」と、はじめます。

見返しを開くと、サブタイトルのページでハリーが、バスタブからブラシをくわえだしています。まだ、文章は、ありません。

「なんでも　すきだけど、おふろにはいることだけは、だいきらいでした。」

さっとページをめくると、見開きのタイトルページのイラストで、湯気の立つバスタブをあとにして、ハリーがブラシをくわえて一目散！　まだ文章は、ありません。

「あるひ、おふろに　おゆをいれるおとが　きこえてくると、ブラシをくわえて　にげだして……」

つぎのページで、イラストは、二階から、とことこ階段をおりていく、ブラシをくわえたハリーを描いています。このページで、これまで引用した文章が、やっとできます。この絵本の作家は、イラストレーションとは、絵で物語を語ること、そして、文字の読めない子どもでも、絵の語る物語は読める、という二つの大事なことをよく知っていて、このたのしい絵本を創《つく》っているのです。文字ばかりで育った絵の読めないおとなが、この絵本を読むと、最初の大事な三場面をすっとばしてしまうかもしれません。

ゆっくりページをめくりましょう。ページをめくる時間と絵本の外側の空間で、子どもの想像力が働いて、ハリーが階下の居間をよこぎり、台所のドアを押して外にでていく場面が、心に描かれます。

開かれたページの左場面で、イラストと文章が呼応して、「うらにわに　うめました。」と一段落します。

右ページに目がいくと、「それから、そとへ　ぬけだしました。」

ここでは、文章は、たったこれだけですが、くだもの屋さんのまえをとおるハリーを見つめる目のなんと多いこと。びっくりした親ねこと子ねこが三びき、ハリーを目で追います。「おっ　ハリーか！」という表情のくだもの屋さんのおじさん。ベビーカートの赤ちゃんが、ハリーに向かって手をのばし、二階のまどから女の子がよびかけ、鳥かごからカナリアがくびをのばして見ています。お店のなかでは、おかみさんと買物のおくさんは、ハリーに気づかず、おしゃべりに夢中です。

短い文章を、のんびりと読み、お子さんが、丹念に絵を見ていく時間をかけましょう。のんびりながめれば、ながめるほど、ハリーの興奮が生き生きと伝わってきます。

つぎのページでは、見開きで、

「どうろこうじを　しているところで　あそんで、どろだらけになりました。」

ハリーのどろんこあそびのはじまりです。お子さんは、ハリーになりきって、どきどきはらはらの冒険をはじめます。

「てつどうせんろの　はしのうえで　あそんで、すすだらけになりました。」

「それから　ほかのいぬたちと　おにごっこ……」

「おつぎは、せきたんとらっくの　すべりだい……」

「あんまり　よごれてしまったので、ほんとは　くろいぶちのある　しろいいぬなのに、しろいぶちのある　くろいいぬに　なってしまいました。」

どろんこハリーは、まさに、健康な子どもそのものです。マンガのような絵で、明るく語られるハリーの冒険は、外の世界へ遊びにでかける子どもの冒険です。幼い読者から、どろんこハリーにあてて、こんな手紙をいただきました。

……ぼくも、ハリーくんみたいに、どろんこをしてあそびたいけれど、おかあさんがおこるからできません(ひだかなおき)

それから先もハリーの冒険はつづきます。『ハリーのセーター』では、ハリーの誕生日に、おばあちゃんから、バラのもようの緑のセーターが届きます。ハリーは、バラのもようが気に入りません。セーターを着せられ、みんなで町へ散歩にでかけたときに、何とかセーターを捨てようとするのですが、いつもだれかがみつけて追いかけてくるのです。ところが、一羽の鳥に出会ったところで、思いがけないことが起こります。

そして最後にセーターは、黒いぶちのある白いセーターになるのです。

『うみべのハリー』では、ハリーは、海辺は大好きだけど、カンカンでりのお日さまは、だいきらいでした。そこで日陰を求めてはしりまわり、大波に巻き込まれて、海草をかぶって波打ち際《ぎわ》にもどります。ところがハリーは「毛のはえた　おばけなまこ」の怪物にまちがえられ、海水浴場は、おおさわぎになります。

黒いぶちのある白いいぬのハリーは、一九五六年にアメリカで『どろんこハリー』として登場して以来、絵本の世界の人気ものです。たのしい絵本は、「これ！　読んで、読んで！」と、子どもたちが、図書館の「絵本の時間」に合唱する絵本です。夫妻二人で物語を考え、ジーン・ジオンが文を書き、マーガレット・ブロイ・グレアムが絵を描く、呼吸のぴったり合った合作です。初版は四十年も前に世に出たのに、今日出版されて本屋さんにならんだばかりの絵本のような新鮮さを保ちながら読み継がれています。

わーい！『ぼく　パトカーにのったんだ』

読者の方から、五歳のぼうやが、ちいちゃな妹さんをつれて、半日ほど行方不明になり、おおさわぎになった事件についてお便りをいただいたことがありました。

事件のてん末は、わかってしまえば、とても子どもらしいできごとで、私にとっては作者冥利《みょうり》につきるようなことだったのですが、いなくなった二人のお子さんのおかあさんは、どんなに心配なさったことでしょう。

『もりのへなそうる』を読んでもらうことの大好きなちいちゃな兄妹が、日曜日に、リュックサックにおかしを入れて、森に「へなそうる」をさがしにいったのでした。二人は、「へなそうる」をみつけたにちがいありません。家に帰るのも忘れて、たのしくあそんでしまったのでした。

わが家でも、末息子が、満三歳の誕生日まぢかのとき、生まれてはじめての家出をして、彼の母親を猛烈に心配させたことがありました。彼女は、もう少しさがして、それでもみつからなければ、警察に捜索をたのみにいくところでした。末息子の家出は、『どろんこハリー』そっくりでした。


ハリーは、……あるひ、おふろに　おゆをいれるおとが　きこえてくると、ブラシをくわえて　にげだして……うらにわに　うめました。

それから、そとへ　ぬけだしました。


光太は、三輪車を「よいしょ、よいしょ！」と道路にもちだし、走りだしました。坂道も、とまらず走りました。まがりかどでトラックが、キーッととまりました。

「ぼうや、あぶないぞ！」と、運転手のおじさんがどなりました。

それから、歩道橋のスロープを三輪車をおしてのぼりました。

歩道橋の上から、下の道路をとおる車を見物しました。トラックやバスやタンクローリーや、いろいろな乗用車がとおります。歩道橋をわたって、こんどは、公園にいきました。すべり台ですべったり、ブランコにのったり、砂場であそんだり、水たまりの中を三輪車で走ったり……

それから、バス通りにでて、スーパーへむかいました……

そのころ、わが家では、光太がいなくなったことに気づいて、おおさわぎになりました。近所の人たちもいっしょになって、行方不明の光太をさがしてくださるのですが、一時間たっても二時間たっても、光太はみつかりませんでした。

家から一・五キロメートルもはなれたスーパーまで、まさか、ひとりでいくとはだれも想像しませんでした。

おさない子どもにとって、この世の中にはたのしいことがいっぱいあります。自然も人間も、おさない子どものうけとり方からすれば、すべておおらかで、やさしくて、しんせつです。

けれども、子どもも成長するにつれて、自然界にも、人間社会にも、危ないこと恐ろしいことがいっぱいある、ということを学びます。ときには、そういうことを知らないために、生命を失ったり傷ついたりします。

とはいえ、子どもをおびやかし小心な人間に育てることは、社会を衰えさせることになります。

自然界のほんとうの姿を子どもに教え、人間社会から、危ないこと恐ろしいことを減らしてやることが、子どもに対するおとなのつとめだと思います。

私たちが肝を冷やしたこの体験を通じて、私のなかから『ぼく パトカーにのったんだ』という物語が生まれました。

動物園の『かばくん』

『かばくん』は、親子で絵本を読むたのしさを満喫させてくれます。たのしい読み方をお教えしましょう。

まず、表紙を開いて本を伏せてください。これから読むのに、なぜ伏せる？と、びっくりなさるかもしれませんが、伏せたとたんに、百人が百人、子どももおとなも、「うわっ　かばくん！」と、喜びの声をあげます。

横開きの表紙と背表紙いっぱいに、大きな大きなかばの親子が、でんと登場します。粗い画布をぬりつぶした、落ち着いた赤をバックに、灰色のかばとかばのこが、にんま

り笑ってならんで立っています。

お子さんが、かばの背中にのりたくなるまえに、本を元の形にもどしましょう。

まっ白な表紙に、かばの親子とかめのこをつれた男の子のスケッチを見ながら、太い黒い字で書かれたタイトルを「かばくん」と声にだして読んでください。

ゆっくりページをめくると、淡い緑を基調にした動物園の静かな朝です。

どうぶつえんに　あさが　きた
いちばん　はやおきは　だーれ
いちばん　ねぼすけは　だーれ

耳をすますと、画面から、小鳥のさえずりや動物たちの朝の挨拶《あいさつ》が聞こえてくるようです。子どもの目は、「いちばん　はやおき」と「いちばん　ねぼすけ」をみつけようと、見開きいっぱいに描かれた、人気のない動物園の情景を隅々までさぐります。おかあさんも散歩をするつもりで、ゆっくりと画面をながめましょう。画面のどこかに「いちばん　ねぼすけ」の、かばくんの鼻面《はなづら》だけが水面にのぞいています。

おきてくれ　かばくん

どうぶつえんは　もう11じ
ねむいなら　ねむいと　いってくれ
つまらないから　おきてくれ

水のなかから、目をつむったまま、かばの頭がゆっくりとでてきます。

や　かめくん
や　かばくん

かめがよぶと、ぽっかり浮かんだ大きな大きなかばのおなかのよこに、かばのこが顔をだします。
かめくんが、プールにとびこむと、かばの親子も水のなか。まるで、水のなかに大小の島が浮いているみたい！　いえいえ、生きている、ほんもののかばの親子が、水のなかに浮いているみたい！

かばより　ちいさい　かばのこ
かばのこより　ちいさい　かめのこ

かめより　ちいさいもの　なんだ？
あぶく……

この絵本のたのしさは、この先を紹介するのがもったいないほどです。詩人の童心が歌う、美しいリズミカルなことばに読み手は魅せられ、ページを開くたびに、堂々たる、そして、あたたかいかば親子の劇的な登場に、子どもたちは、声をあげて喜び、静かな夜の訪れまで、動物園の一日をたのしみます。

おやすみ　かばくん
どうぶつえんに　よるがきた
こっそり　ゆめみて　ねむってくれ
おやすみ　かばくん
ちびの　かばくん

薄闇《うすやみ》のせまる動物園で、動物たちが眠っています。
一生忘れることのできない絵本との出会いがあるとすれば、『かばくん』は、まさにその一冊です。そして、この出会いが、実際の動物園の体験を、どれほど心豊かなものにしてくれるかわかりません。わが家の子どもたちは、とても幼かったとき、動物園にいく前に、ほんもののかば以上にかばらしい「かばくん」に、この絵本で出会いました。

『アンディとらいおん』のエネルギー

破天荒という言葉があります。広辞苑《こうじえん》（二版）によると、「（『天荒』は天地未開の時の混沌《こんとん》たるさまで、これをやぶりひらく意）前人のまだしないことをすること。未曽有《みぞう》。前代未聞《みもん》」とあります。私が子どもの本の勉強をはじめたばかりの頃、自分の感性にドカン！と音のするばかりの衝撃をあたえ、そのときの強烈な印象が、いまも、折にふれてよみがえる破天荒な一冊の絵本に出会いました。この絵本の勇壮で豪快な絵は、ページの枠を奔放にはみだす躍動感にあふれていました。ストーリーは、素朴な日常生活のなかで、破天荒なできごとが勃発《ぼっぱつ》します。文章は簡潔明快、余分な言葉は一語もなく、絵本全体から明るく創造的なエネルギーがほとばしるようです。

私は、一九五〇年代に、ニューヨーク公共図書館につとめていた頃、その玄関前に、長い年月がまんづよくすわっていた、レノックス氏とアスター夫人という名前の二ひきのライオンに、「やあ！」と手をふりながら、図書館に出入りしたものでした。この絵本は、一九三八年に、ジェームズ・ドーハーティが、この二ひきのライオンに捧《ささ》げて創作したものです。

田舎にすむ男の子アンディは、よく晴れた日に、図書館にいって、ライオンの本を借ります。アンディは、つなぎを着て、むぎわらぼうしをかぶり、裸足《はだし》です。それから家に帰ると、むちゅうで、その本を読みはじめます。晩ごはんの間も、ごはんの後も、ずっと読みつづけます。寝るまえには、おじいさんが、アフリカのライオン狩りのすごい話をしてくれました。その夜アンディは、ひとばんじゅう、ライオン狩りをしている夢を見つづけます。

次の日、アンディが犬のプリンスをつれて学校へいく途中、珍事件が起こります。作者は、劇的な場面をつながりよく展開し、読者をドキドキハラハラさせます。道ばたの大きな岩の陰からつきでた、ひものような、へんてこなものに気づくアンディとプリンスの興奮に、読者は、たちまちまきこまれます。子どもらしい驚きと好奇心と、それから、何にもましての怖いもの見たさに、アンディとプリンスが、そっとちかよっていくと、それは、動物のしっぽで、その持ち主がライオンだったのです。

日常性から奇想天外な事件への展開は、ユーモアが全体を味つけすると、読者の子どもたちは、怖さを超えて空想の世界へ解放され、ぼうけんをたのしみます。そしてサーカスから逃げだしたライオンの足のとげを抜くアンディといっしょに、勇ましくて心やさしい体験をします。

この絵本は、アメリカの絵本の黄金時代の幕あきともいうべきときに生まれただけあって、大自然のなかに解放されていた子ども、そして、人類と自然との共存をみごとに象徴しています。しかも、土を耕して生きる、素朴な暮しのなかにも図書館があり、読書がたのしみのアンディは、そこへ本を借りにいくし、お話好きなおじいさんは、アンディにお話をしてくれるのです。

この絵本が読みつがれてきたもう一つの秘密は、私が子どもだった頃、「お話のおばさん」として、毎夕、全国の子どもたちを、ラジオのまえに釘《くぎ》づけにした村岡花子さんが、みごとな語り口で、訳文を書いていることです。

子どもたちを、人工的な密室から、空間的にも時間的にも解放する読書体験が、いまほど必要なときはありません。

『かいじゅうたちのいるところ』の魔力

私は、センダックの絵本から、怖いというか、気味が悪いというか、それでいて目をそらすことのできない、魔力みたいなものを感じます。それは嫌いとか好きとか、ということを超えていて、一度見たら忘れられない印象を焼き付けられてしまうのです。かいじゅう、ゴブリン、赤んぼ、くるみわり人形などセンダックの描いた主人公たちが、私の心のなかに巣くってしまうのです。

センダックは、作品のほとんどすべてを通じて、たった一つのとりつかれた観念「子ども――私の内の深いところからくる何か――真の奥底の子ども」と接する試みをしつづけてきました。怒り、とまどい、怖れ、挫折感《ざせつかん》、憎悪《ぞうお》、愛情、性感など、子ども時代の感情に正面きって取り組み、それらを絵本で表現してきたのです。その結果、絵本の存在価値を高め、地平を広げ、おとな、子どもの反応を超越したのです。

私は、『かいじゅうたちのいるところ』を第一部とする三部作に、内の深い底の子どもを失ったおとなのひとりとして初めて接したとき、とてもうろたえたことを憶《おぼ》えています。『かいじゅうたち』は、恐ろしいのか道化ているのかよくわからず、グロテスクに見えました。『まよなかのだいどころ』には、自分が裸にされ、かまどで焼かれるような悪夢的な怖さを感じました。『まどのそとのそのまたむこう』は、題名の意味さえつかめない判じ物でした。

けれども、くりかえし読み、時がたつうちに、私の困惑は、センダックの鬼才が、私の意識をえぐっているためだと気づきました。「センダックの内の深いところからくる何か」が、私の内の深いところに眠っている何かをゆり動かしていたのです。三冊の絵本を恐ろしい本だと思いました。センダックの「真の奥底の子ども」が、私の内なる子どもにとりつくのを感じました。

幼年時代病弱だったセンダックは、「私は、みじめな子どもでした」と語っていますが、私も子ども時代、とても病弱で、家のあがりかまちにすわって、外を眺めて多くのときをすごしました。ですから、センダックが、「窓の外」の世界を眺め、何を見、何を想像したか、胸のいたくなるほどの共感をもちました。

私は、図書館の児童室で、ひとりの幼い男の子が、『かいじゅうたちのいるところ』を床の上にひろげ、上から下から、かいじゅうたちに魅入られているさまをみて、自分のことのように感動したことがあります。

『エルマーのぼうけん』のはじまり

私がエルマーにはじめて会ったのは、大学四年生のときでした。一九五二年です。私は、アメリカ人の先生たちの教える図書館学科の学生でした。授業で見せられた『夢見る頃』という映画は、子どもの図書館で働きたいという、私の夢をかきたてました。というのも、その映画にでてきた子どもの図書館が、ほんとうにすばらしかったのです。図書館の建物は古びたものでしたが、そこで自由に本を読んでいる子どもたちの顔がすばらしかったのです。こぼれそうな笑顔、食いつきそうな真剣な表情、何億光年の彼方《かなた》を見つめているような目、口を手でふさいで、笑い声がとびだすのを抑えている子など、ひとりひとりが、だれにも遠慮せずに、のびのびと空想の世界に遊んでいるさま

が、私をひきつけました。そこには、お話の時間もあれば、絵本の時間もあれば、人形芝居の時間もありました。

その頃、図書館といえば、薄ぐらい部屋と手垢《てあか》に汚れた本しか頭に浮かばなかった私には、その光景は、一つの発見でした。また、本を読むといえば「ためになる本」を与えられ、童話を読むひまがあるんなら勉強をしなさい、と躾《しつ》けられたものにとっては、あんなに嬉《うれ》しそうに、あんなにたのしそうに本を読む子どもたちを見るのは、驚きでした。私にだって、夢中になって本を読んだ子ども時代はあったはずなのに、あんなに明るくたのしんだ読書の記憶がないのです。

どうしてだろう？　と私は考えました。もしかしたら、私が子ども時代に読んだ本と、この映画にでてくる子どもたちの読んでいる本は、違う種類なのかもしれない。

そこで私は、とりつかれたように、図書室にあったアメリカの子どもの本を読みました。『トム・ソーヤーの冒険』や『若草物語』のように子ども時代に読んだものも、繰り返し読みました。『ハンス・ブリンカー（銀のスケート）』『銀のうでのオットー』のような古典から『元気なモファットきょうだい』のように現代に生きている子どもたちの物語を読み、やがて『ゆかいなホーマーくん』などを読むと、大学生の私が、くすくす笑いだすようになりました。そのつぎに出会って忘れられなくなったのが「エルマー」神話でした。それは『マイ・ファーザース・ドラゴン（ぼくのとうさんの竜）』という、か伝説を思わせるような題がついていました。

ところが、本を開いて「あれあれ?」と思いました。まず、主人公である、「ぼくのとうさん」が、エルマー・エレベーターという愉快な名前です。「エルマーが小さかったときのこと、あるつめたい雨の日に、うちのきんじょのまちかどで、としとったのらねこにあいました」。

エルマーは、そののらねこから、どうぶつ島に、空から落ちてきたりゅうの子どもの話を聞くのです。「りゅうは、ながいしっぽをしていて、からだにはきいろと、そらいろのしまがありましたよ。つのと、目と、足のうらは、目のさめるような赤でした。それから、はねは金いろでした。」このりゅうの子どもは、どうぶつ島のどうぶつたちに、ひどい目にあわされていました。

そこでエルマーは、りゅうの子どもを助けにいくことになります。「エルマーのもっていったものは、チューインガム、ももいろのぼうつきキャンデー二ダース、わゴム一はこ、くろいゴムながぐつ、じしゃくが一つ、はブラシとチューブいりはみがき、むしめがね六つ、さきのとがったよくきれるジャックナイフ一つ、くしとヘアブラシ、ちがったいろのリボン七本、『クランベリいき』とかいた大きなからのふくろ、きれいなきれをすこし、それから、ふねにのっているあいだのしょくりょうでした。……ピーナッツバターとゼリーをはさんだサンドイッチを二十五と、りんごを六つもちました。なぜリンゴが六つかといえば、それだけしか、だいどころになかったからです。」
囚《とら》われのりゅうの子どもの救出という、簡潔で劇的な冒険の動機は、読者を一気に空想の世界にいざないます。そして、待ちに待った遠足の支度のような、持ち物の楽しいディテール描写。私は、こんないろいろなものの一つ一つが、なんの役に立つのだろうか、子どものように胸を弾ませながら読み進みました。アンリ・ルソーの絵を思わせるような、幻想的なイラストの魅力は、これまで読んだ幼年文学では、とても感じられないものでした。

物語は、期待どおり奇想天外、それでいて、なんの矛盾も感じられない、迫力にみちた楽しいものでした。そこには、いわゆる道徳の押し付けもなければ、陳腐なお説教の安売りもありません。ためになるとか、役に立つとかいう功利的な目的は、この『エルマー』には何もはいっていないのです。そのかわりに、おおらかな空想と、楽しい冒険、愉快なできごとが、たっぷりともりこまれています。しかも、残酷だとか、軽薄だとかいう心配は、まったくありません。私は、これから少年期にかかろうとする子どもたちにとって、本を読むことのたのしさを与えてくれるのは、こういう本なのだと、強く強く感じました。

私は、それから機会があって、アメリカの大学で子どもの本と図書館のことを学び、また、ニューヨーク市やそのほかの町の公共図書館の児童室で数年間、子どもたちと本りを結びつけるたのしい仕事をつづけました。そして、いつでもどこでも、だれかが借りだしていて、やっと返ってきたと思ったら、またすぐ次の子どもが借りていく本、読まれて読まれてボロボロになっている本、それが『エルマー』だと知りました。

この物語があんまりたのしいので、私は、日本に帰るときのお土産のなかにいれました。『どろんこハリー』や『すばらしいとき』などといっしょにいれました。それから大学の私の授業や講演では、たのしい子どもの本の例として必ず使いました。家では、子どもたちに、どれほど読むことをせがまれたかわかりません。みんなに、とても喜ばれるので日本語に翻訳することにしました。私は、ニューヨークやクリーヴランドの図書館の児童室や小学校で、ブックトークの時間に、いつでもこの本を読んでいたので細部を英語で暗唱できるほど、物語になじんでいました。

ところが、いざ翻訳にとりかかってみると、りゅうの子どもをはじめ、かめや、ねずみや、いのししや、とらや、さいや、ライオンや、ゴリラや、わにのおしゃべりが、うまく日本語に訳せないのです。英語で、アメリカの子どもたちにすらすら読んでやることのできた物語が、日本語ですらすら語ることができないのです。英語で読むときは、ねずみとゴリラの違いは、ねずみとゴリラをイメージしながら音声を使い分ければいいのですが、日本語ではそういきません。男と女でしゃべり方が違うし、七十歳の老人と二十歳の青年と五歳の子どもは、同じしゃべり方はしませんし、文章に書いてみれば、歴然と違います。子どもの文学、とくに空想物語では、擬人化された動物や妖精《ようせい》や野菜や玩具などがしゃべります。原作が外国語で書かれていれば、多くの場合、これら登場人物の性別や年齢はわかりません。

こうなれば、訳者は経験と勘で勝負するしかありません。私は、英語で子どもたちに読み聞かせをしていた経験や、ストーリーテリングの勉強や実演をしていたおかげでとても助かりました。もっとさかのぼれば、小学校時代の国語教科書の朗読が役立ったのかもしれません。物語を読むと動物たちの声音が聞こえました。アメリカの図書館で仲良くなった子どもたちの顔が目に浮かびました。くりかえしくりかえし読むうちにりゅうの子どもは、気のやさしい四、五歳の男の子とイメージがだぶりはじめ、声が聞こえてきました。それから先は、まるで自分が物語を書き下ろしているような感じで翻訳はすすみました。題名は、『エルマーのぼうけん』と訳しました。

私は、何冊かイギリスやアメリカの子どもの本を日本語に翻訳しましたが、『エルマーのぼうけん』ほどたのしく仕事ができた本は他にありません。それと同時に、この物語ほど苦心して翻訳したものも他にありません。私は駆け出しの翻訳者でしたから、自信もありませんでした。日本語に翻訳することによって、原作のたのしい味が、少しでも損なわれてはいけないと「ぼくのとうさん」の物語を語るように書きました。日本の子どもたちが読むんだから、翻訳臭い日本語になってはいけないと、原文の英語が頭のなかから、すっかり消えるまで翻訳原稿を寝かせておいて、くりかえし音読しては文章を直しました。おかげで、それからの子どもの本の仕事に、たいそう役立つ勉強になりました。そういえば『しょうぼうじどうしゃ　じぷた』が、生まれかけていました。

読者の子どもたちは、私の小心な心配などふきとばして読んでくれました。『エルマーのぼうけん』の続きはないか、という子どもたちの注文に応じて、原作者がそうしたように、訳者の私も『エルマーとりゅう』『エルマーと16ぴきのりゅう』と、たのしい仕事をつづけました。

日本語訳『エルマーのぼうけん』は、一九六三年に出版されて以来、日本の子どもたちに愛読され、子どもの本の古典となりました。私が若かりし頃、アメリカから土産に持ち返った一冊がと思うと感無量です。原作は、一九四八年に出版されたアメリカ童話の古典です。著者のルース・スタイルス・ガネットは、化学が専攻だったのですが、児童文学に興味をもち、児童図書協議会に勤務しながらこの傑作を書きました。アンリ・ルソーの名画を思わせるようなイラストが、この作品の魅力を倍加させています。作者の母親ルース・クリスマン・ガネットの描いたものです。

『エルマーのぼうけん』を読んだ読者の子どもが、こんな愉快な続編を創作してくれました。「ぼくは、りゅうにのって、せかい一しゅうをしてみたい。なんきょくも、ほっきょくも、みてみたいな。かえりにみかんとうへよって、みかんを五十まんこもとって、おみやげにしたいな。もし、ぼくがエルマーだったら、ぞうにあうかもしれない。ぼくは、ぞうくんにびいだまをあげて、はなのほーすから、みずをふきだして、びいだまをそこにのっけて、びいだまのどうあげあそびをして、ぞうくんといっしょに、どちらがあがるかきょうそうをしていて、そのうちにそっとにげだして、またいろんなどうぶつにあいます」。

そして、あちこちの保育園や幼稚園で、エルマーは、子どもたちと先生たちのなかにはいりこみ、みんなを遊びと冒険の世界に誘いました。それ以来、子どもたちから、エルマーあてのたくさんの手紙が、絶えず私のところにとどきます。園の先生やおかあさんたちから、実践記録や、子どもたちの興奮するさまを綴《つづ》った手紙をいただきます。

三重県津市の橋南保育園の岩附啓子先生と三重大学教育学部の河崎道夫先生がまとめられた『エルマーになった子どもたち』は、子どもたちが、そして若い先生たちが、創造的な「遊びと冒険の保育」を通じて、自分たちで世界を広げ、たくましく育っていくさまを生き生きと伝える感動の記録です。私は『エルマーのぼうけん』三部作の紹介者として、訳者冥利《みょうり》に尽きる思いなのですが、原作者のガネットさん母娘が生きていたら、熱い思いで報告の手紙を書いたにちがいありません。

『エルマーのぼうけん』の第五章「エルマー　とらにあう」が、教科書国語三年生上

(光村図書出版)に掲載されています。また、劇団プークが人形劇として上演し好評を博しています。

第5章　想像力と知恵

光太とトロルの人形

三男の光太の育児記録にトロルの人形がでてきます。

わが家のホモ・サピエンス(生後満二年)を見ていると、ほんとに人間とはふしぎな生物だなあ! と思います。例えば、この子の記憶の中に、ぜったいないはずの物や事に対して喜んだり、興奮したり、恐怖をいだいたりします。

ふつう、記憶は過去に属します。しかし、この子には、おとながいう意味での過去などはありません。

不思議だなあ! と思うことの実例に、こんなことがありました。わが家には私がひとり旅の途次オスロの空港の土産物店で買ったトロルの人形がありました。じつにリアルにできていて、茶色のざんばら髪で、ぐりぐり目玉。太くて長い鼻は、へそのあたりまでのびていて、手足の指は、それぞれ四本ずつしかありません。しりには、先っぽに毛のはえたしっぽが、ぴんと立っています。体は、ねこぜで、ずんぐりむっくり、はだかの三頭身です。

わが家のホモ・サピエンスは、生後一年ぐらいのときには、このトロルを見ても、別にどうという反応も示さず、ほかのものと同じように、両手にもって、鼻をなめたり、しっぽをくわえたりしていました。ところが、いつのまにか、このトロルをこわがるようになり、二歳になったいまでは、高い棚の上においてあるトロルに目がいくと、「いや!」といい、近くで見せれば、泣くほどの恐怖を示します。きっと、トロルの人形をじっと見て、彼の現実生活にはないグロテスクなすがた(イメージ)に、恐ろしさを感じたことがあったにちがいありません。彼がこのトロルを見て怖がるときには、怖いから目をそむけるのではなく、逆に、じっとトロルを見つめながら泣くのです。

大昔、私たちの祖先のホモ・サピエンスは、洞穴の壁に野牛や鹿《しか》の絵を描き、それらの絵にむかって、野生の動物の増殖や、狩りの成功を願いました。そして、願いをくりかえしているうちに、壁に描かれた絵(イメージ)そのものに希望や恐怖をいだくようになりました。つまり呪術《じゅじゅつ》的作用が働き始めたのです。この呪術的畏怖感《いふかん》が超自然的な存在への畏敬の念に変わり、他の生命の息づいていない神秘的な空間で感じた恐れは、後の世の人間に神社や寺や教会のような祈りの場所を作らせました。

幼児が、過去の記憶や現実の生活体験と無縁に、ある種の人形や、お化けの絵や、闇《やみ》をこわがるのは、まさに、子どもの内部で、成長にともなう本能的な呪術作用が働き始めたからではないのでしょうか。

私は、幼児のまわりに、ラスコーやアルタミラの洞穴のような空間があるように思われてなりません。わが家のホモ・サピエンスが二歳から二歳半にかけて、独り遊びをするようになった様子を見ていますと、部屋の隅とか、テーブルの下とか、いすの陰は、彼にとって、まさにラスコーの洞穴を思わせます。これは、これから後の彼の成長の過程で、彼が独りになる空間と時間を必要とすることを予想させます。

オスロのトロル

一九八八年の秋、国際児童図書評議会の第二十一回総会がオスロで開催されました。私は妻を誘い、子どもたちに留守番を頼んで、夫婦で参加しました。

ヨーロッパのいちばん北のはずれにある半島――スカンジナビア半島――の、いちばん北にノールウェイが位置しています。湖と山と森におおわれて、夏には、真夜中でも、太陽が沈むことのない国です。夢のように美しいフィヨルドの奥深くに、この国の都オスロがあります。

都心にある国立劇場の地下駅から、オリンピックのスキージャンプ台で有名なホルメンコーレン線をたった一輛《りょう》で走る、登山電車のような電車にのり、美しい渓谷沿いに三十分ほど北に登ると、終点の一つ手前に、フォクセンコーレン駅があります。そこから十分、森を拓《ひら》いた岩勝ちの道を歩くと、丘の上に、国際会議の会場で私たちの泊るソリア・モリアの館《やかた》がありました。館は、幻のソリア・モリア城の跡に建てられたものでした。

総会の開会まで時間の余裕があったので、私たち夫婦は、電車にのってオスロ市内まで見物にでかけました。そして、いちばんにぎやかなカール・ヨハンス通りの土産物店で、前述のわが家のトロル人形の仲間にしようとトロルの人形を買いました。いじわるな顔した鬼ばばトロルと、かわいい顔のおばあさんトロルと、ロックでもおどりだしそうな陽気な感じの若者トロルの、三つの人形でした。

人形をかかえた私たちは、ホルメンコーレン線の電車に、下車駅の名前をたしかめずにのりました。二人とも、おぼえていたのは、ソリア・モリアという館の名前だけでした。二人が、ここかな、と思って、最初にとびおりた駅は、丘の斜面に広がる広大なホルメンコーレン公園の入口に近い駅でした。夕方の無人駅にとりのこされた二人は、二十分後にやってきた電車にのり、地図をたしかめたしかめ、ソリア・モリアの標識にいちばん近いスコーゲン駅でとびおりました。ところが、おりてみたら、なんとなく見おぼえておいた、山小屋のような、れんが色の無人の駅舎が、黒色に変っていました。また違う駅におりてしまったのです。地図を見ると、ソリア・モリアの館は、この駅からは、道の通じていない崖《がけ》の上に建っているようでした。

夕闇《ゆうやみ》のせまる、まったく人影のない山中の無人駅で、途方にくれていると、さっき町で買ったかわいいおばあさんトロルにそっくりのおばあさんが、どこからともなく現われて、私たちのほうにやってきました。

私は「道に迷った日本人夫婦です」と話しかけました。やさしいトロルは、片言の英語で「ソリア・モリアなんて聞いたことはない。私の家は、この谷にくだる途中にある古い古い家ですよ」と答えました。私は、一瞬、鬼ばばトロルに出会ってしまったのかと思いました。それから、やさしいトロルはいいました。

「心配いりませんよ。切符はもっているんでしょ？　私が、次の電車の運転手に話してあげますから」

しばらくして、懐《なつ》かしい電車がきました。やさしいトロルは、私たちといっしょに電車にのり、運転手に、私たちの知らない言葉で、なにかをいいました。美人の女性運転手が、にっこりうなずきました。

そこから二駅先で、私は見おぼえのある駅舎が目にはいると、フォクセンコーレンという駅の名前を、とつぜん思い出しました。

さっきのおばあさんは、にこにこしながら私たちに手をふり、そのまま電車にのって渓谷の奥へ向かいました。

昔、ひとりのアシェラッドが――ノールウェイ語で「灰かぶりの少年」という意味で、昔話の主人公です。――山の遥《はる》か彼方《かなた》に一つの星のように光る城を夢見ました。アシェラッドは、幻の城を求め旅にでます。数えきれないほどの森をぬけ、谷を渡り、山を越え、ある日、行手遥か、太陽の東、月の西に、黄金色に輝くソリア・モリア城をみつけます。

アシェラッドは、森で、狐《きつね》や熊《くま》や狼《おおかみ》に出会い、やがて竜の守る城に近づくのですが、城には、さらわれた人間のおひめさまと、おそろしいトロルが住んでいました。……

もちろん、物語の結末で、アシェラッドは、トロルを退治して、おひめさまと結婚し、めでたしめでたしとなるのですが、アシェラッドの戦ったトロルは、どんな怪物だったのか、そして、ソリア・モリアの城は、ほんとうにあったのか、だれにもさだかではありません。ノールウェイの画家テオドール・キテルセンが、昔話を素材として、一九〇〇年に、「ソリア・モリア城とアシェラッドの冒険」を十二枚の油絵に描きました。現在は、国立美術館のコレクションに収められています。そして、この絵により、それまで、言葉だけで語られていたトロルのイメージを、絵画的に定着させたといわれています。

次の朝、私は、ソリア・モリアの丘に立ちました。

北の都オスロを見おろす丘の上では、まだ九月の末だというのに、あたりは、すっかり秋の色に包まれていました。水平線に昇った太陽がフィヨルドの海を金色にきらめかせると、薄れゆく朝もやのなかから、数えきれない入江の岬や小島の影が、ゆれながら湧《わ》きあがってきました。まばゆさに、視線をめぐらすと、谷にくだる緑の森から針葉樹の鋭い梢《こずえ》が、朝の息吹《いぶ》きのように冷たい空気を突きあげ、白樺《しらかば》の黄色い葉が、苔《こけ》でおおわれた湿った大地に、音もなく散っていくのでした。

まだ朝日のとどかない広い渓谷の底に、暗い水の湖が静まり返り、白い月ののこる西の彼方の山脈のその先に、金色にかがやく白い峰が、空を圧していました。私は、アシエラッドのように、幻のように美しい国を見渡しながら深く深く息を吸いこみました。ゆったりただよう朝もやに静かなリズムをつけるように、ルルル……と、軽い鳴声をあげながら羽の先だけ白い真っ黒いカケスが、足の下の森をとびかいはじめました。

土気のまるでない岩だけの崖にそった切通しの街道を歩きながら、谷にくだる森を見おろすと、大きな岩の陰からトロルがでてきそうな気がしました。トロルは、早朝にねぐらの屋敷から森にでて、女や子どもをさらうのです。もちろん、昔話のなかのことですが。

トロルは、宝物やお金を集めて、りっぱな山の屋敷に住み、好物は、人間の子どもです。巨人で怪力の持主ですが、案外お人好《よ》しで頭が弱く、おひめさまやアシエラッドの知恵に負けて、魔法の水を手に入れたアシエラッドに、首を切られてしまいます。首が三つから九つもあるトロルや、後述のように、自分の首をわきの下にかかえて歩くトロルもいます。

日本の子どもたちにも絵本で親しまれている『三びきのやぎのがらがらどん』にでてくるトロルが、代表的な顔をしているようです。谷川の橋の下に住んでいて、火かき棒みたいな長い鼻と、皿のように大きなどんぐりまなこをしていました。

「ちびのふとっちょ」という話では、「頭をわきのしたにかかえて、背中に袋をかついだ、それは大きな、背の高い山のおにばば」トロルがでてきます。「女中がしら」では、王さまの城に近い、雑木林の小屋に住んでいていじわるな老婆《ろうば》です。「白い国の三人のおひめさま」では、三人のトロルが住んでいて、それぞれ、三つ、六つ、九つの頭をもっていました。『太陽の東　月の西』にある城には、魔女の母親と鼻の長さが三メートルもある母子トロルが住んでいました。

トロルは、その姿を大男にも小人にも変えることができるようですが、巨人の場合が多く、大地を歩くときは、地震にゆれる山のように体をゆるがせ、歩くたびに、地面にひざまで足がもぐると描写されています。大岩にのこされた足あとや、人跡未踏の山中にならべられた大岩は、トロルの仕業といわれています。それとも、日光に照らされて石になったトロルかもしれません。

オスロには、いまでもトロルが住んでいるにちがいありません。

息子たちと『三びきのやぎのがらがらどん』

わが家の三人の息子たちは、絵本の『三びきのやぎのがらがらどん』でもトロルに出会いました。同じ家庭で育っても、子どもたちは三人三様で、お話や絵本が、どんなに好きでも、同じ年齢になったからといって、同じお話や絵本を喜ぶわけではありませんでした。年齢は同じでも、空想力や理解力は、ひとりひとりの子どもで、たいそうちがうものです。

わが家では、絵本の『三びきのやぎのがらがらどん』を、長男の鉄太は、一歳と八か月のときに、とてもよろこびました。大きなやぎ、中くらいのやぎ、小さなやぎが、足音高く橋をわたれば、自分も足をあげて、床をふみならし、トロルが、「だれだ、おれの　はしを　がたごとさせるのは」と、どなれば、肩をすくめ、声を立ててわらいました。

そのころ私たちは保谷《ほうや》に住んでいて、家の近くには武蔵野《むさしの》の雑木林や畑があり、農家では山羊《やぎ》や鶏をかっていました。早くから近所の子どもたちと戸外で遊んだ長男は、この時期に、強いものと弱いものの関係が、直接の体験でわかるようになり、空想の世界のできごとのなかに、自分を入れてしまうことができたのかもしれません。

長男より二歳年下の二男の光哉は、長男といっしょに、一歳前後からいろいろな絵本に接してはいたのですが、二歳半ごろから「お話して！」とせがむようになりました。年齢の接近したきょうだいによくあるように、彼は彼で、自分だけの親のお話を欲したのでした。そこで私は、光哉が二歳七か月のとき、『三びきのやぎのがらがらどん』を、絵本を読むのではなく、話してやりました。

「むかし、むかし、あるところに　三びきのやぎの　がらがらどんが　すんでいました」

「やぎの　がらがらどんは、ふとろうとおもって　山へ草をたべにいくことにしました」

光哉は、私の口元を、じっと見つめています。一生けんめいに、私の話すことをわかろうとしているようでした。

「ところが、とちゅうに　ふかい谷があって、はしを　わたらなければなりません」。光哉の顔に困惑の表情がうかびました。たのしんでいる様子がありません。

「はしの下には、みにくいトロルが　すんでいました。トロルの目玉は　皿のよう。鼻は、火かきぼうのようでした」

「パパ、ぼく、わかんないよう！」

すばらしい昔話でも、二歳七か月の二男の心の目には、なんの絵柄も作らなかったのです。やぎのがらがらどん、山の草、谷、橋、トロル、目玉は皿のよう（比喩《ひゆ》）、鼻は火かきぼう（比喩）などの言葉が、彼の心になんの絵も描いてくれなかったのです。そのころ、ニュータウンの造成の始まったわが家の近くに、人工の公園はできましたが、畑や空地はなくなり、戸外で遊ぶ子どもも少なくなりました。私が、もしマーシャ・ブラウンの描く『三びきのやぎのがらがらどん』を見せながら話してやったなら、光哉は、もうすこしわかったかもしれません。

絵本の絵が、言葉だけでは彼の想像力のとどかない未知の世界を、あるいは見せてくれたかもしれません。子どもの育つ環境が、子どもの空想力や理解力に、大きな影響を与えていることに、親として、真剣に考えさせられた経験でした。

三男の光太は、三歳四か月になったとき、『三びきのやぎのがらがらどん』が、彼の大好きな絵本の一冊になりました。

『三びきのやぎのがらがらどん』と、私が絵の題名を読むだけで、彼はさっとかまえて、お話を聴く姿勢になりました。大中小の三びきのやぎが、おどるようにつり橋を渡っていく絵が表紙です。つり橋の下でとがった岩山に見えるのがトロルの鼻。背景は、まっさおな空。タイトルページでは、見るもたくましい大やぎのがらがらどん、すっきりした感じの中やぎのがらがらどん、そして、幼い小やぎのがらがらどんが、ポーズをとって、山の斜面に立っています。口に緑の草をくわえて。

「むかし、三びきの　やぎが　いました。なまえは、どれも　がらがらどん　と　いいました。あるとき、やまの　くさばで　ふとろうと、やまへ　のぼっていきました」

三びきのやぎたちが、明るい太陽の輝く山の斜面を、希望の表情を浮かべてながめています。

「のぼる　とちゅうの　たにがわに　はしが　あって、そこを　わたらなければなりません。はしの　したには、きみのわるい　おおきな　トロルが　すんでいました。ぐりぐりめだまは　さらのよう、つきでた　はなは　ひかきぼうのようでした」

光太は、はじめてこのトロルを見たとき、まさに、息をのみました。橋の下にうずくまる、茶色の大岩のような、奇怪なトロルをじっと見つめました。そして、さけびました。「パパ、これ、なに！　パパ、これ、なに！」

光太は、居間の棚の上に、彼が赤んぼのときから立っているトロルの人形を心に思い浮かべたのかもしれません。

私は答えずに、同じページをもう一度読みました。

「……はしの　したには、きみのわるい　おおきな　トロルが　すんでいました。ぐりぐりめだまは　さらのよう……」


「トロルかあ！」光太は、肩をすくめました。そして、次のページがまちきれません。

「さて　はじめに、いちばん　ちいさいやぎの　がらがらどんが　はしを　わたりにやってきました……」


何も知らぬげに、無邪気に橋を渡っていく小やぎ。

いちばんちびやぎのがらがらどんとトロルのやりとり。二ばんめやぎのがらがらどんと、トロルのやりとり。からだが大きくなるにつれ、がらがらどんの声も太くなり、橋の音も大きくなります。トロルの姿は、ますますクローズアップされて、おそろしい形相が迫ります。

そして、とうとう、おおきいやぎのがらがらどんの登場です。

力強く語られる言葉を、力強く描かれた大やぎの姿が、がっしりと受けとめています。

「おれだ！
おおきいやぎの
がらがらどんだ！」

天に向かってほえる大やぎのたくましい顔。

光太は、そこで必ず手をたたき、まるで自分が、トロルに立ち向かうようにかまえました。

クライマックスの戦いの激しさ。

光太は、目を見開き、こぶしをにぎり、絵を見つめ、ひとことも聴きもらすまい、と耳をすませました。

そして、ほっと安堵《あんど》する結末がくるのです。

光太の幼い空想力が現実の空間を超越して躍動する、だいじなだいじなひとときを、この絵本は与えてくれました。
チョキン、パチン、ストン。
この　はなしは　おしまい。

『ねむりひめ』の百年

かつてイングランドを車で旅したとき、南ドーセット郡の長い坂をくだる途中、前方の丘の頂きに西日を背にそそり立つ古城の廃墟《はいきょ》が目にはいりました。近づいてみると幽鬼の城を思わせる奇怪ながれきの山は、十七世紀ピューリタン革命で破壊されたコルフ城でした。私が歴史の重みを五感でうけとめていると、そのころ小学校一年生だった二男の光哉がいいました。

「ぼくが生まれたとき、どんなだった？　これから百年経《た》つとどうなるの？」

私は、フェリクス・ホフマンが絵を描いたグリム童話の『ねむりひめ』という絵本が好きです。姫の誕生日のお祝いに招かれなかった十三人目のうらないおんなの呪《のろ》いによ

って、姫が、百年の深い眠りにはいるという神秘的な物語を、ホフマンは、豊かな想像力と描写力によって、目の前に展開して見せてくれるからです。

この絵本の訳者である瀬田貞二さんは、ホフマンの絵本の特色について、絵本ジャケットの解説にこう書いています。

非常にデッサンの力がきいた、かっちりした造形でなりたっていることでしょう。近代的なペンやコンテの線が、ややうれいをおびて明暗をつくり、構図を劇的にさだめています。ホフマンの描くところには、あいまいな部分がありません。清潔な神経が、つめたい沈んだ中間色の主調のなかにいきわたっています。そして、意外なところで、明るい色とユーモアのある描線が、全体を生き生きとさせる役目をになって……います。

いばらに包まれて、ひっそりと眠る姫の寝顔が描かれたタイトルページをめくると、「むかし、あるくにに……」と、姫誕生の由来が、大きな木陰の水浴びの描写の場面と、お妃《きさき》の寝室で王様とお妃と赤ちゃんが安らかな幸せをみせる情景で描かれています。つづいてお祝いの宴の準備。画面に描かれた招待状や、金の皿の数が十二枚だけなのが、招待されなかった十三人目のうらないおんなの怒りを予告しています。次の場面で十二人のうらないおんなが、赤ちゃんにすばらしい贈りものをします。徳や美や将来の富の約束などです。次の場面で、とつぜんはいってきた黒衣の十三人目のうらないおんなが「ひめは、十五になったら、つむにさされて、たおれて　しぬぞ！」と大声で叫びます。泣き叫ぶ赤ちゃん、かばおうとする王様、恐怖に顔をひきつらせるお妃。そして、立ちすくむ十二人のうらないおんなたち。白を背景に黒衣のうらないおんなの恐ろしさが浮き立って見えます。王様は、国じゅうのつむを焼きすててしまえと命じますが、数場面先、姫が十五になったある日のこと、うらないおんなの呪いは本当になります。姫は、つむに指をさされ、ベッドにたおれて深い眠りにおちました。


　このねむりは、しろじゅうに　ひろがりました。ちょうど　かえってきた　おうさまと　おきさきは、おおひろまで　ねむりました。けらいたちも、いっしょにねむりました。

　うまやのうまも、にわのいぬも、やねのはとも、かべのはえも、それから、かまどで　めらめらもえていた　ひまでも、しずかになって　ねむりました。やきにくも、じゅうじゅういうのを　やめました。りょうりばんは、わすれものをした　こぞうのみみを　ひっぱろうとして、そのまま、ねむりました。

　そして、かぜはとだえ、しろのまえの　はやしでは、いちまいの　きのはも、ちりませんでした。……

（『ねむりひめ』第九場面）

この情景は、グリム兄弟が採話した原話には、「……城の中ではあらゆるものがねむりはじめました。それこそ壁のはえに至るまで」とだけ語られていた部分です。素朴な表現がグリム兄弟の想像力を刺激して、心ゆくまで語り直されたと伝えられている部分です。

第十場面は、この絵本の圧巻です。城の中ですべてがねむりつづける百年間、外では、いばらがはげしく茂り、城をおおいつくします。場面のすそで、騎馬の王子が、巨木のようないばらに、刀をふるって立ち向かっています。

この後に「王子は、城に入ると眠っている姫に口づけをした。するとあらゆるものが目をさまし、やがて二人は結婚した」という短い口伝の部分を、グリム兄弟が、やはり奔放に、自分たちの言葉で情景を描写したクライマックスの場面がつづきます。

はじまりの動から静に対比して、終わりの静から動、長い冬のねむりから大地が目ざめる春を象徴したといわれるクライマックスです。ホフマンは、目ざめを読者の想像にあずけながら、物語をみごとに完結させています。昔話は、語られたとき、ひとりひとりの聞き手の心にさまざまな絵を描かせます。聞き手の想像力が働くからです。けれども幼い子どもにとって、まったく見知らぬ異国の、しかも大昔のふしぎなできごとを心に描くことは、とてもむずかしいことかもしれません。ホフマンのようにすぐれた画家は、幼い聞き手を神秘の国に招き入れるのです。

『ねむりひめ』は、もとの題は「いばらひめ」といい、グリム兄弟のあつめた昔話のなかで、もっとも幻想的な物語のひとつで、これほど聞き手の心をつかむ例はまれにしかないと、評価される傑作です。ホフマンの絵は、物語の歴史的評価に拮抗《きっこう》する表現力をもつものです。

ゴーイング・マイ・ウェイ
――『はなのすきなうし』

わが家の子どもたちが幼かったとき、夏休みの朝食で、こんな会話がはずみました。それは、小学校三年生の甥《おい》が、泊りがけで遊びにきたときのことでした。長男が、小学校一年生で、次男が四歳でしたから、とつぜん息子が一人ふえたようなものでした。

家内が、甥に、こうたずねました。

「健くん、大きくなったら何になるの?」

健君は、胸を張ってこういいました。

「サッカーの選手か、屋台のおでん屋。ぼくはサッカーがとくいだしね。もうからなくったって、りっぱだよね。サッカーの選手になれなかったら、貯金で屋台を買っておでん屋になるよ。屋台なら小さくても自分の店になるもん。おとうさんがお酒のみにきても、商売だからお金はとるよ」

まことに理路整然。これを聞いてわが家の息子二人のうち反応の早い下のがいいました。

「ぼくは、バスのうんてんしゅか、大工さん、大工さんになって、この家に二階をたてるんだ」

（これは、当時、わが家で計画中でした）

上の息子は、にやりとわらってこういいました。

「ぼくは、その二階に住むよ。家賃はただだからね」

子どもたちの旅は、どこでもはじまっています。そして、ありきたりの童話にでてくる子どもたちより、現実に生きている子どもたちは、非常に個性的なものです。

ちなみに、成人してから、甥は、サッカーの選手になれなかったので、大学の理工学部を中退して、美容の専門学校にはいり、今では母親の美容院をついで美容師になって商売繁盛《はんじょう》しています。うちの二男は、外国系の航空会社で働き、「親の家の二階に家賃ただで住む」はずだった長男は、画家の奥さん、幼い娘といっしょに、遠い外国の借家住まいで勉強をつづけています。

将来の夢を語っていた頃、わが家の子どもたちの大好きな絵本の一冊が『はなのすきなうし』でした。

フェルジナンドという、一ぴきの牛の物語です。

スペインの牧場にいた子牛のフェルジナンドは、ほかの子牛とちがい、いつも一ぴきで、コルクの木の木陰にすわって、花の匂《にお》いをかいでいるのが大好きでした。フェルジナンドのおかあさんは、ほかの子牛たちのように、この子がとんだりはねたりして遊ばないのが心配になりました。けれども、——ここが、この物語のたのしいところなのですが——

うしとは　いうものの、よく　ものの　わかった　おかあさんでしたので、ふぇ、いいい、るじなんどの　すきなように　しておいて　やりました

年月がたち、フェルジナンドは、とても大きな強い牛に育ちました。大きくなったほかの牛たちは、闘牛になりたくて、戦いの練習ばかりしていました。けれどもフェルジナンドは、あいかわらず、コルクの木陰にすわり、花の匂いをかいでいました。

ある日、マドリードから、五人の男が、闘牛のための強い牛をさがしにやってきまし

た。牧場のほかの牛たちは、われこそ！とばかり、角をつつきあい、あばれてみせたのですが、フェルジナンドは、そんなことに関心がないので、いつもの木陰へ、すわりにいきました。

ところが、運悪く、フェルジナンドは、草の上にいたクマンバチにいやというほど、おしりをさされてしまいました。「いたい！」フェルジナンドは、気でもちがったようにあばれました。

そのあばれようのすさまじさに、五人の男たちは、猛牛をみつけたと、おお喜び。というわけで、マドリードの闘牛場に、猛牛フェルジナンドの登場となるのです。ところが、闘牛場で、満員の観衆のみつめるまんなかで、フェルジナンドは、大闘牛士など相手にせず、すわりこんでしまいます。見物のご婦人がたの髪にさした花の匂いを、ゆっくりかぎたかったからでした。

私は、闘牛のような残酷な見世物はこの世のなかにないほうがいいと思いますが、フェルジナンドは、花の匂いが好きだったおかげで、殺されずにすみました。強い勇ましい闘牛になりなさい！なんて、おかあさんがいわなくて、ほんとによかったと思います。ユーモアをまじえながら、生命の大切さを教えている、上等な黒白の映画を見ているような気のする絵本です。

私の甥と長男と二男は「それぞれ、ものわかりのいい両親に、フェルジナンドのように、すきなようにさせてもらいました」ので、前述のようなことになっています。『はなのすきなうし』をいっしょに読んだおかげです。

『くるまはいくつ』と『てつたくんのじどうしゃ』

子どもの絵本にとって、太陽のような明るさが、もっとものぞましい要素の一つであると、私は、いつも考えています。咲ききそう菜の花畑の明るさ、真夏の真っ白な入道雲、秋晴れの澄みきった青空と真紅のサルビア、そんな明るさが、躍動する子どもたちの生命力を連想させます。苔《こけ》の緑も美しいと思いますが、太陽の光と熱にあてれば、水分が蒸発してみにくく枯れてしまいます。

堀内誠一さんの絵本は、そんな湿り気をふりきって、すみずみまで太陽の光をあてているので、私は大好きです。堀内さんの絵本を見る子どもの心に、陰湿なカビのはえる余地は、まったく生まれません。

それから、堀内さんは、子どもの心と同じように、ゴムまりのように弾む、やわらかな感覚をもっているので、私は、堀内さんの絵本を見るたびに驚かされます。『おおきくなるの』や『たろうのおでかけ』のように、いまの次元を、いまの子どもの感覚でとらえるかと思うと、『七わのからす』のような昔話や『人形の家』の古典の世界へ、するするとはいりこんで、くりくりした目で、その世界を見まわし、いとも自然に、その世界を描ききってみせるのです。かとおもえば『くるまはいくつ』では、じっと見つめ、正確に緻密《ちみつ》にディテイルを捉《とら》え、造形美豊かに表現するのです。

堀内さんは、ストーリーの雰囲気を的確に感じとる鋭敏な感覚をもっています。そして、感じとったものを、それぞれにもっともふさわしい表現方法で描いています。

堀内誠一さんがこの世を去って、新しい絵本が、もう生まれてこないことは、とても残念です。私は、ときどき堀内さんの絵本をとりだして見ることにしています。気持ちが明るくなって、空想できるからです。堀内さんのことを思い出すのは、懐《なつ》かしくなって淋《さび》しいけれど、心が休まります。思い出そうとしなくても、私の心のなかに、堀内さんが、そっと勝手に入ってくるときがあります。そして、どこを見ているのかわからない大きな目玉で、私の心の内を見回すのです。ですから堀内誠一さんのことを、何か書こうと思うと、私は困ります。

今から三十年以上も遡《さかのぼ》りますが、福音館書店の松居直さんに「こんど、堀内誠一さんと一緒に三、四歳むきの、やさしい乗り物絵本を創《つく》ってみませんか」といわれて、アド・センターに連れていかれ、堀内さんに初めてお目にかかりました。堀内さんは、視線が、頭の横を通りすぎるように私の方を見て「どうも。ここが仕事場です」といいました。私は、「はじめまして、ワタナベです」といいながら、「今日は、空が青いな！」と思いました。

その年は、わが家では、一年間に不幸が二度あり、引越しが二度ありました。私は、その間、大学に勤めていました。長男が二歳、二男は生まれたばかりでした。ですから、乗り物絵本を創るための空想の時間は、引越しのトラックの上だけでした。トラックの助手席で二男の光哉をひざの上に抱いて行きかう自動車をながめ、ガソリンスタンドをながめ、丸や四角の引越し荷物をながめながら『くるまはいくつ』のアイデアが生まれました。

この絵本の打ち合わせは、渋谷の小料理屋で行われました。茶の革のベストに、つばのある黒いフェルトの帽子をかぶった堀内さんが、若いきれいな女性といっしょにきました。その女性は、私のアイデア・スクリプトを「とても斬新《ざんしん》でおもしろいわ！」といいました。堀内さんは「うん、おもしろいね、絵をかいてみます」と、宙に視線をただよわせながらいいました。ちなみに、この女性は、西内みなみというコピーライターであることを、私は後で知りました。後に『ぐるんぱのようちえん』そのほかの楽しい物語を創作した西内さんです。

わが家の子育ての記録を読み返してみますと、今は三十も半ばを過ぎて、幼い娘がひとりいる長男が、一歳から二歳にかけてのころ、私たち夫婦が『きつねとねずみ』と『おおきなかぶ』の二冊の絵本をよく読まされた、と書いてあります。

いまでも目を閉じれば、まるでこれらの絵本を手にして見ているように、心のなかに、ページを追ってあざやかに、表情豊かな迫力のある絵がよみがえってきます。それと同時に、耳に心地よくひびくことばが、弾むように聞こえてきて、いつのまにか口ずさんでいるのです。内田莉莎子《りさこ》さんの名訳です。莉莎子さんは、堀内さんの奥さんの路子さんのお姉さんです。

悲しいことに、莉莎子さんも、永遠の国へ旅立たれました。

きつねの
だんなが、
やってきた。
じろ。

じろ。
じろ。
なにか
いいこと
ないかなあ

（『きつねとねずみ』）

まごが　おばあさんを　ひっぱって、
おばあさんが　おじいさんを　ひっぱって、
おじいさんが　かぶを　ひっぱって――
うんとこしょ　どっこいしょ

（『おおきなかぶ』）

そのほか『かにむかし』とか『三びきのやぎのがらがらどん』など、親子で絵本の楽しみを分かち合いながら、それぞれに空想し、それぞれに安らぎをおぼえたものでした。そんなときに、幼いわが子が、戸外でこわれた三輪車の輪や、大工さんのくれた木切れで無心に遊ぶ姿を見ているうちに、いつのまにか『てつたくんのじどうしゃ』が生まれてきたのでした。

てつたくんが　あるいていたらね、くるまが　ころころころって、ころがってきたんだって。
あれあれって　みていたら、ぱたんと　ころんで　とまっちゃった。どこからきたのかな？

幼いわが子に語りかけるように、愛情こめて大学ノートに書きとめ、『母の友』(一九六三年四月号)に発表しました。

それを『くるまはいくつ』に続いて一九六九年に、堀内誠一さんが明るい明るい絵本にしてくださったのです。堀内さんの口からでる言葉は少なかったけれど、心の真ん中からでてくるので、こちらの心の真ん中にとびこんできました。

「こうしてね、小さな子どもを描いていると、いつのまにか、かわいくてたまらなくなってしまう！」

その頃、堀内さんの長女の花子ちゃんが、うちの長男と同じ年ごろでした。大きくなってから、二人は同じ学校に通い、クラスメートになりました。考えてみれば、二冊の絵本は、幸せな父親二人の合作でした。

この絵本のモデルになった長男も、この絵本を読んでもらった二男も、今では、それぞれに幼い娘のいる父親です。

つぎの文章は、いま大学生の三男が『てつたくんのじどうしゃ』に接した頃の記録です。

光太が初めてこの絵本に接したのは、零歳から一歳にかけてのことでしたが、そのときは、与えた時期が早すぎたのか、「てつたくん」が「じどうしゃ」にのっている一場面のほかは、それほど興味を示しませんでした。二歳になり、行動力や体験がふえはじめると夢中になりました。

二歳から三歳にかけての成長の時期に、光太をいちばん夢中にさせたのは、「物語」でした。彼にとっての「物語」とは、自分の言葉で、できごとを語ることでした。折にふれ、私たちに向かって、一生懸命語ろうとする彼の物語は、体験したことであれ、作り話であれ、必ず彼の「目に見えるできごと」でした。つまり、心の外であれ内であれ、目に映る情景を知っているかぎりの言葉で語ろうとしました。

彼の語る物語は、私の内に、幼児に向けて物語を語る感覚を、もう一度よみがえらせてくれました。その感覚は、ふしぎなことに、長男の鉄太が二歳のとき、彼に向かって『てつたくんの

じどうしゃ』を書いたときの感覚でした。三男の光太に向かって読んでやっている私は、目の前にいるのが、幼い長男の鉄太のような錯覚をもつことさえありました。三歳後半、『てつたくんのじどうしゃ』が大好きになった光太は、読んでもらうたびに、ダンボール箱で「じどうしゃ」をつくり「だっだっだっだっだ」と走らせたものです。

字のない絵本『あかい ふうせん』

おおむかし、私たち人類の祖先は、言葉も、満足にしゃべらず、もちろん、文字など使っていませんでした。彼らは、洞穴のかべに絵を描きました。はじめは、狩りがうまくいくようにと、神様におねがいするために、野牛とか鹿《しか》とか熊《くま》など、野獣だけの絵を描きました。この絵を初めて見た後世の人間は、野獣の力強いさまに感心しましたが、何のために一匹ずつの動物が描かれていたのか、その意味はわかりませんでした。そのつぎに、野獣と向かい合って斧《おの》や弓矢をかまえている人間も、絵のなかにはいりました。この洞穴画を見た後世の人間は、すぐに、それが狩りの絵だとわかりました。絵が、それを見る人に、情況を知らせ、何かを語っていたからです。人類が幼かった時のできご

とです。

字のない絵本は、まず、絵になるアイデアがなければ生まれません。つぎに、そのアイデアの展開、つまり構成が大切です。形と色と表情で、何かが始まることをにおわせ、そして、つづくページを開くと、前のページとつながりながら、前のページとはちがう新しいできごとが展開し、その連続が、流れとリズムをもって、クライマックスに読者を導いていかなければなりません。途中で、流れが切れてしまったり、意味のわからない場面があったりすると、そこに、それを説明する言葉がないだけに、読者は、ついていけません。その逆に、全体の構成が、あまりにも陳腐で、わかりきった子どもだましであれば、読者は、くりかえし見ようとはしません。

イタリアのグラフィック・アーティスト、イエラ・マリの『あかい ふうせん』は、夢を見ているのかと思うほど、美しく、魅力にみちた絵本です。私は、初めてこの絵本を手にしたとき、胸がおどりました。

緑の空に、真っ赤な風船がとんでいる。表紙を開くと、純白の紙面に、流れるようなペンの線が描きだす男の子の顔がアップになって、小さな真っ赤な風船をふくらませている。

つぎのページをめくると、見開きいっぱいに、真っ赤な風船がふくらみ、「あっ！」

風船は、空に舞い、風に流され、木の枝に触れそうになると、いつのまにかリンゴに変わり、リンゴになったと思ったら、枝から落ち、地面に触れそうになって、真っ赤なチョウに、チョウは、野の花のあいだで、大輪の花に変わる、大輪の花にそっとのびた手が、手折った花を空にかかげると、……

変幻自在、イメージの変化は、ゆっくり流れるようにつづきます。美しいメタモルフォセス(変身譜)です！　十五場面三十六ページに、色と形で、あざやかに展開された言葉のない詩です。幼い感性が空に舞います。

『あかい ふうせん』につづく『りんごとちょう』、そして『木のうた』は、同じ喜びを与えてくれます。イエラ・マリの絵本は、いつ、くりかえし見ても、息をのむほど新鮮で、ため息のでるほど、センスのいい、心のはずむ傑作です。

幼い子どもたちが、〝自分ひとり〟でも、字が読めなくても、読める本があります。字のない絵本です。一つの物語を、文字なしで、絵だけが語る絵本です。すぐれた「字のない絵本」に出会った子どもは、絵を見ながら、想像し、言葉を発し、〝自分で本を読む〟ことを、心ゆくまでたのしみます。文字があっても、幼い子どもは、絵で物語を読むのです。

このように自分の言葉で物語をたのしむことで、生涯つづく読書のたのしみが始まっているのです。しかも、現代のコミュニケーションに絶対必要な、絵、イメージを読む能力が、その瞬間から、育ち始めているのです。私は、絵が読めないので、絵本がうまく読めないおとなを、おおぜい知っています。

絵本を自分で読める、という自信は、その子の精神的成長の大切なステップとなります。

モンゴルの『スーホの白い馬』

いつごろからでしょうか、子ども時代のある時期から、多分、文字や言葉に興味を持ち始めた小学校低学年の頃からだと思いますが、「地平線」とか「水平線」という言葉を聞くと、胸が躍るようになりました。幼年時代に海辺にいくたびに眺めた駿河《するが》湾《わん》の水平線、小学校六年生の時に、富士山の頂上から眺めた地平線は、その彼方《かなた》に広がる見えない世界に、私の空想を限りなくいざないました。

その時代にまかれた空想の種は、長ずるに従って私のなかで芽をふき、これまでの人生で、現実に、いくつかの遠い旅に育ちました。コロラドの山頂から眺めた、北米大陸

の地平線に沈む夕陽。ブルー・マウンテンの峰の一つから見渡した、山の連なりの彼方にかすむオーストラリア大陸の地平線。アンデスの秘峰マチュピチュの遺跡から見下ろした、果てしなく広がるアマゾンの緑。どこまでも続く万里の長城の行く手の消えるその先に、視野を超えて広がる中国大陸の地平線。

フロリダの海の無数の珊瑚礁《さんごしょう》を結ぶ一本の白い橋の上を、ひたむきに車を走らせたときは、行く手の紺碧《こんぺき》の海と真っ青な空を区切る水平線の彼方に車が吸い込まれていくような気がしました。かつて、ヘミングウェーの暮らしたキイ・ウェストを訪れた時のことでした。セント・キルダの岩がちの渚《なぎさ》では、水平線の遥《はる》か彼方の南極を想像し、子ども時代に、遠州灘《えんしゅうなだ》の水平線の「ずうっと向こうにアメリカがあるんだ！」と想像したことを思い出しました。

私は、モンゴルを訪れたことはありません。けれども、子どもたちが幼かったときに、くりかえしくりかえし、いっしょに読んだ一冊の絵本で、モンゴルの広大な地平線の印象を心ゆくまで味わい、人びとの暮しの厳しさを感じました。子どもたちの心に、忘れることのできない感動を残した絵本です。モンゴルに伝承されている民族楽器の馬頭琴にまつわる伝説を、大塚勇三さんが力強い日本語で再話し、赤羽末吉さんが雄渾《ゆうこん》な絵筆で劇的な物語を描ききった傑作『スーホの白い馬』です。

縦二十三センチ、横三十一センチの横型の大型絵本は、食卓であれ、テーブルであれ、畳の上であれ、そこに置くだけで、私たちに迫ってくる迫力があります。絵本の鑑賞の仕方でもあるのですが、おもて表紙、裏表紙を一枚の絵としてつながるように広げて見渡すと、濃い緑を秘めた紫の天空と赤みがかった黄土の大地を端から端まで地平線がよこぎり、右半分の天地を背に、緋色《ひいろ》の民族衣装のたくましい少年が、白い子馬を両腕に抱いて、仁王立ちに立っています。主人公スーホの辺りを圧する登場です。

大地の広がりを連想させる無地の黄土の見開きをめくると、薄く黄ばむ白の表題紙の中央に、淡い茶色の筆で、馬頭琴が弓をそえて静謐《せいひつ》に描かれ、物語の由来をほのめかしています。劇的な物語の展開を予感させる、力強くあって静かな幕開けです。

この絵本は、全場面見開き六十センチの大型画面で、壮大な物語が展開します。静かにページを繰ると、モンゴルの天地を紹介する雄大な最初の場面で、思わず息をのみます。羊や馬の点在する黄土の大地をおおう灰色の空に、巨大な白雲の群れがたなびき、灰色の空と白雲を背に、地平線の端から端まで、天と地の空間をひとまたぎするように、二重の虹《にじ》が橋をかけているのです。まさに圧巻です。この絵本の読者の心に、永久に消えることのないイメージを残します。私は、天城の山を下りながら、大島から伊豆高原に橋をかけた虹を見たことがあります。薄れゆく霧の中から中空に現われた優しい虹でした。

ページを繰ると、黄土の大地と、その果てに広がる薄黄の空を背に、物語は静かに始まります。

むかし、モンゴルの草原に、スーホという、まずしいひつじかいの少年がいました。

小さなパオと、その外で働くおばあさんを残して、白い羊の群れを追う馬上のスーホが描かれています。見開きのページを無限につづく地平線が、人と動物を、何と小さく感じさせるのでしょう。

人びとにほめそやされるスーホの美しい歌声がとだえ、草原が赤紫の薄闇《うすやみ》につつまれ、村人たちの姿が、黒い影に変わっても、スーホはもどりません。ひつじかいたちの気分が暗くなりかけたとき、スーホの黒い影が、白い子馬をかかえ、黒い影の馬をひいてもどってきます。簡潔な文章が、物語の進行を語るのですが、この物語の心象を、赤羽さんの絵が、このように劇的な彩《いろど》りで、次つぎと読者の目の前に展開して見せるのです。

スーホは、白い子馬を心をこめて育てます。子馬は、雪のように白く、きりっとひきしまった駿馬《しゅんめ》に育ち、闇夜に羊の群れを襲う狼《おおかみ》を追い払います。赤羽さんの描く、闇夜の草原で戦う、白馬と赤い口に歯をむきだした黒い狼の姿は、壮絶です。

月日がたち、ある年の春、この地方を治める殿様が、競馬をもよおし、勝ったものを、娘と結婚させるという知らせが伝わります。スーホは、白馬にまたがり、競馬の行われる町へむかいます。

萌黄《もえぎ》の草原に張られた、殿様の壮大なパオのまわりに、国じゅうから、たくましい若者たちが、たくましい馬にのって集まりました。

競馬は始まり、若者たちの血がたぎる興奮を象徴するように、赤くにじむ空間を、黒、赤毛の馬にのった若者たちにまじり、赤い上衣のスーホのまたがる白馬が走ります。次ページでは、地平線のよこぎる黄土の大草原を、スーホの白い馬が、ほかの馬をはるか後方にひきはなして、疾走しています。

競馬に勝ったスーホの喜びと、殿様の娘との結婚という褒美《ほうび》を、大手を広げて拒むのは、他ならぬ悪者の殿様でした。それればかりか、白馬をとりあげようと、家来たちに命じてスーホを叩《たた》きのめすのです。そこから、友だちに助けられ家に帰るスーホに黒雲の迫る大地と、傷心の闇夜の場面がつづきます。

一方、白馬をまんまとせしめた殿様は、得意満面、お客や家来たちの前で、白馬にのってみせようとするのですが、白馬は、はねあがって殿様を、はげしく落馬させ逃げだします。けれども白馬は、追っ手の家来たちに、弓で射られ、たくさんの矢を体にうけたまま、スーホのもとにたどりつき、息絶えるのです。嘆き悲しむスーホの夢にあらわれた白馬が、その骨や筋や毛で楽器を作れ、というのです。静かで幻想的な数場面が続き、草原のたそがれでフィナーレとなります。スーホは、楽器を弾くたびに、白馬とすごした楽しい日々を思い出し、心がいやされていくのでした。こうして生まれた馬頭琴は、モンゴルじゅうにひろまり、その美しい音色は、人びとの日々の疲れをいやしているのです。

絵本『スーホの白い馬』は、その音色を読者の心にとどけようと描いた赤羽さんの渾身の名作です。

赤羽末吉さんの思い出

一九一〇年生まれの赤羽末吉さんは、二十二歳で旧満州に渡り、十五年間をそこで過ごしました。『スーホの白い馬』には、赤羽さんが、五感で触れ、肉眼で見たモンゴルの暮しと自然が描かれていました。赤羽さんは、「大きな天地は、カメラでは写せないんだ。自分の目で、しっかり見ることだ」と、口癖のようにおっしゃっていました。

絵本画家としては一九六一年の『かさじぞう』が初めてのお仕事ですから、遅いスタートでしたが、八十歳で亡《な》くなるまで、たいそう精力的に制作に取り組まれ、数々の優れた作品を残されました。日本画の領域で、多様な画風を駆使し、『かさじぞう』で水墨画風、『だいくとおにろく』で大和絵風、『ももたろう』で大津絵風などの名作をもの

し、国際的にも高く評価され、アンデルセン賞を受賞されました。

「おれは富岡鉄斎に負けないような仕事をするんだ！」と、赤羽末吉さんは、生前、いつもおっしゃっていました。古武士の風格と気迫を体にみなぎらせ、江戸っ子の洒脱《しゃだつ》さをまきちらし、そこにいらっしゃるだけで、私に日本を感じさせました。赤羽さんの絵本が、もう生まれてこないと思うと残念です。戦後の日本の絵本を国際的なレベルに高めた絵本画家の大事な一人でした。

私は、三十代の頃から、赤羽さんにどれほどたくさんのことを教えていただいたかわかりません。『かさじぞう』のお仕事の後で、私の『へそもち』の絵を描いてくださることになり、その打ち合わせの折に、初めて新宿の呑《の》み屋で二人だけで一杯やったことがありました。「海鼠《なまこ》を食ったことがない？　こんなにうまくて消化のいいものをきみは知らんのか？」といわれました。もちろんその後は「このわた」でした。私にとって、冬の夜の熱燗《あつかん》と酒のさかなのたのしみは、府中のお宅での「あんこう鍋《なべ》」をふくめて、赤羽さんのおかげで一生のものとなりました。美しく優しい奥様と赤羽さんを前にして、男らしい男と女らしい女がいっしょになると、このように素晴らしい夫婦になるのかと思いました。それから二十年以上たってから、鎌倉のお宅に外国からのお客さんをお連れしたときにも、同じことを思いました。

一九八一年秋、ヨーロッパ最古の大学であるプラハのカレル大学の講堂で行なわれたアンデルセン賞贈賞式での赤羽さんの姿が、いまでも目に浮かび、その声が耳に聞こえます。私は、その時の興奮と感激を次のように書きました。「美しい日本語での真摯《しんし》な受賞の言葉は、力強く朗々とひびき、会場を埋めた参列者の心にこだまし、日本から参加した私たちの胸を誇りで高鳴らせました」。

江戸っ子で気の短い赤羽さんは、飛行機がアンカレジを離陸した直後から、経由地のコペンハーゲンで降りる支度をはじめていました。あるとき、ごいっしょした新幹線の旅で、私だけが小田原で途中下車の予定でした。「ほら駅だよ！」と赤羽さんに声をかけられ、私は、ひと駅前の熱海でとびおりてしまったことがありました。

何度もごいっしょさせていただいた講演会やセミナーの宿で、二人だけの折に、平常ではうかがえないような貴重な人生の節目のお話をうかがうこともありました。戦後の混乱期に岩波書店に職を求めて断られたことなどは、秘話の一つかもしれません。旅の宿での赤羽さんの何気ない立ち居振る舞いからさえ、私は、多くのことを学びました。私が独り旅に発《た》つときに、できるかぎり新しい下着を身に着け、新しい着替えを準備するようになったのは、旅の心構えを赤羽さんに見習ったからでした。

赤羽さんの絵本を眺めていると、こんなことがとめどなく思い出されます。

へそもち
渡辺茂男さく
赤羽末吉え
〈こどものとも〉傑作集

「むらのしゅう、
もちつきじゃ　もちつきじゃ！」
ぺったら　どっすん
ぺったら　どっすん
もちつきが、はじまりました。
おしょうさんは、　できあがった　もちで、
へそもちを　やまのように　つくりました。

『まりーちゃんとひつじ』の母と子

幼いお子さんに絵本を読んであげる最高の場所は、おかあさんのひざの上です。おかあさんのひざは、幼い子どもにとって、世界で最高のいすです。神さまが作ってくださったいすかもしれません。

やわらかくて、弾力があって、ゆったりもたれかかれば、頭のうしろが、おかあさんのゆたかな胸のなか。背中は、おかあさんのおなかのあたたかさで、ほかほか。子どもにとって、こんなに安全で、すわりごこちがよくて平和ないすが、ほかにあるでしょうか。

『まりーちゃんとひつじ』は、おかあさんのひざの上で読んであげるのに、最高の絵

本です。お子さんをひざにのせ、うしろからそっとだきしめ、その小さなひざの上でこの絵本をひろげ、お子さんの肩ごしに読んであげるのです。おとうさんが、カメラで、この一瞬を撮影したら、幸せな思い出の記念になるでしょう。成人してから子どもにとって、宝のような写真になるかもしれません。

私は、大事な一枚の複写された写真を見るたびに、羨望《せんぼう》と嫉妬《しっと》の念にかられます。私のなかに生きつづけている「子ども」の私が、うらやみ、やきもちをやくのです。写真では、若く男らしい父と、優しく美しい母が、両側から手をそえる、りっぱなトウ作りの乳母車に幼女の姉が乗り、母の背に赤んぼの兄が背負われています。大正の末に撮影された写真ですが、和服姿の美男美女の若夫婦とかわいい子どもたちの一葉は、幸福を絵にかいたような写真です。

そのなかに私がはいっていないのが悔しいのです。私は生まれていなかったから当然なのですが、私をうらやましがらせ、やきもちをやかせる、もうひとつの理由は、幸せだった赤ちゃん時代の私の写真がないからです。戦前の大火災と戦時中の空襲で生家が二度焼けてしまったので、幼いときの写真がないのです。それからもうひとつ、母が、私の幼いときに亡くなったので、姉や兄がもっている肌で感ずる母の優しい思い出がないのです。

絵本を手にして母子がすわったところが、緑の草の上だったら、ゆめのように最高ですけれど、そうでなくても「まりーちゃん」が、そこへ、あなたがたをつれて行ってくれます。「まりーちゃん」の住んでいるのは、美しい南フランスの、プロヴァンス地方の牧場かもしれません。

まりーちゃんが
きの　したに　すわってます。
まりーちゃんは
ひつじの　ぱたぽんに　いいました。
「ぱたぽん、おまえは　いつか
こどもを　一ぴき　うむでしょう。
そしたら　わたしたち、その　毛を　うって、
すきなものが　なんでも　かえるわね、
ぱたぽん。」

ぱたぽんは　こたえます。

1
ぱたぽんは　こたえます。
ええ、こどもが　一ぴき　できるでしょう。
そしたら　わたしたち、
みどりの　はらっぱに　すむでしょう。
はらっぱには、ひなぎくの　はなが　きれい　きれい。
おひさまが　いちんち　きらきら。
わたしたち、ふわふわの　毛を　たくさん　つくって
あげますよ、まりーちゃん。

「ええ、こどもが　一ぴき　できるでしょう。
そしたら　わたしたち、
みどりの　はらっぱに　すむでしょう。
はらっぱには、ひなぎくの　はなが　きれい　きれい、
おひさまが　いちんち　きらきら。
わたしたち、ふわふわの　毛を　たくさん　つくって
あげますよ、まりーちゃん。」

やさしいひびきの、リズミカルな言葉で、まりーちゃんとぱたぽんの会話がはずみます。

まりーちゃんは、ぱたぽんが、子どもを二ひき生んだら、その毛で、あたらしいくつが買えるわね、といいます。三びき生んだら、青い花のついた　赤いぼうし。四ひき生んだら、メリーゴーラウンドにのれるかもしれない。五ひき生んだら、お人形と、おもちゃと、風船が……六ぴき生んだら……七ひき生んだらと、ページを開くたびに、まりーちゃんのゆめは、ひろがります。

クリスマスツリーの下にならべられる極彩色の粘土人形のような、あどけない絵に託して、まりーちゃんのゆめが描かれています。でも　ぱたぽんは、いつでも、こうこた

えます。

「でも、わたしたち、
みどりの　はらっぱに　すむでしょう。
はらっぱには、ひなぎくの　はなが　きれい　きれい、
おひさまが　いちんち　きらきら。」

ですから、ぱたぽんは、こひつじが　なんびき生まれても、なんにも　いらないんですって。みどりの野であそぶ　こひつじの数がページをめくるたびに、一ぴきずつふえていきます。さあ、それから　どうなったのでしょう。

ぱたぽんは、たった一ぴきの　こひつじしか生みませんでした。

まりーちゃんは、くつしたをあむのに、ちょうどいいくらいの、けいとしかとれませんでした。でもね、まりーちゃんはとっても　うれしそうにしていました。……ぱたぽんは、たった一ぴきの　こひつじを　とっても　かわいがっていたのですから。

このクライマックスは、この絵本を読んだ母子が、愛情につつまれて、幸せを感ずる

最高のひとときです。わが家では、ぼろぼろになっても捨てられない絵本の一冊です。

この小さな絵本では、このあとに、まりーちゃんとぱたぽんが、いなくなったアヒルの「までろん」をさがしにいく「まりーちゃんのはる」というお話がつづきます。そして木ぐつのないぱたぽんが、サンタクロースから、どうしてプレゼントをもらったかという、『まりーちゃんのくりすます』という、別の一冊があります。

フランソワーズの絵本は、おかあさんのひざの上に、プロヴァンスの春をよびこむような、牧歌的なあたたかさにあふれています。

第6章　私と絵本の出会い

児童図書館員になるまで

昭和二十四年(一九四九年)から二十六年(一九五一年)にかけてのことでした。風光明媚《めいび》、気候温暖な風土に育った故《ゆえ》か、いまでもそうですが、私の内には後生楽が、巣食っているに違いありません。戦災と飢餓と失意の後なのに、目標もないまま、割合気楽に静岡の明るい空の下でぼけっとしていました。

当時は米軍の占領下だったので、国内の県庁所在地の何か所かに、GHQ直属のCivil Information and Education Information Library(民間情報教育局図書館)が開設され、社会教育の側面から、アメリカの文化を紹介するために、日本の社会に向けて、一般公開されていました。この図書館は、占領政策の一環とはいえ、戦後の日本の公共図書館活動や出版に大きな影響を与えました。日本の民主化について、アメリカのもっていたヴィジョンだったろうと思います。

私は、この図書館のスタッフだった知人の勧めで、館長の教える英会話クラスに参加しました。日系二世の館長は、見たところ百パーセント日本人の女性なのに、日本語が一言もできないので、私は、たいそう驚きました。アメリカのことなど何も知らない素朴な若者だったのです。参加者は、中学生から大人までいて、みんな英語を食べてしまうのかと思われるほど熱心でした。このクラスにダークダックスの高見澤宏《ひろむ》さんがいて、まだ童顔の中学生でした。いっしょに館長の宿舎に遊びにいったりしました。高見澤さんとは、後年、三田のキャンパスで再会しました。

昭和二十五年（一九五〇年）一月一日付けで、私は静岡教育委員会の嘱託として、月手当四千五十円でそのＣＩＥ図書館のスタッフとなりました。図書館は市の公会堂の四階から、城内の堀に面した旧武徳殿に移転し、後に日米文化センターと改称されることになります。

当時の日本では珍しかった開架式のＣＩＥ図書館の利用者は、医者、新聞記者、教員、ファッション関係者が主で、ファッション雑誌、専門ジャーナル、小説がよく読まれました。

映画会、フォークダンス、レコードコンサートには、若い人たちが集まりました。

小さな児童室には、百冊ほどの絵本がありました。美しく迫力のあるイラストの絵本を、私は自分もたのしみながら、日本語に訳して小学生や中学生に読んでやりました。この時、私は生まれて初めて、アメリカの絵本に接したのでした。子どもたちに読んでやった絵本のなかに、ワンダ・ガアグの『一〇〇まんびきのねこ』、バージニア・リー・バートンの『いたずらきかんしゃちゅうちゅう』、マリー・ホール・エッツの『もりのなか』や、その後不幸な目にあう『ちびくろさんぼ』や『シナの五にんきょうだい』などがありました。そのとき私は、これらの絵本を、慶應義塾大学で、そしてアメリカの大学で、ニューヨーク公共図書館で、くりかえしくりかえし手にすることになるとは、まったく予想もしていませんでした。

昭和二十六年（一九五一年）春、思いがけない幸運が私を訪れました。アメリカの教育援助の一つとして慶應義塾大学に日本図書館学校（現在、博士課程まである図書館情報学科）が開設され、私は奨学生に選ばれ、第一期生として入学することになりました。

一九五一年、現在の慶應義塾大学の文学部図書館情報学科は、Japan Library School としてスタートし、その授業は、和漢書や古文書などの特別の講義以外、六人のアメリカ人の教授により、百パーセント、アメリカの大学と同じ方式で行われました。ようやく最近になって日本でも、syllabus（講義概要、細目）、reading assignment（必読文献）、reference books（参考文献）などが大学の講義で準備されるようになりましたが、当時は稀《まれ》でした。課目ごとに、学期の授業の始めに syllabus が配布され、主題ごとに reference books がプリントして配られ、単元ごとに reading assignment が課せられ、レポートを提出させられました。必読文献に指定された図書は、図書館の所定の場所に別置され、制限時間つきで利用できるようになっていました。このように周到に準備された授業に慣れていなかった私たち学生は、ノルマを課せられるような厳しさを感じました。課目ごとに次週までに、何種類もの文献を数十頁《ページ》英語で読み、レポートを書くのは容易な宿題ではありませんでした。数か月で体調をこわしたり、神経衰弱になる学生もでました。英語力が十分でない学生は、レポートを日本語で提出することを許され、学科教員室に常勤する翻訳スタッフが、これらのレポートを英語に翻訳しました。私は、英語の力をつけようと間違いだらけの英語でがんばりました。先生方が、よく我慢してくださったものです。あるいは、日本式英語をたのしまれたのかもしれません。

講義は通訳つきで行われました。もちろん質問も、それに対する応答も、通訳つきでした。同じことを英語と日本語で二度話すのですから倍以上の時間がかかり、先生方は、予定の講義概要をこなすのに苦労なさったにちがいありません。遅れをとりもどすために、補講もしばしば行われました。

先生方も学生も、このような授業は初めての体験だったので、慣れるのにしばらく時間がかかりました。通訳がおぼえきれないほど長いパラグラフを一気にしゃべってしまう先生もいれば、センテンスごとに区切る几帳面《きちょうめん》な先生もいて、通訳すると日本語で意味をなさなかったりのこともありました。通訳も、名通訳と迷通訳の両方がいました。授業前に打ち合せはあっても、図書館学の専門知識のない通訳の場合には、ひどい誤訳をして英語に強い学生に注意されることもありました。

先生も学生も慣れてくると、通訳がしゃべっている間に、よそ見をする先生もいれば、どうせアメリカ人の英語はわからないからと、英語の間はいねむりをする、したたかな学生もでてきました。学期の初めの頃は、先生が英語で冗談をいうと、英語に強いほんの数人の学生がわらうだけだったのに、学期の終りには耳が英語に慣れ、大勢が声をたててわらうようになり、下手な通訳に白けたりしました。

『マルベリーどおりのふしぎなできごと』『ぞうのホートンたまごをかえす』などの超ナンセンス絵本の作者で、後年はテレビの優れた子ども番組「セサミストリート」のクリエイターとして全米で人気の高かったドクター・スースが、ライフ誌の特派記者として、子どもの生活を取材に来日したことがありました。「ストーリーテリングと児童文学」の講座の担当だったハナ・ハント先生の授業にきて、ご自分の創作体験を話されました。たいそう静かな、そして神経質とも思えるほど生真面目《きまじめ》な方で、にこりともしないで、ナンセンス絵本の生まれてくる情況についておしゃべりしてくださいました。私は通訳の日本語は聞かないことにして、耳を「皿」のようにしてドクター・スースの英語を聞きました。もちろん、その私が、それから二十年後に、ドクター・スースの絵本を十冊も、日本語に翻訳することになろうとは、お釈迦《しゃか》さまもご存じなかったにちがいありません。

Japan Library School の児童図書コレクション

創設当時、学科図書室は、赤煉瓦《れんが》の旧図書館を入ってすぐ左側の部屋の一部があてられ、その中二階の一隅に児童図書が置かれていました。

創設時のコレクションの内容は、児童図書館員、司書教諭を目指す学生のための選択科目として設けられていた「学校図書館」「公共図書館児童奉仕」「児童文学とストーリーテリング」の教材として準備されたもので、アメリカの図書館学校(修士課程)の同種コレクションを規準として、初代の担当教授ハナ・ハント女史を中心に選択収集され、開講と同時に利用できるように準備されていました。

コレクションの範疇《はんちゅう》には、大きく分けて三つありました。(1)幼児からヤングアダルトを対象とした児童図書のモデル。学生に児童図書の基礎知識を学ばせるための集書で、絵本、幼年童話、伝承文学、小説、ノンフィクション、知識の本のジャンルを網羅し、古典から現代に至る傑出した価値を備えた作品群。(2)選択、批評の実習に利用するため、(1)のベストの作品以外に、ephemeral な(一時的価値しか持たない)子どもの本。(3)ストーリーテリングの話材として役立つ昔話、神話、伝説などのコレクション。以上の三つでした。

開講当時は、当然のことながら、アメリカの Library School をモデルとした学科創設の事情から、(1)の児童図書のモデルは、若干の定評あるイギリス版を加えて、アメリカで出版されたものを中心とし、その中に、ドイツ、フランス、北欧などの古典の英訳が含まれていました。これらの作品は、イギリス、アメリカの児童文学の黄金時代を色濃く映す象徴的なもので二十世紀初頭から一九五〇年(図書館学科創設が一九五一年)に至る時期をカバーしていました。現在まで保存されている蔵書のなかに、アメリカやイギリスの図書館で、Rare Books(稀覯《きこう》書)として扱われている初版本や絶版の受賞図書などが数多く含まれています。

その頃日本では、ほとんど知られていなかった名作の数々に触れることのできた学生は幸せでした。私などは子ども時代に夢中になって読んだ『ハックルベリー・フィンの冒険』『宝島』などの原書を初めて手にして興奮しました。

児童文学に関心のない学生には、「猫に小判」であったかもしれません。アメリカで読みつがれ、増刷を重ねた図書館用の特装版で、一九三〇年代以降一九五〇年までに出版された図書は、初版で集書されていました。アメリカで年間の最優秀作品に与えられるニューベリー賞(小説)、コールデコット賞(絵本)の受賞作は、初版が複数コピーで備えられていました。

この初期コレクションの中に、絵本では、例えば、ランドルフ・コールデコットや、ジョン・ニューベリーの代表作はもとより、レスリー・ブルック『リング・オ・ローゼス』(一九二二年)、C・B・フォールス『ABCブック』(一九二三年)、ワンダ・ガアグ

『一〇〇まんびきのねこ』(一九二八年)、マージョリー・フラック『あひるのピンのぼうけん』(一九三九年)をはじめとし、『かもさん　おとおり』『ちびくろさんぼ』『シナの五にんきょうだい』『もりのなか』の原書や、ドクター・スースの講義のあとで頂いたサイン入り本など、後年日本語訳で出版され、日本の幼い子どもたちの愛読書となる名作が、数多く含まれていました。

文学では『トム・ソーヤーの冒険』『若草物語』などの原作はもちろん、ウィル・ジェームズ『スモーキー』(一九二六年)、ジェームズ・フェニモア・クーパー作、N・C・ワイエス絵『鹿殺《しか》し』(一九二九年)、エリザベス・コーツワース『天国へ行った猫』(一九三〇年)など幻の名作といわれる作品をはじめ、後年、やはり翻訳を通じて日本の読者に愛読され、大きな刺激を与えた名著の数々が含まれていました。

アメリカの「子どもの本」黄金時代は、一般に一九三〇年から一九六〇年代初頭までといわれますが、上記の書名は、この時代の先駆となったものの若干例を挙げたにすぎません。そして、これらに続いて世に出た同時代を象徴する名著が、初期の児童図書コレクションの中核をなしていました。

コレクションに含まれる、当時の日本の子どもの本は、一部の篤志家《とくしか》の寄贈によるもので、特に見るべきものは少なく、戦後の一時期、非常に貧しい状況下で出版された粗末な造本の古典の再版、翻案本などでした。ただ一つ歴史的価値があるものは、占領下、

GHQの指導下で、若干のアメリカの絵本や童話が翻訳され、現在では存在しない、殆《ほとん》ど無名に近い出版社から出版されましたが、それらの例が、数点保存されています。戦後のわが国における児童図書出版の事始めかもしれません。このなかに、後年、訳者、出版社とも更新され、現在まで読みつがれる作品となったものも数点あります。

児童図書コレクションの継承と発展

開講時のコレクションは、その後六年間、ハナ・ハント教授、ジョージア・シーロフ教授、メーベル・ターナー教授により、教材としての充実発展が継承され、核となる優れた作品は、アメリカの書評メディアを参考として、購入が続けられて充実し、一時的な価値しかない図書は、寄贈や破棄により、必要一定数のものだけが教材用として流動的に配架されていました。この時点までは、基本的なコレクションとなっていった作品の日本語訳は、アメリカの教員には、翻訳のレベルを判断する根拠がなかったので、積極的には、コレクションに加えられていませんでした。

一九五七年に、アメリカ留学を終えた私が、児童に関連する諸科目を専任で担当することになり、児童図書コレクションの選択の責任を与えられました。ケース・ウェスタン・リザーヴ大学の修士課程で、児童図書館と児童文学を重点的に研究したばかりでなく、ニューヨーク公共図書館で専任の児童図書館員として、サービスと図書選択を二年間にわたり実際に経験したことが大きな助けとなりました。

私は、これまでの選択基準に従い、前記三つの範疇のコレクションを維持継続すると同時に、古典、創作を問わず、日本の作家によるすぐれた作品の例、既存の原書の信頼できる訳書を、購入または積極的な寄贈依頼により収集につとめました。また外国の関係機関、出版関係者とも交流につとめ、ミュンヘンの国際児童図書館、国際児童図書評議会、フランス国立児童図書館などを通じ、ドイツ、フランスの受賞図書、アンデルセン賞関連作品などもコレクションの一部に加えました。

一九五〇年代後半から一九七〇年代後半にかけ、欧米では、すぐれた児童文学作家が輩出し、それらの代表作をコレクションに収めることで、コレクションのレベルが維持されました。特に英語圏のコールデコット賞(絵本、アメリカ)、ニューベリー賞(文学、アメリカ)、グリーナウェイ賞(絵本、イギリス)、カーネギー賞(文学、イギリス)の受賞作、候補作、日本語初訳などの収集につとめました。また、同年代に国内の児童図書出版が質量共に発展してきたので、コレクションの中の日本語部分を補強することができました。

コレクションの蔵書印を点検してみると、数種類の蔵書印のあることに気づきます。これは、学科自体の名称の推移が、そこに示されていると同時に、コレクションの中に数種類の寄贈書が含まれていることを示しています。

蔵書印の変遷《へんせん》は、Property of KEIO GIJUKU LIBRARY: JAPAN LIBRARY SCHOOL COLLECTION に始まり慶應義塾大学文学部図書館学科図書室・慶應義塾図書館となっています。SCAP・CIE INFORMATION CENTER, TOKYO AMERICAN CULTURAL CENTER と東京アメリカ文化センターの蔵書印の押されたものもあります。後者は、センターから廃棄されたものを実習用に受け入れたのですが、今では、手に入らない貴重な作品も含まれています。

その他シーロフ教授の勤務先のウェスト・シアトル・ハイスクールよりの寄贈書、近年閉館されたオレゴン州立図書館からの寄贈書などもあります。

特筆すべきは、リッチ記念蔵書です。清岡暎一先生のご友人だったリッチ夫妻の戦死したご子息の子ども時代の愛読書を、そっくり寄贈されたもので、一九五三年十一月五日に、図書館記念室で、盛大な寄贈式が行われました。リッチ家の家庭教育が偲《しの》ばれるコレクションで、珍しい古典やエリザベス・コーツワースの作品が、数多く含まれています。ご家族は作者と親交があったのでしょうか。

児童図書コレクションの果した役割

このコレクションは、専門的な見識をもった関係者によって選択された今世紀前半のアメリカ及びイギリスの「子どもの本」のエッセンスといえます。

このコレクションは、講義を通じ、またコレクション自体の利用により、国内の学校図書館、児童図書館などの蔵書構成の規範になりました。

また国内の作家、翻訳家また編集者が授業を聴講し、新しい子どもの本の出版に関して具体的にアメリカ人教授の指導助言をうけるなど、戦後の日本の子どもの本の出版に大きな影響を与えました。石井桃子さんも、熱心な研究者のお一人でした。そして、卒業生のなかからすぐれた児童図書館員、司書教諭ばかりでなく、「子どもの本」の作家、翻訳家、研究者が育ち、このコレクションは、それぞれの立場で、そして、いろいろな意味で生き続けています。

アメリカの絵本の黄金時代に

かいま見たイエラ・レップマン

記録がないので正確な日時はわかりませんが、一九五五年の秋の終りか冬の始まりのある日のことだったと思います。

私は、ニューヨーク市のスタットン島からマンハッタンに向かうフェリーボートの船室で、ホットドッグの匂《にお》いの染《し》みついた頑丈な木造のベンチにすわっていました。外のデッキに出たかったのですが風が冷たすぎました。マンハッタンの南端にあるバッテリー・パークとスタットン島のセント・ジョージの間を片道二十五分かけて往復するカーフェリーは、乗船券がたったの五セントでしたが、自由の女神像をゆっくり眺めることができました。

そのころ私は、ケース・ウェスタン・リザーヴ大学の図書館学修士課程を終え、ニューヨーク公共図書館に児童図書館員として採用され、最初に勤務したのが、スタットン島にあるセント・ジョージ分館でした。児童室の窓から、ニューヨーク港に出入りする豪華船のクイーン・メリー号やロッテルダム号が見えました。

西陽の射《さ》す時刻にフェリーボートに乗り、マンハッタンにむかっていたのは、本館の中央児童室で夕刻から行なわれる講演会に、新入職員の研修プログラムの一部として出席するためでした。有名な五番街と四十二丁目の角にある、壮大なニューヨーク公共図書館の半地下にあった児童室では、定期的に現職者を対象として、著名な作家、編集者、批評家などによる講演が行なわれました。ちなみに、ニューヨーク公共図書館は職員総数が二千人を超える大図書館でしたから、八十余の分館から集まる、専門の児童図書館員だけで百五十～百六十名になりました。

その日の講演者は、格別の人らしく、参加者のなかに、メイ・マーシー（編集者）、マーガレット・マッケルダリー（編集者）などを筆頭に、マーシャ・ブラウン、ウィリアム・ペン・デュボア、エレナー・エスティスなど知名の作家がゲストとして招かれていました。後に、日本の出版界でもよく知られるようになる人たちです。

司会の児童図書館部長フランセス・ランダー・スペインに紹介された講演者は、イエラ・レップマンという名前でした。彼女は、ミュンヘンの国際児童図書館の館長で、IBBY――International Board on Books for Young People（国際児童図書評議会）の創設者の一人として紹介されました。彼女の名前も組織の名称も、当時のアメリカの児童図書館員たちにとって、もちろん私にとっても聞きなれないものでした。

ロックフェラー財団の招きで訪米したという小柄で骨ばった、目玉のぎょろりとした女性は、口早に、熱意をこめて話し始めました。私は、「魔女のような感じがする女性だなあ!」と、彼女の雰囲気と印象に気をとられ、言葉は聞こえるのですが、意味が私の心をうまく捉《とら》えてくれませんでした。ゆっくりと語りかけるように話してくれたなら、私は深く感動したに違いありません。彼女は、私たちに、子どもの本の世界にとって、たいそう重要なことを話していたのです。第二次世界大戦のような惨禍を二度と起こさないために「子どもの本を通じての国際理解」を呼びかけていたのでした。そのころ私は、全盛期のアメリカの子どもの本の豊かさ、児童図書館の豊かさに、どっぷりひたり始めていたので、彼女のよびかけを聞いても、当時の日本の子どもたちを含めて、本に飢えている子どもたちのことがよく見えなかったのだ、と今にして思うのです。それから二十年後の一九七四年に、私は、IBBYの日本支部であるJBBY——Japanese Board on Books for Young People(日本国際児童図書評議会)を設立しました。

幸せな出会い

私がニューヨーク公共図書館で児童図書館員として勤務した一九五〇年代中頃の数年間は、アメリカの児童文学の黄金時代が、揺籃《ようらん》期を経て華やかな最盛期にさしかかっていたときでした。特に絵本は、子どもの本全体の興隆を、視覚的に、いちばんはっきりと表現していました。図書館の児童室の絵本の棚には、『ちびくろさんぼ』(バンナーマン作、一八九九年)『かしこいビル』(ニコルソン作、一九二七年)『一〇〇まんびきのねこ』(ガアグ作、一九二八年)『アンガスとあひる』(フラック作、一九三〇年)『オーラのたび』(ドーレア夫妻作、一九三二年)『ちいさいじどうしゃ』(レンスキー作、一九三四年)『はなのすきなうし』(リーフ文・ローソン絵、一九三六年)『チムとゆうかんなせんちょうさん』(アーディゾーニ作、一九三六年)『マルベリーどおりのふしぎなできごと』(ドクター・スース作、一九三七年)『シナの五にんきょうだい』(ビショップ文・ビーゼ絵、一九三八年)『アンディとらいおん』(ドーハーティ作、一九三八年)『げんきなマドレーヌ』(ベーメルマンス作、一九三八年)『ちびっこタグボート』(グラマトキー作、一九三九年)『かもさん　おとおり』(マックロスキー作、一九四一年)『ひとまねこざるときいろいぼうし』(レイ作、一九四一年)『ちいさいおうち』(バートン作、一九四二年)『おやすみなさいのほん』(ワイズ・ブラウン文・シャロー絵、一九四三年)『もりのなか』(エッツ作、一九四四年)、そのほかスロボドキン、ピーターシャム、ワイズガード、デュボアザンなどにより一九二〇年代から一九四〇年代に創作された絵本が、よく読まれ手《て》垢《あか》に汚れて並んでいました。

　このなかにはアメリカ以外で出版されたものも数冊含まれていました。時の流れとともに『ちびくろさんぼ』と『シナの五にんきょうだい』は書棚から消えていきましたが、驚くべきことに、アメリカ絵本の創成期から黄金時代にかけて生まれた、これらの名作は、新鮮さを少しも失わずに、今も読みつがれているのです。絵と短い文章を調和させて物語を語る、新しい形式をふまえてアメリカで出版された絵本は、『かしこいビル』が最初とされていますが、作者がアメリカ人という意味では『一〇〇まんびきのねこ』が、二十世紀の物語絵本の誇るべき最初の道標となっています。

『おおきくなりすぎたくま』(一九五二年)の作者リンド・ワードは、「ワンダ・ガアグは、子どもの絵本に正面切って美術を導入した最初の一人である」と称《たた》え、アン・キャロル・ムーアは、「彼女は、意図せずに一九二八年をアメリカの児童文学再興の年とする発電力となった」と評しました。ちなみにモーリス・センダックは、この年にブルックリンで生まれています。

スペースの関係で、ここでは絵本のことにしか触れられませんが、児童文学の花が咲き誇るときに、出版、評論、児童図書館活動の中心地ニューヨーク市で児童図書館員として、毎日、このような、すぐれた子どもの本にふれ、作り手たちにも接することのできた私は、この道に進むものとしては　たとえようのないほど幸運でした。

マンハッタンの中心地に位置する図書館の本館の半地下に、広大で荘重な児童室がありました。卓越した評論活動で児童文学の水準を高めた初代室長のアン・キャロル・ムーアは、まだ存命で、十一月のセント・ニコラスの日には、恒例として、作家、画家、編集者、児童図書館員を前にして、セント・ニコラスの物語を語りました。

伝説的なムーア女史の後継者は、国際的に著名なストーリーテラーのフランシス・クラーク・セイヤーズでした。私が採用された年に、セイヤーズ女史は、カリフォルニア大学の図書館学校の教授に転任し、フランセス・ランダー・スペイン博士が、児童部長になったところでした。その下にマリア・チミノ、ヘレン・マスティン、オーガスタ・ベーカーの三人のすぐれた児童図書館の指導者がいました。膨大な歴史的蔵書と参考文献を備え、学識と経験豊かな図書館員のいた本館児童室は、子どもの本の作り手と研究者にとって楽園のような場所でした。

私は、ここで新米の図書館員として働く間に、マーシャ・ブラウンに紹介されて、いっしょに昼食をしたりしました。繊細華麗な『シンデレラ』(一九五四年)で、彼女がコールデコット賞を受賞する直前でした。その時に彼女自身から、児童図書館の先輩だったと聞かされおどろきました。私が後に翻訳することになる『元気なモファットきょうだい』(一九四一年)の作者エレナー・エスティスも、作者になる前は、ここの児童図書館員でした。私はエレナーのお宅に食事に招かれ、そのとき以来、一九八八年七月にエレナーが亡《な》くなるまで、長い年月、まるで歳《とし》の離れた弟のようなおつきあいをしていただきました。

図書館で『わたしとあそんで』(一九五五年)の出版直前のチェックをしていたエッツさんのお手伝いをしている間に『もりのなか』を一冊「ミスター・ワタナベと日本の子ど

もたちへ」とサイン入りでいただきました。

児童図書館員の研修会で、八島太郎さんが『からすたろう』(一九五五年)を手に講演されて、情熱的な口調でバイキング社の名編集者マーシー女史の厳しさについて語ったのが印象に残っています。

グラフィックなイラストレーションとレイアウト、そして装丁の傑作と評価された『ライオン』(一九五五年)の作者ウィリアム・ペン・デュボアは、恥ずかしがりやの少年のようでした。バージニア・リー・バートンは、農場でトラクターを運転する農家のおかみさんのようにダイナミックでした。マーク・シーモントの『木はいいなあ』(一九五六年)のコールデコット賞のパーティーで、マックロスキーさんに初めてお目にかかりました。出版されたばかりの『すばらしいとき』(一九五七年)を見た私の興奮をお伝えしたかったのですが、うまくできませんでした。マックロスキーさんは、後になってからメインの小島で、私に「すばらしいとき」を体験させてくださったのです。

その頃、若かりしセンダックは、絵本作家になることを夢見ながら、グリニッチ・ビレジの狭い暗いスタジオで『かいじゅうたちのいるところ』の下絵を描いていたのでした。

八島太郎の絵本

私が八島太郎の絵本『村の樹《き》』を初めて見たのは、この絵本が出版された一九五三年のクリスマス近くでした。前にも書いたことですが、私は、当時慶應の図書館情報学科の図書室の助手をしていました。アメリカ図書館協会から送られてきた新着図書の中にこの絵本がありました。

その絵本には、私たちが幼いときに育った日本の田舎が、素朴な力強い絵で描かれていました。戦禍に荒れた都会の情景ばかり見ていた私の目には、どこかへ消えてしまった日本の自然が、昔のままにそこに蘇《よみがえ》っていました。静岡の安倍川《あべかわ》で遊んだ子ども時代を思いだし、たまらない郷愁を感じました。そして、この絵本が英語で書かれ、アメリカで出版されていることが不思議な気がしました。この絵本の作者について、人名辞典やその他の子どもの本に関する参考文献を調べてみましたが、どこにも何も出ていませんでした。

翌年の一九五四年、留学先のケース・ウエスタン・リザーヴ大学の児童図書の授業で、出版されたばかりの *Plenty to Watch*（道草いっぱい）の oral review（口述書評）を課せられたことを憶《おぼ》えています。私が、クラスのなかでただ一人、日本からの留学生でしたから当然の指名でした。私より二世代前の作者が、彼の幼年時代の思い出を生き生きと表象した絵本は、私が訪れたことのなかった大隅半島の田舎の風物を展開して見せながら、私自身の心の故郷へ私を誘いました。私はそんな感想を書評で述べながら、同席のアメリカ人の学生たちは、この絵本をどのように書評するだろうか訊《き》きたかったのですが、時間が足りませんでした。

その年、八島太郎は、ニューヨーク公共図書館の“Author of the Year”(その年の最優秀作家)に選ばれ、同図書館で記念講演するのですが、クリーヴランドで勉強中の私は出席することはできませんでした。

一九五五年秋、ニューヨーク公共図書館の児童図書館員になった私は、初めて勤務したスタットン島のセント・ジョージ分館の児童室の書架で *Village Tree* と *Plenty to Watch* を見つけ興奮しました。そして、その年出版されたばかりの *Crow Boy* を迷わず選定し、何冊もの複本を注文しました。児童室や地域の小学校に出張して行う「絵本とお話」の時間には『もりのなか』『一〇〇まんびきのねこ』などといっしょに、この三冊のなかの一冊を必ず持っていきました。私が日本人とわかると、訪問先の先生も子どもたちも、とても喜んで、八島太郎の絵本に興味を持ってくれました。

私は、マンハッタンの本館児童室で、初めて八島さんにお目にかかりました。中背で、がっちりした体格の八島さんは、血色のよい丸顔に太い黒縁の眼鏡をかけ、頭は角刈り風の黒髪で、握手する手の指はごつく、力がありました。紛《まご》うことなき「日本男児」でした。当時は、日本人にめったに会うことのない環境だったので「なぜ、この日本人がここに？」という妙な戸惑いと懐《なつ》かしさが入りまじり、目の前の人が八島太郎なのだ、と自分を納得させるのに時間がかかりました。八島さんも「女ばかりの職場に、なんで日本の若者が？」と、思われたにちがいありません。

その日、八島さんは、次の絵本のことでバイキング社の編集者メイ・マーシーに会いにこられ、その足で図書館に寄られたのでした。八島さんは初対面の私に、古くからの知己のように、メイ・マーシーとの、その日のやりとりについて話してくれました。マーシー女史の厳しさと八島さんの人柄のよくわかるエピソードなので、今でもはっきりとおぼえています。八島さんは、こんなふうに言われました。「マーシーさん、おれのラフをじいっと見ながら *Crow Boy* が出たばかりですからねと、それだけしか言わねえんだ」

それから「おい、帰りに一杯やろう」と、アップタウンの小さな日本料理屋で、ご馳《ち》走《そう》してくれました。私がニューヨークに移ってから、最初にたべた日本料理でした。

『一〇〇まんびきのねこ』と私

いま私は、頑強な造本の一冊の絵本を手にして、さまざまな思い出にふけっています。縦十九センチ、横二十七センチの奇妙なサイズの横開きの、ずしりと重い絵本です。この絵本との最初の出会いは、占領下のCIE図書館(民間情報教育局図書館)の児童室でした。それから、慶應の学生時代の授業で、留学先のアメリカの図書館学校で、勤務先のニューヨーク公共図書館のあちこちの分館で、慶應で教えた授業で、そして、わが家の子育てで、数えられないほどの回数、手にとり読んだ絵本です。手にしている絵本は、私たち夫婦が子どもたちと一緒に読み、子どもたちが勝手に読み、子どもたちがねこと

一緒に読み、その後長いこと書庫にはいっていたので、縁を何か所か、ねずみにかじられています。子どもたちのよだれや食べかすがついていたのでしょう。

そこにも　ねこ、あそこにも　ねこ、
どこにも、かしこにも、ねこと　こねこ、
　ひゃっぴきの　ねこ、
　　せんびきの　ねこ、
ひゃくまんびき、一おく　一ちょうひきの　ねこ。

おじいさんが、行く手の丘を埋め尽くしたねこの大群を見て、びっくり仰天しているページでは、興奮した子どもが、クレヨンで、ぐるぐるまきの竜巻のような、いたずらがきをしています。

黄色のカバー表紙に、墨黒ぐろと『一〇〇まんびきのねこ』と書かれたタイトルが目にとびこみ、その下に力強いペン画が、でんとおさまっています。真紅をバックに紅の花咲く黒い丘の稜線《りょうせん》を、白いねこを三びき抱えたおじいさんが、ねこの行列を前後に従え、コルクの木のような奇妙にゆらぐ二本の木の間をどこかにむかって歩いています。

この絵本は「ワンダ・ガアグ　ぶん／え、いしい　ももこ　やく、家庭文庫研究会編・福音館書店発行」で、一九六一年一月一日に出版されました。「おめでとうございます！」

児童図書館の活動がとても遅れていた日本の社会に、何とか理想的な「子どものとしょかん」を作りましょう、という願いをこめて、村岡花子さん(道雄文庫)、石井桃子さん(かつら文庫)、土屋滋子さん(土屋ぶんこ)たちが中心になって、家庭文庫研究会が生まれ、戦後の児童図書館の発展に大きな影響を与えました。私も、その活動のなかにいたことを、いまでも誇りにしています。研究会は、文庫活動の一つとして、イギリスやアメリカのすぐれた子どもの本を、しっかりした翻訳と造本で紹介することも積極的に行ないました。福音館書店の松居直さんが趣旨に賛同して、この絵本が生まれました。

『一〇〇まんびきのねこ』という、ドキッとさせられる題名で、奇妙な魅力にみちたモノクロのペン画の絵本が、アメリカで生まれたのは一九二八年、これもまた偶然なことに、私が生まれた年でした。

一九二〇年代のアメリカは、“Golden Twenties”(黄金の二〇年代)、“Jazz Age”(ジャズの時代)、“Roaring Twenties”(怒濤《どとう》の二〇年代)などと呼ばれ、創造的な時代で、多くの市民は、豊かな日々を楽しんでいました。出版もその例に洩《も》れず、書店や図書館の普及で、子どもの本のマーケットも広がり、大きな出版社では、児童図書部門を独立させ、専任の女性編集者を採用し、才能ある作家や画家の発見や育成にあたらせました。

当時最も著名な編集者であった、カワード・マッカン社のアーネスティン・エヴァンズが、ニューヨーク市の画廊で個展を開いていたワンダ・ガアグを発見するのでした。

ガアグの才能に強い関心を持ったエヴァンズは、ガアグに絵本の創作に興味があれば出版社に自分を訪ねてきてほしい、と提案しました。幸せな偶然といえますが、ガアグはこの頃、絵本のための物語の原稿をいくつか書きためていて、出版社に持ち込んで拒絶されたものも含め「拒絶された原稿箱」を持っていました。二人で箱のなかの下絵のスクラップブックや物語の原稿をさぐっているうちに、エヴァンズは、ガアグが知人の子どもたちに話してやりながら練り上げた、絵入りの「ねこのものがたり」の原稿をみつけ、一目でそれを気に入り、契約書を交しました。そして、一九二七年にダブルデイ社より出版されたイギリス人作家ウィリアム・ニコルソン作の絵本『かしこいビル』を表現形式のモデルとして薦めました。当時マンハッタンに住んでいたガアグは、最初の絵本の仕事に集中するために、ニュージャージー州の田舎のタムブル・ティンバーズに妹二人と転居し、家事は彼女らにまかせ、絵本の創作に専念しました。友人が、農家の主婦から、絵のモデルとなる子猫を二匹もらってきてくれました。

物語の粗筋は「あるところに寂しい老夫婦が住んでいて、淋《さび》しさをまぎらすために、おじいさんが、ねこをさがしにいきます。おじいさんは、ねこをみつけますが、一匹だけでなく、『ひゃっぴきのねこ、せんびきのねこ、ひゃくまんびき、一おく一ちょうひきのねこ』をつれて帰ります。あきれかえったおばあさんは、おじいさんに命じて、いちばんきれいなねこを一匹だけおくことにするからと、ねこたちにきめさせます。ねこたちは、収拾のつかない大騒ぎになり、殺しあい、食べあいの末に、争いに加わらなかった、ちっぽけなみじめな小ねこが一匹生き残り、おじいさんおばあさんと一緒に暮らすことになります。」

という具合に、昔話の語り口で物語は展開し、探究の旅と目的達成、劇的な騒ぎの末に静かなまとまり、めでたしめでたしで終わります。

ワンダ・ガアグの研究者カレン・ネルソン・ホイルさんは、『一〇〇まんびきのねこ』について、とても興味ある分析をしています。要点をまとめてみました。

物語は単純ですが、内にガアグのフェミニズムと反戦主義に関わる彼女の知的な立場を読み取ることができます。ガアグは、一生を通じて、芸術の分野で苦闘し、フェミニストの立場で発言を惜しみませんでした。彼女がこの絵本の仕事にかかる八年前に、アメリカ合衆国憲法は、女性の参政権を認めました。そして、この絵本の出版される前年の一九二七年、ガアグは、Nation 誌に「現代の女性：フェミニズムの温床」と題するエッセイを匿名《とくめい》で発表しています。

ガアグのユーモアは、『一〇〇まんびきのねこ』のあちこちにほとばしりますが、静かな叙述でも、女性が主導権を持っています。物語のはじまりで、おばあさんが、ねこがいれば、二人の寂しさが解消されると提案します。おじいさんは、おばあさんの提案に応じて、ねこさがしにでかけます。ところが、ユーモラスな状況が、おじいさんをまちうけます。

そこにも　ねこ、あそこにも　ねこ、
どこにも、かしこにも、ねこと　こねこ、
　ひゃっぴきの　ねこ、
　　せんびきの　ねこ、
ひゃくまんびき、一おく一ちょうひきの　ねこ。

おじいさんは、一匹だけを選ぶことができなくて、ねこを全部連れ帰ります。無数のねこを養えないと判断するのは、おばあさんです。

反戦主義者の側面は、ねこたちの争いに読みとれます。おろかにも、「かわいらしさ」をきそいあって戦ったねこたちは、みんな死んでしまいますが、争わなかったみにくい小ねこだけが生き残り、寂しい老夫婦を幸せにするのです。

『一〇〇まんびきのねこ』は、物語が昔話のような文体を持ちながら、個性と想像力にみちています。そして絵本という表現形式からいっても、きわだって創造的、先駆的で、アメリカの絵本の「世紀を開いた傑作」とよばれるにふさわしい特徴を備えています。

その頃、書店や図書館の児童室には、イギリスから輸入された、ランドルフ・コールデコット、ウォルター・クレーン、ケイト・グリーナウェイ、ビアトリクス・ポターなどの作者による古典絵本、そしてアメリカで出版された『オズの魔法使い』(ウィリアム・デンスロウ挿絵)、『けしつぶクッキー』(ミスカ・ピーターシャム挿絵)など優れた画家による挿絵付きの童話があり、いまでも読みつがれています。これらはすべて色彩画でした。そのような時流のなかで、ガアグは、十九世紀の雑誌の挿絵に使われた黒インクのペン画の手法を使いました。

そして、先例のないページの使い方を初めて試み成功するのです。対応する二ページを一場面として使う「見開きのひろがり」です。おじいさんが丘をこえ、ねこをさがしにでかける場面、ねこの行列を従え帰ってくるおじいさんをおばあさんが迎える場面など特に効果的です。他の場面でも「見開き」が有効に働きます。左右別場面でも、同じ緩やかさで走る描線が丘の連なりをイメージさせたり、見開きの両ページに左右対称のミラーイメージを描いて、読者に想像させる空間をおきながら、左ページのできごとと右ページのできごととのつながりを読ませます。でかけるおじいさんは、左から右へ進みます。そして、左から右への動きの感覚が、読者にページをめくることを誘います。

ガラストップの照明デスクとトレーシングペーパーを使って、ねこのさまざまな姿態をスケッチし、仕上げは、上質の紙にペンで三十枚以上のイラストの原画を描きました。そして絵の雰囲気を損なわないように、文章は活字を使わず、書き文字を弟のハワードに書かせています。

白雲のたなびく、のどかな丘は、コネティカットとニュージャージーの田園ですし、おばあさんとおじいさんの家のたたずまいや家具調度は、生まれ故郷ミネソタの祖父の家の思い出のイメージとされています。

ワンダ・ガアグは、一八九三年ミネソタ州のニューウルムという町で生まれました。両親はボヘミア(チェコ)からの移民でした。父のアントンは、画家で、教会や集会所にかける絵を描いたり、装飾を請け負ったりして、大家族を養いました。母は、音楽や写真に才能をみせた人でした。長女だったワンダのたのしかった少女時代は、彼女が十五歳のとき父の死で早く終わりますが、アントンの遺志をついで、セントポールとミネアポリスの美術学校で三年半、奨学金で勉強し、ニューヨークのアート・スチュデント・リーグに入学します。

こうして、画家への道を本格的に歩みはじめるのですが、そこでまた母が亡《な》くなります。ワンダは、五人の妹と十歳になったばかりの弟の世話をしながらの人生を始めます。ミネソタを去り、ニューヨーク市に移ってからは絵葉書、グリーティングカードなどを作り、絵の才能を生かして生活しながら勉強を続け、その上、生活費を節約して故郷の妹たちと弟に仕送りを続けました。個展と雑誌の挿絵の仕事を通じ、画家として認められるようになると、ニュージャージー州の西部に家を持ち、その家を「オールクリエーション」と名付け、時折、きょうだいや友人を招くほかは、画業に専念しました。一九二〇年代ここでの生活のなかから、彼女の最も優れた絵画を残し、『一〇〇まんびきのねこ』(一九二八年)を処女作として、『へんなどうつぶ』(*The Funny Thing*, 1929)、『すにっぴいとすなっぴい』(*Snippy and Snappy*, 1931)、『ABCバニー』(*The ABC Bunny*, 1933)などの優れた絵本と、自分で再話し、挿絵を付けたグリム童話を何冊かつくりました。ドイツ語は、彼女の母国語でしたし、これらのたのしい本の装丁も、絵本と同様ガアグ自身の手によるものでした。彼女は、五十歳で親しい友人の一人と結婚しますが、五十三歳のとき癌《がん》で亡くなりました。ガアグの強い意志と、努力と、犠牲と、苦難と、恋と、成功の生涯は、数冊の本にも書ききれない物語であろうと思われます。『ワンダ・ガアグ若き日の痛みと輝き』(*Growing Pains*, 1940)という自伝を残しています。

私は、ガアグについていろいろなことを教えていただいたホイルさんご家族と一緒に、ニューウルムにそのまま保存されている、アントン・ガアグが自分で設計して建てた、一風変わった興味深い家を訪れました。ドイツ系の移民がほとんどだった町の人々が呆《あき》れたという家は、当時としては珍しい、屋根に明りとりの天窓が開き、各部屋に大きなガラス窓があり、草原に面した南側には、一階二階ともに屋根つきのポーチがせりだしていました。青い家の二階の裾《すそ》に当たる部分には、帯のように赤いレンガが貼《は》りめぐらしてありました。そして、食堂の天井には、空飛ぶ天使の絵を描き、壁は幾何学模様のデザインで装飾しました。

芸術家肌のアントンと奥さんのリッシーは、二階のスタジオ兼図書室に美術雑誌をおいて子どもたちに自由に見させました。屋根裏の三階には、アントン専用のアトリエがありました。またリッシーは、ヒダ飾りやレースのついた服をデザインしてつくり、上の娘たちに着せ、ポーズをとらせたりしました。長女のワンダは、三歳のころから、父を真似《まね》て絵をかきはじめ、少女時代には、町の会堂で行われる素人《しろうと》劇の背景を描くアントンの助手をつとめました。そして、夕食後のひとときは、アントンの弾くチターにあわせて歌ったり、おどったり、あるいは、昔話に耳をかたむけたりしたのです。

私は、部屋ごとに独特な雰囲気のある家のなかをめぐり歩き、ワンダ・ガアグの子ども時代を想像しながら、大家族で育った私自身の子ども時代を思い出していました。昭和の初期の地方の写真館は、寺町の街並みのなかで、一風変わった建物でした。そして、アントンと私の父は、似通ったところがありました。たのしく不思議な訪れでした。

（参考文献　Hoyle, Karen Nelson. *Wanda Gag.* Twayne Publishers. New York, 1994）

『オズの魔法使い』の魅力

『オズの魔法使い』は、アメリカ人によって書かれた、初めてのアメリカの本格的ファンタジーです。世紀の代わり目(一九〇〇年)に出版され、以来今日に至るまで、世界中でこれほど愛読されたアメリカ童話はほかにない、といってもいいすぎではありません。アメリカの風土を舞台に、典型的なアメリカの風俗習慣をとりいれ、アメリカ人のものの考え方、発想で、ふしぎな空想の国のできごとを描いたのは、ライマン・フランク・バウムが初めてでした。資産家に生まれたバウムは、病弱だった子ども時代、豪壮な邸宅で、家庭教師に教育をうけ、読書、詩作、物語の創作にふけるという子ども時代を過ごしました。十代で新聞を発行したり、青年時代に新聞記者、出版、演劇活動など

試み、結婚後もさまざまな事業を手がけますが、失敗して財産を失います。シカゴで小さな業界誌の編集をしていたときに、挿絵を描いていたウィリアム・ウォーレス・デンスロウと運命的な出会いがありました。バウムの書き上げたファンタジーに、デンスロウが、本文に二色刷りの百枚の挿絵と、さらに、二十四枚の四色刷りの口絵を描きました。そして、出版直後から熱狂的にアメリカの読者に受け入れられ、「ニューヨーク・タイムズ」に「グリムやアンデルセンに代わる物語と、すぐれた挿絵と口絵は、文章と競い合い、その結果『オズの魔法使い』は、現在の考えられる最高の水準に達した」と激賞されたのでした。

デンスロウの絵は、動きに富み、表情豊かで、かつ計算のゆきとどいたものでした。物語の主人公たちが訪れる不思議な国々は、それぞれの色彩を持っています。デンスロウは、それぞれの国を二色でみごとに描き分け、読者をその色彩のなかに導き入れます。各章の題名とはじまりの飾り文字は、幕間《まくあい》の呼吸をととのえるようにデザインされています。四色の口絵は、物語の見せ場のように挿入されていて、読者は思わずさそいこまれ、息をのんで、その光景を見つめます。一九〇〇年にデンスロウの挿絵で出版されたフランク・バウムの『オズの魔法使い』の初版を、私は一九九〇年に、挿絵に魅せられながら日本語に訳しました。

物語は、カンザスに、貧しいお百姓のおじさんおばさんと住んでいた、孤児のドロシーが、竜巻で、マンチキンという小人の国にふきとばされることから始まります。

ドロシーは、北の国の魔法使いから、エメラルドの国に住んでいるオズ大王にきけば、カンザスに帰る道がわかると教えられ、歩きだします。途中で、脳みそ(知恵)を欲しいかかしと、心臓(心)を欲しいブリキのきこりと、勇気の欲しい臆病《おくびょう》なライオンが道連れになります。それぞれが、オズ大王に望みをかけて、エメラルドの国にむかいます。

少女と異様な道連れですから、旅は奇想天外な出来事の連続で、はらはらする冒険の果てにエメラルドの国につき、オズ大王に謁見《えっけん》します。ところが、オズは、千変万化で正体を明かさないばかりか、一行に難問を押しつけ、頼みをきいてくれません。その挙句に、オズ大王の正体は、オマハ生まれのペテン師とわかります。

ドロシーは、どうすればカンザスに帰れるのでしょう？　そして、かかしと、ブリキのきこりと、臆病なライオンの望みは叶《かな》えられるのでしょうか……。

さて、ドロシーの住んでいたカンザスはどんな場所だったのか、作者のバウムが、目に見えるように、生き生きと描写しています。

　ドロシーは、お百姓のヘンリーおじさんと、そのおくさんのエムおばさんといっしょに、カンザスの大草原のまん中に住んでいました。その家は、とても小さな家でした……家といっても四方の壁と、床と天井だけの一部屋があるだけでした……

地面にほった小さな穴倉は、……おそろしいつむじ風が、もしもおそってきたときに、家族が逃げこむところでした……ドロシーが、家の戸口に立って、あたりを見まわすと、どちらを向いても、見えるものは、広い灰色の草原ばかりでした。どの方向にも、まっ平らな広いひろい広がりが地平線までつづいていて、そこには、木一本、家一軒、見あたりませんでした。太陽が、たがやされた土地を、灰色の塊になるまで焼けこがし、何本かの地割れの筋をつけていました。草でさえ緑色ではありませんでした……

カンザスの歴史の本には、こう書いてあります。

一八六〇年の秋には、この地方には、トウモロコシも麦も蓄えが尽きた。開拓者たちは、土地を捨て、政府や知己に援助を求めた。一時は、全州から住民が消え、荒野のみが残された感がした。廃屋が大地に立崩れ、苦悩にひしがれた人々をのせ、やせ馬に引かれた馬車の列が、来る日も来る日も、州境をこえていった……

（ホロウェイ著『カンザスの歴史』一八六八年）

ですから、ドロシーのおばさんは、「やせて、やつれて、まったく笑わなくなっていました。……おじさんも、……きびしい、まじめな顔つきばかりしていて、めったに口をききませんでした。」

そんなある日のこと、

はるか北のほうから、うなるような風の音が聞こえました。せまってくるあらしのせいで、長い草が、おしよせる波のようにこちらに向かってなびくのが、ヘンリーおじさんとドロシーのいるところから見えました。こんどは、南のほうから、するどい笛のような風音が聞こえました。ふたりが、そちらのほうを見ると、南の方角からも、草のさざ波がおしよせるのが見えました。

とつぜん、ヘンリーおじさんが立ちあがりました。

「エム、竜巻がくるぞ。」と、おくさんに向かってさけびました。「家畜を見てくるぞ。」

そういいながら、おじさんは、牛や馬を入れてある家畜小屋をめがけて走りました。

エムおばさんは、お皿を洗うのをやめて、戸口のほうにかけてきました。おばさんは、外をひとめ見ただけで、危険のせまっていることがわかりました。

「ドロシー、早く!」と、おばさんは、さけびました。「地下室にはいるのよ!」

トトは、ドロシーのうでからとびおりて、ベッドの下にかくれました。ドロシーは、トトをつかまえにいきました。気も遠くなるほどこわくなったエムおばさんは、床の揚げぶたをはねあげ、はしごをつたって、小さな暗い穴の中におりました。ドロシーは、やっとトトをつかまえて、おばさんのあとをおいかけようとしました。部屋を半分ほど横切ったとき、悲鳴をあげるような風の音がして、家がはげしくゆれました。あっというまに、ドロシーは足元をすくわれて、床にへたりこんでしまいました。

すると、ふしぎなことが起こりました。

家が、二、三回ぐるぐると回り、ゆっくりと空中に浮きあがりました。ドロシーは、まるで気球にのって、空にのぼるような気がしました。

さて私は、これまでに、カンザスを三回訪れました。

最初は、一九五四年の夏のことでした。フルブライト奨学金の留学生として、オリエンテーションのために、カンザス大学に数週間滞在しました。大学は、カンザス州の西北端にあるローレンスという大学町にあります。

私は、森と湖の点在する美しいキャンパスの丘の上に立ち、大平原を見おろしたときの鮮烈な印象を、一生忘れることができません。緑の木立に囲まれた小さな町のさきに大平原が、大波のうねりのような、なだらかな起伏を見せて広がり、無限のかなたに地平線がかすんでいました。丘の斜面には、背丈をこすヒマワリが咲き乱れ、空には、目もくらむ太陽が照っていました。

すると、突然、天空から大地を突き刺すような光の矢が走り、雷鳴がとどろきました。その瞬間、焼け跡の残る、狭い、貧しい東京から、生まれて初めて飛行機にのり、アメリカにやってきた私の心に、アメリカの第一印象が焼きついたのでした。

南北戦争中に、カンザスの原野で野営をした、カスター将軍夫人は、彼女の記録にこう書いています。

大平原の稲妻は、描写不可能です。あらしのあいだ、たえまない光芒《こうぼう》に、すべてがさらされるのです。まるで、天が、大地に火の雨をたたきつけるようでした。一分半の間に、二十五回の雷鳴が、大地をゆるがせました。

（エリザベス・カスター『大平原の野営』より）

どんなに恐ろしかったことでしょう。私は、最初の滞在の間に、大草原を走る野鳥の群れや、バッファローや、カウボーイの追う牛の大群を見ました。何時間走っても、とおりぬけられないトウモロコシ畑も見ました。ミゾリー川の三角州にある、大都会カンザス市の高層ビルを見あげたこともありました。そして、ポプラ並木の美しい町ローレンスに住む家族と知りあいになりました。

バーネット家のジーンとバーバラ夫妻、そして二人の子どもたち、ジャネットとデイビッドでした。四人家族は、木立と芝生にかこまれた、小さな白い家に住んでいました。私は、週末をバーネット家ですごしました。私には、すべてが、夢のように豊かな生活に思えました。

当時四十歳になるかならぬかのジーンは、冷房機の部品のパテントをとり、自分の小さな工場で生産し、セールスにとびまわっていました。趣味は機械いじりで、小型飛行機のライセンスをもち、自分の飛行機をもつのが夢でした。チャーミングなバーバラは、ジーンの秘書を兼ねた、忙しい主婦でした。ジャネットとデイビッドは、小学生でした。

私は、クリスマスに、留学先のクリーヴランドの大学から、グレイハウンド・バスをのりついで、わが家に帰るような気分で、ローレンスのバーネット家に帰りました。

二度目の訪問は、一九七一年のやはり夏でした。私が家族連れでアメリカの大学にいくことになったときに、バーネット家のコロラドの別荘に招待され、夏休みを過ごしました。ジーンは、自分で操縦するセスナ機で、コロラドに飛び、バーバラは、キャデラックでやってきました。プードル峡谷の別荘は、自分たちの手で建てたものでした。私たちも、滞在中、トラックを運転して石切り場にいったり、大穴を掘ったり、ミキサーをまわしたりして、別荘のパティオ造りを手伝いました。近くには、別荘の人たちの奉仕でできた、手造りの教会がありました。

　夏休みの終わりに、コロラド・スプリングスからローレンスまで、私は、酷暑のカンザス北部を、クーラーのない、小さな車に、家族をのせて横断しました。気温は、日中四十度近くまでのぼり、これまでの人生でいちばん熱いドライブでした。

　ローレンスの小さな白い家は、プール付きの豪邸に変わっていました。ジーンは、医療機械のパテント生産に成功し、銀行の役員も兼ねる町の名士になっていました。遠来の私たちのために、数十人の親戚《しんせき》知人が招かれ、広い庭でバーベキューパーティーがひらかれました。そのとき食べた四、五センチの厚さのステーキのやわらかくて美味《おい》しかったこと！　翌日は、ジーン操縦のセスナ機で、ローレンス郊外の湖沼地帯を空から観光しました。

　三度目の訪問は、一九七七年初夏、私の独り旅の途中でした。数日間の滞在中、五百エーカーの面積がある、別荘代りの農場で、自家用機の滑走路を見せてもらいました。ジーンが、自分でローラーを動かし、建設したものでした。格納庫にはいっていた所有機は、クラシックな複葉機でした。古い設計図を探し、エンジン以外は、すべて自作した飛行機でした。

　翌日は、ジーンが寄贈したカンザス大学病院の火傷《やけど》治療センターの開設式に招待されました。ジーンは、発明した皮膚移植の器具の生産の利潤を、こうして社会に還元しているのでした。その晩、バーバラは、自分の生まれた町に寄付した女子短大の写真を見せてくれました。家が貧しくて大学にいかれなかった彼女は、こういう形で、自分の夢を実現したのでした。

ドロシーの帰りたがったカンザスの小さな町に、こんな生涯を送っている普通のアメリカ人がいるのです。バウムの語る『オズの魔法使い』以上のファンタジーを実現している、典型的なアメリカの友人の物語です。

『クリスマスのまえのばん』の復活

むかし、ニューヨークの町に、畑や果樹園にかこまれた古い灰色の館《やかた》がありました。そこに学者のクレメント・C・ムーアが住んでいました。一八二二年のクリスマス前夜のこと、ムーア先生は、子どもたちを喜ばせようと『セントニコラスの訪れ』と題する、たのしい物語詩を書きました。

「クリスマスのまえのばんのことでした……ふったばかりのゆきのうえにでたつきがあたりをまひるのようにてらしていました」。人々の寝静まった時刻、クリスマスの贈り物を山と積んだ、八とうのかわいいトナカイの引くそりが、夜空をとんでくるのです。御者は元気なこびとのおじいさんセントニコラスです。

興奮と喜びにみちたこの物語は、クリスマスのくるたびに多くの家庭で読みつがれ、やがて、子どもたちが喜んで愛唱する詩の第一行そのままに『クリスマスのまえのばん』として、よりよく知られるようになりました。そしてセントニコラスのイメージが、サンタクロースの愛称を定着させていき、この詩はアメリカの古典となりました。

それから八十年後の一九〇二年、『オズの魔法使い』の挿絵をかいた巨匠ウィリアム・W・デンスロウが、姪《めい》のナンシー・A・ターナーのために『クリスマスのまえのばん』を、愛情こめて、そして自分の子ども時代の興奮を思い出しながら、絵本に仕立てあげました。

デンスロウの石版画のイラストレーションは、豊かな想像力による表現に富み、各ページの構図のみならず絵本全体にわたるレイアウトは、読者を誘い込む魅力に充《み》ちています。そして、この絵本を手にする子どもたちの、クリスマスの楽しみを倍加させるために、本題のセントニコラスの訪れを描くイラストレーションに加え、見開きの左ページのイラストレーションで、サンタクロースにかける子どもたちの夢に応《こた》えています。デンスロウの遊び心とでもいいましょうか。

私は、偶然とはいえ、この絵本の仕事を通じて時間を超えた空想の旅をしました。ひとむかし前『クリスマスのまえのばん』が大澤昌助さんの絵で『こどものとも』の絵本になったとき、一八二二年に書かれた詩を私が訳しました。一九五九年のことでした。

そして一九九六年、一八二二年に詩が書かれ一九〇二年に絵本として出版され、いまでも新鮮な輝きを持ちつづける、ムーアとデンスロウの八十年の時を経た合作『クリスマスのまえのばん』の日本語版が出版されました。私は、百七十四年前に詩で語られ、九十四年前にその情景が絵で描かれたクリスマス前夜を、この絵本の中で過ごしました。私はアメリカで何度か過ごしたことのあるクリスマス前夜のことを思い出しながら、心からたのしんで『クリスマスのまえのばん』を日本語に訳しました。

緑の天城《あまぎ》で——あとがきにかえて

毎年、四月初旬、天城の山荘にいくことにしています。いっせいに咲き競う山の花たちに会うためです。昔から卯月《うづき》八日は、山々の花が咲き栄え、山で休んでいた神々の霊が、蓄えた新しい力で人間の生産を助けてくださる「年の初め」の日と考えられてきました。

苗代《なわしろ》の仕事の始まる季節でもあり、この日を花折節句といって、人々は、軒先に掲げる山躑躅《やまつつじ》や山吹や石楠花《しゃくなげ》を山に採りにいきました。

お釈迦さまのお誕生日もこの日で、童形のお釈迦さまに甘茶をかけてお祝いします。

そういえば学校の新学年もこの時期に始まります。

天城で林道を歩くと、甘茶蔓《あまちゃづる》の新芽が伸び、通条花《きぶし》は、葉に先立って黄色みがかった淡白の房状の花を祭提灯《ちょうちん》のように吊《つ》り下げ、万作《まんさく》は、細い枝々の先で赤い萼《がく》のなかから黄白色のちぢれたマッチ棒のような四弁花を広げ、馬酔木《あせび》が濃い緑の葉の間に、紅の萼の白い花の房をたわわに下げます。杉や檜《ひのき》の大木の下で、幹も枝も萌黄《もえぎ》に匂う黒文字《くろもじ》が、鶯《うぐいす》色の花と見まがう嫩葉《わかば》をのばし淡黄色の花を繚乱《りょうらん》と咲かせ、辺りに香気を放ちます。

それに負けじと、道の傍で油瀝青《あぶらちゃん》が、枝々の先に黄緑色の小玉を割ったような愛らしい花を掌《てのひら》に溢《あふ》れんばかりにつけて芳香を漂わせます。

そんな林に囲まれた山荘の草地で豆桜が蕾《つぼみ》をふくらませています。もう暫《しば》らくたつと、遠目に小粒の雪のような白い花を咲かせるのです。

その根方で、この春もクリーム色と目もさめるように明るい黄色の喇叭《らっぱ》水仙《ずいせん》たちが、水浅黄の空に向かって勢いよく開きます。標高九百メートルの高原なので、花期は多摩の庭より一週間以上遅れるのですが、勢いは較べようもありません。

この水仙たちは、三十年以上も昔、稲村ヶ崎の知人の庭から掘り起こしてきたものでした。住居のある多摩の庭ではどんなに手をかけても、葉だけが徒長し、花は殆《ほとん》ど咲きませんでした。天城の庭に移植して何年経《た》ったのでしょうか。鎌倉、多摩、天城と居を変えさせられた水仙たちは、太陽と霧と雨と風と雪と氷と汚《けが》れない空気と土のなかで、強靭《きょうじん》な野の花のように蘇《よみがえ》り、株をふやしつづけています。

私に語りかける水仙たちをながめながら、ふと子育てのことを思いました。私の小学生時代、学年や学期の初めに転校してくる子どもが輝いて見えました。言葉遣いが上手で、ものおじせず、あか抜けして、勉強ができ、クラスの目立つ存在になりました。私の亡《な》くなった妻は、父親の転任で、大学に入るまで十二回転校して、おとなになってから社交性抜群で、各地方なまりの言葉を相手次第で自由に使い分けました。

現在は、帰国子女たちの多くが、異質の文化風土を巡って育ち、外国語と日本語を自由に使い分けながら芯の強い明るい花を咲かせています。

それから三週間後、私は、また天城に登りました。相模《さがみ》湾の海辺から箱根を経て伊豆の山なみを車を駆るのですが、新緑の萌えいでる天城路にさしかかると、気持ちの昂《たか》ぶりを抑えられなくなります。

山の一部のように黒ぐろと見える濃緑の檜、杉を背に、照葉樹林の樹木たちが、みずみずしい五色の緑に映える嫩葉をいっせいに空に向けて芽ぶき、満開の山桜、山桃、山吹、山躑躅などの天道花《てんとうばな》が、神々のみ霊が天の城から降りなさるのを迎えています。その最中に、私は登るのです。何という幸せでしょう。

「天城に登る」この荘厳《そうごん》な言葉は、現実を超えて高雅な心象をよびおこします。それにしても、だれが、伊豆山脈の頂きに、こんなみやびやかな名前をつけたのでしょうか。

主道から脇道に入ると、薄紅の淡雪のトンネルが、ハンドルを握る私に「お帰りなさい」と呼びかけるように揺れています。豆桜が、視野いっぱいに広がり、道の幅だけ空間を残して、私の車を招いているのです。私は会釈《えしゃく》する気持ちで、豆桜のトンネルをくぐり抜け、山荘の庭先に車を停めました。車のドアを開け、外にでた途端、咲き競う樹木たちに包み込まれるように迎えられ、思わず声をあげて応えました。

満開の大島椿《つばき》が行手に立ちふさがり、艶《つや》やかな緑の葉の間あいだに紅い花をこぼれんばかりに咲かせています。それにしても濃い緑の葉の輝きは、天城の霧に磨かれてこそと目がはなせず、思わず指先で触れてみました。「天城椿の称号を呈上したい」と、椿にむかっていいました。椿の両側から何種類かの豆桜が薄緑の白、薄紅、それよりももっと淡い白紅の花びらをこぼしながら、おおいかぶさり、腰高の躑躅の間では、紅葉《もみじ》苺《いちご》が枝を伸ばし、可憐《かれん》な白い花をさげています。梅雨の頃、葉陰に薄い黄紅色の果実に変わります。躑躅も「あたしたちも、まもなく咲きますよ」と薄緑の毛ばだつ蕾の先に赤や白の花弁をのぞかせています。

家に入る小道の足元では、この前きたときに採り残した蕗《ふき》のとうがすっかり育って、黄白色の花を咲かせ、こごみが茶色の毛深い帽子をかぶって、いくつも頭をもたげています。玄関脇では、根方の山吹と競うように、夜叉五倍子《やしゃぶし》が、「見てくださいよ」とばかり、枝という枝に萌黄の嫩葉を吹き出しています。

戸口から振り返ると、空を背にそびえ立つ檜と杉の木立の間で、黒文字が淡黄色に咲き匂い、豆桜が薄紅と白の霞《かすみ》を張り、檀香梅《だんこうばい》が、ひときわあでやかに、枝という枝に鬱《う》金《こん》の玉をつけています。この前きたとき蕾を立てていた水仙たちは、私の期待を裏切らず、見事に咲き誇っていました。

あっ、その先の藪《やぶ》の中で、とげだらけの細い楤《たら》の木が、届かない枝の先で、茶色のとげをつけた嫩葉をのばしています。石楠花の赤い花もゆれていました。

その宵、妖精の童女たちが、手に手に薄桃色の豆桜の花を雪洞《ぼんぼり》代りに提げて輪になって踊りました。天城の山荘の庭に妖精たちが踊りにくる、と私は信じているのです。そうでなければ、風のない春の宵、あんなに密《ひそ》やかな密やかな笑い声や衣擦《きぬずれ》の音がするはずがありません。

外国から親しい友人が来日すると、山荘にお招きすることがよくあります。季節がよければ、家に近い国立《くにたち》のインターから中央高速道路で、緑の甲斐路《かいじ》を大月まで走り、左折して、富士五湖に向かい青木ヶ原樹海を抜けます。それから富士山を仰ぎつつ広大な裾野をひた走り、御殿場《ごてんば》から箱根を経て、相模湾と駿河《するが》湾を見下ろしながら、おだやかな伊豆スカイラインを天城までドライブします。帰路は、伊東から小田原まで、海岸を走ります。

静岡に生まれた私でさえ、何度この道を走っても、自然の美しさに酔いしれるのですから、日本を初めて訪れる友人は、心から喜んでくれます。

エズラ・ジャック・キーツさんは、もやにかすむ山々の重なりを「幻想の世界だ」とつぶやき、海鳴りを「海神ネプチューンの奏《かな》でる打楽器の調べのようだ」といいました。そして、西伊豆の磯に平伏して、打ち寄せる波の下にはいる富士の姿を見て「北斎の富士だ」と感動していました。

幻想的な美しい絵本『わたしのおふね マギー・B』の作者アイリーン・ハースさんと彼女の作品の編集者で親友のマーガレット・マッケルダリーさんをお連れしたときのことでした。

緑の美しい五月でした。その夜、ベランダから星の降る夜空を見上げながら、物語を創《つく》ることのたのしさや苦しみについて、夜の更《ふ》けるまで話がはずみました。二人のサイン入りでいただいたばかりの新しい絵本は、三人の子どもたちが、禁断の庭にしのびこみ、不思議な体験をする『カーリーおばさんのふしぎなにわ』(*Carrie Hepple's Garden*, 1979)でした。ルース・クラフトが物語を書き、アイリーンが絵を描いた新しい作品でした。

その夜、彼女たちは、妖精の訪れを聞きました。翌朝、露のおりた芝生の庭に直径三メートルほどの輪舞のあとがありました(春から初夏にかけて、野生の鹿《しか》が、愛の交歓をするのです)。

天城の照葉樹林をぬう小道を散歩しているときに、アイリーンが、不思議そうに私に尋ねました。「日本人の繊細な感受性は、ガーデニング(庭造り)にも生かされているのは知っているし、美しい日本庭園を見たこともあるけれども、自然の林に、これほど多様な緑の樹木や草が生えているとは、今朝見るまで知らなかった。人工的に寄せ植えしたのではなく、これが自然なのね。私は、自然の緑に、これほど多様なシェード(色合い)を見たの初めてなの。ありがとう、シゲオ！」彼女の声は、嘆声に変わっていました。アイリーンの描く絵の多くは、緑が基調でした。いただいた絵本のサインには、一九八一年五月二十四日の日付が書いてありました。

そして、今年(一九九七年)四月に、出版されたばかりのアイリーンの新作絵本(絵、文ともにアイリーン・ハース作　マーガレット・K・マッケルダリー編集)を航空便でいただきました。包みを開くと、近ごろ見たこともないような立派な装丁の絵本が出てきました。差し込む月明りに照らされた夜の庭、美しい花が咲き、蝶《ちょう》が舞い、蛙《かえる》、かめ、とかげ、ねずみなどの生きものが忙しげに立ち回るその下の、明りの輪のなかに〝A Summer-time Song〟と、優雅な書体で書いてありました。私は、興奮してページをめくり、繰り返し繰り返し、美しい、精緻《せいち》な水彩の、幻想的な絵を飽かず眺め、絵の背後から聞こえてくる幻想的な物語を読みました。そして感動してお礼の手紙をファックスで送り、興奮して東京の出版社の友人に電話をかけました。十年ぶりにアイリーンが発表した新作は、今世紀の代表的な古典絵本の一冊になると、私は直感したのです。

私の直感は当たっていました。出版社に送られてきた「ニューヨーク・タイムズ」や「ワシントン・ポスト」などの書評の一つには、次のような賛辞がありました。

「もしかしたら、モーリス・ブーテ・ド・モンヴェルの『ジャンヌ・ダルク』(一八九六年)、エルンスト・クライドルフの『ブルーメン・メルヘン(花の童話)』(一八九八年)以来の美しい絵本かもしれない。少なくともアメリカの絵本の歴史では、初めて見る豪華な絵本である。装丁、造本、紙、印刷のすべてにおいて、特別の待遇を受けた作品である。それは、今世紀の天才的な絵本作家といわれるモーリス・センダックでさえ受けることのできなかったことである。*A Summertime Song* は、既に古典の香りを放っている。」

みなさんご存じのように、『ジャンヌ・ダルク』は、「美《うま》し国フランスの至宝」とよばれ、『花の童話』は、かつてない美しさで花ばなを擬人化し、二十世紀の絵本の歴史を開いたオランダの名作です。アイリーン・ハースの十年かけた新しい作品が、そこに並んだのです。

「ある夏のむしあつい夜のことでした。ルーシーの部屋に、一ぴきのかえるが、とびこんできました。かえるは、あるお誕生日の招待状と、魔法の紙の帽子をさしだしました。パーティーでかぶる帽子です。ルーシーは、帽子をかぶり、庭にでました。月の光が帽子にさすと、ルーシーは、いちまいの木の葉のように小さく軽くなりました。ルーシーのすばらしい冒険のはじまりです」

私は、この夏、深緑の天城で、ルーシーといっしょに“A Summertime Song”を歌います。上手に歌えるようになったら、日本語に訳します。

思い返せば、去年の夏前から、私たち家族の「心に緑の種」をまいてくれた絵本についての原稿の整理や執筆にかかりました。絵本が、子どもたちの心に緑の種をまいてくれただけでなく、親の私たちは、絵本の与えてくれる喜びを子どもたちと分かち合う幸せを持つことができました。成人した子どもたちの生き方を見ていると、人生のほんのひとときに過ぎなかった幼年時代の絵本との出会いが、彼らの心に計り知れないほど大きな影響を与えてくれたことが、私たちの心に伝わってきます。子どもたちと絵本との出会いがなかったらと想像すると、絵本に心から感謝したくなるのです。子どもたちがたのしんだ絵本の世界は、生身の私たちが生きた世界より、比べようもなく広く、やさしく、力強い世界でした。

私は、絵本が私たちに与えてくれた幸せな経験を、頼まれれば、語り部のように語り、折にふれ書き綴《つづ》ってきました。小田急沿線にある私設の小さな「ゆりがおか児童図書館」で語り部が語った時に、そこにいたのが、新潮社出版部の北村暁子さんでした。

自分のお子さんに絵本を読んであげているおかあさんとして出席していたのです。私は、集まりの後で北村さんに、優雅に丁重にくどかれ、いつのまにか執筆を承諾していました。北村さんとの出会いがなかったら、語り部の「心に緑の種」をまく絵本物語は、決して一冊の本にならなかったと思います。絵本の世界は、過去にも未来にも限りなく広がっているのに、私は、そのほんの一部分を垣間見《かいまみ》たにすぎないのです。私は、子どもたちと親しんだわずかな冊数に限って書くことにしました。一年以上かかって、筆の遅い私が、どうやら「あとがき」にこぎつけたのは、北村さんの励ましと忍耐のおかげです。ありがとう。

渡辺茂男

文庫版のための付記

渡辺鉄太

『キウイじいさん』の奮闘

この付記は、父渡辺茂男の書いた『心に緑の種をまく』に息子の僕が付す補足のようなものです。

父の書いた本書は、息子の僕が何も加えることがないくらい充分に父の児童文学への思いを綴《つづ》っていると思います。ただ、本書が単行本で出版された後の父の仕事について、それから老児童文学者の「その後」について、息子の視点から若干のことを書き加えることにもいくらか意味があるかもしれません。という訳で、以下では、父がこれまでの章で触れてこなかった二、三の作品と、この本が単行本として出版された後(一九九七年から二〇〇六年)に父が出した本などについて息子の視点から触れてみます。それから、父がまいた「緑の種」を僕が今どのように育《はぐく》んでいるのか、それについても書いてみます。

その父は、七十七歳の初秋まで元気に執筆活動をしてきたのですが、今この文章を書いている時点から一年と少し前に脳梗塞《のうこうそく》で倒れ、それ以来入院しています。ベッドの上で七十八歳を迎えましたが、もはやベッドから自力で起き上がることはできません。最初は話したり、字を書いたりも出来たのですが、最近では言葉も話せなくなり、通常のコミュニケーションはとれない状態にあります。父はもう本を書くことはできないし、自分の本について語ることもできません。本当は父の書いたこの本が文庫本になるにあたり、本人に新しくいろいろなことを書き足してもらいたかったのですが、悲しいことにそれはもうかないません。そこで、父もたびたび僕たち三人の息子(長男の僕、鉄太《てつた》、次男の光哉《みつや》、三男の光太《こうた》)のことを書いていることだし、僕たちは父の絵本にも登場しますから、その息子たちを代表して何か書いてみないかと、最近は児童書関係の仕事に手を染め、児童文庫も主宰している僕にお鉢が回ってきたという訳です。

画竜点睛《がりょうてんせい》というわけにはいきませんが、息子として、最近の父にまつわることをできるだけ素直に書いてみようと思います。

『ゆかりのたんじょうび』と『しいの木と　あらしの海』

『ゆかりのたんじょうび』と『しいの木と　あらしの海』(共に渡辺茂男作、太田大八画、理論社、一九八三年)の二作について、父は多くを語っていません。それなのに、この二冊は最近ずっと父の書斎の机上に置いてありました。父はこの二冊の幼年童話について何か思いがあって、そのことを文章にしようとしていたのかもしれません。

ただ、その思いが何であったのかは、もう話ができない父には聞けないので、僕はただ想像するだけです。この二作は、太田大八さんの挿絵も含めて、リアルで社会的と言ってもいいような作品で、父が得意だったファンタジー作品のようにユーモアがあって、楽しくて、親しみのある作品とは大変異なる物語です。だから、常々「物語にはユーモアがないといけない」と言っていた父が、どうしてこんな真剣な調子の作品を書いたのか、僕にはよく解《げ》せないのです。

この二つの作品は、父親と子どもの間の溝や、親子の離別を描いた作品です。しかも、具体的なモデルや出来事があって書かれた作品であることを僕は知っています。しかし、ノンフィクション的な作品であることは、この二つの作品の重要な特質ではありません。実際の出来事やモデルは作品が生まれたきっかけにすぎず、父のメッセージは元になった出来事やモデルの人物たちを超越したところにあるからです。

『ゆかりのたんじょうび』は、父親が単身赴任している家庭の一人娘の話です。ゆかりは、ニュータウンの団地に住んでいて、優しい母親がいて、物質的には何一つ不自由のない家庭に育っています。ただ、猛烈サラリーマンの父親は家庭にいなくて、約束していたはずのゆかりの誕生日にも帰宅できませんでした。ゆかりは、父親の不在に大きく傷つき、誕生日が過ぎてから帰宅した父親にひどく当たります。しかし、ゆかりは、やがては父親を受け入れ、自分の怒りを克服し、成長していきます。

『しいの木と　あらしの海』は、嵐《あらし》の海で父親を永遠に失う少年の話です。たつや少年は大都市の郊外の一戸建ての家に暮らしています。父親は画家で、母親は声楽家の芸術家一家です。絵描きであった父親は、ニュータウンの造成地に残った樹齢五百年の椎《しい》の大木を絵に描いていました。しかし、家族で海水浴に行った夏のある日、父親は嵐の後の高波にのまれたまま帰ってきませんでした。後には、父親の描いた椎の木の絵が残りました。たつやは、どうして父親が自分を置いていなくなったのか悩みますが、母親の包みこむような愛情に助けられて痛手を乗り越え、生きていきます。

この似通ったふたつの物語を僕なりに解釈してみますと、物質的には豊かになった高度成長期の終わり頃の日本を舞台に、その頃の日本における父親の喪失という問題が描

かれていると思います。急成長を遂げ、その物質的な豊かさを維持するがために、父親を仕事に取られてしまった子どもがたくさんありました。あるいはまた、いくら豊かになってみんなが幸福に暮らしているようでも、不慮の事故などで父親を永遠に失う不幸に見舞われる子どもも中にはあったということもあるでしょう。それは、この二つの作品の舞台である夢に満ちた未来都市のニュータウンが抱える不条理でもありました。

しかし、そんなジャーナリスティックな事実よりも、僕の父がこれらの物語に書きたかったことは、子どもの勇気だと思います。新しくはありますが、平凡で没個性的なニュータウンの中には、人生の荒波にもまれる子どもたちがいました。そして、その彼らや彼女たちが、時として非常な勇気や生命力を見せるありさまに父は深く心を揺り動かされて、これらの作品を書いたのだと思います。子どもたちは、不幸や困難やトラウマ(心的な傷)というものを時に大人たちをびっくりさせるような勇気で乗りきり、成長していきます。子どもの勇気という問題は現代の児童文学の大切なテーマのひとつであり、父が手がけてきたたくさんの物語にも受け継がれているテーマです。父は、セルマ・G・レインズの『センダックの世界』という絵本の評論を一九八二年に訳していますが、この中に、センダックのこういう言葉があります。

人間存在の一つの状態としての子ども時代。そして、すべての子どもたちが、一日一日、どのようにして子ども時代をとおりすぎるのか。彼らが、たいくつ、恐れ、痛み、そして悩みをどのように克服し、そして喜びをみつけるのか、ということに、わたしはつきることのない興味をもっています。子どもたちは成長できるのだということが、わたしには、いつも奇蹟《きせき》のように思われます。　（同書）

父は、こうしたセンダックの言葉を思い出しながら、この二つの作品を書いたのに違いありません。

さて、『ゆかりのたんじょうび』と『しいの木と　あらしの海』を書いたのと同じ一九八〇年代に、父は大友康夫さんの画になる『くまたくん』シリーズという、僕の末弟の光太をモデルにしたユーモラスな動物ファンタジーをたくさん出版しています。くまたくんは、かわいくていたずらな、子ども好きなら誰しもが虜《とりこ》になってしまうような絵本ですが、ここには暗さや憂《うれ》いが微塵《みじん》もありません。

父がくまたくんの絵本を書いた動機なら非常に明白な気がします。くまたくん一家が暮らしている家は、父の建てた家にそっくりですし、くまたくんのお父さんが運転しているワゴン型の自動車を父も運転していました。この車で、家族で東北地方にキャンプ旅行に出かけたこともあります。父は、光太を連れてジャンボジェットに乗って北海道旅行にも出かけたし、静岡県の大井川へ蒸気機関車に乗りにも行きました。光太が迷子になって近所中大騒ぎで探した経緯も父が本書に書いている通りです。この頃の我が家は、くまたくんファミリーを地でいくような生活をし、また、逆に、くまたくんの物語に触発されていろいろなことをしていました。

そういう楽しい『くまたくん』の絵本を、父は本当に楽しみながら、乗りに乗って書きました。『くまたくん』が生まれた八〇年代は、バブル経済に至る好景気の時代であったことも、この作品の根っからの明るさに関係があるのかもしれません。父はもうひとつ、『いのしし親子のイタリア旅行』という抱腹絶倒のヨーロッパ旅行記を書いていますが、これなども豊かで笑いが止まらなかったこの時代の日本が下敷きにあると思います。

もちろん太陽が出れば日陰もできます。『くまたくん』や『いのしし親子のイタリア旅行』が、その時代の明るい陽のあたる部分を描いたものならば、『ゆかりのたんじょうび』と『しいの木と　あらしの海』は、影の部分の作品のようです。しかし、それでもどうして父が『ゆかりのたんじょうび』と『しいの木と　あらしの海』を書いたのか、僕にはよく分からないのです。『くまたくん』を世に出し、マックロスキーやセンダックなど数々の重要な欧米作品の翻訳を手がけ、脂の乗りきっていた父が、どうしてこんな悲しい作品を書いたのでしょうか。

その本当の理由は父に聞けない以上推察するしかないのですが、一番の理由は、父が明るい作風を心がけていたからこそ、子どもの心の陰の部分に敏感だったからだと思います。現に、近年自分に老いの影が忍び寄ってきた頃になって、父は「人生の裏道のことをまだ書いていない」と漏らしていました。父は、若くして亡《な》くなった自分の生母の死にまつわる秘密や、継母や異母兄弟の間で育った生い立ちの中で自分が忘れようとしても忘れられなかった出来事、あるいは戦後に清水の進駐軍相手のお土産屋で働いていたころ垣間《かいま》みた社会の裏側について書こうとしていましたが、まだそれらのテーマにはほとんど着手していませんでした。そんな思いがあったから、子どもの悲しみについて綴ったこの二つの作品を思い出し、何かを語ろうとしていたのだと思います。

さて、『ゆかりのたんじょうび』と『しいの木と　あらしの海』、あるいは『くまたくん』の舞台でもあり、僕の故郷でもある多摩ニュータウンが生まれて、すでに四十年が経《た》ちました。「ゆかり」も「たつや」も「くまた」も、そして僕も成長して、今や四十代の中年です。僕は二人の子どもの親になりました。父も本書に書いていますが、僕ら家族が引っ越した頃の多摩市はまだ人口も二、三万人でした。それが、たった三、四十年で二十万近くにふくれあがったのです。つまり、何万もの「ゆかり」や「たつや」や「くまた」がこの町で育ったというわけです。

多摩ニュータウンは、農村が造成されてできた未来の町でした。では、その町が生まれて四十年経って、本当に成熟した夢の都市が完成したと言えるでしょうか。僕には正直言って分かりません。のどかだった小さな町は、バートンの『ちいさいおうち』もびっくりするような変容を遂げて郊外のベッドタウンになりました。僕は、そうした造成を目《ま》の当たりにしながら子ども時代を過ごしました。そして、この町はある部分では緑あふれる生活重視の郊外になったと言えるかもしれません。しかし、見回すと老巧化した団地もたくさんありますし、訪れる子どももいないさびれた公園も目立ちます。ニュータウン計画から漏れた地域は、都市計画の専門家がスプロール化と呼ぶ建て売り住宅や店舗が無秩序に並ぶ没個性的な町になり、そこには手入れのされていない賃貸アパートやプレハブの倉庫、自動車の駐車場などがひしめいています。我が故郷のある部分は、たった四十年で廃墟《はいきょ》化してしまったとも言えます。

そんな風に、予想以上に早く老化してしまったこの町のことも、父は優しく懐《なつ》かしむように本書に書いています。団地の歩道沿いに植えられた木から落ちたドングリを拾う喜びについて、父はまるで子どものように瑞々《みずみず》しい感性の文章を書いています。それは、児童文学者ならではの感受性だと思うし、父のまなざしの優しさ故《ゆえ》だと思います。

今僕はオーストラリアに暮らしながら、故郷を遠くから眺めて暮らしています。僕は、故郷の町並みが変わっていくスピードに戸惑いを感じつつも、故郷を離れて外国に住んでいることに若干の良心の痛みも感じます。僕はその複雑な思いを抱きつつ、故郷の町で成長し、そこで暮らしているかもしれない「ゆかり」や「たつや」の人生を想像します。果たして彼や彼女が幸せな人生を切り開いていったのだろうかと。そして、年に一度くらい故郷に舞い戻ると、僕はショッピングセンターや駅のホームや公園などで、「ゆかり」や「たつや」の姿を探してしまうのです。そして、それらしい人を見つけ、その人が幸福そうに子どもを公園で遊ばせていたりすると、とてもうれしくなります。あるいは、ちょっと寂しそうに本屋で立ち読みなんかしていると、どうして孤独なのか話を聞いてみたくなります。

『ゆかりのたんじょうび』と『しいの木と　あらしの海』の物語は、僕にとって、そんな故郷の匂《にお》いがする作品なのです。

『キウイじいさん』

この作品にちなんで、僕たち兄弟は、父を「キウイじいさん」と呼ぶことがあります。そのことを語るには、この『キウイじいさん』(長新太画、クレヨンハウス、二〇〇五年、クレヨンハウス『音楽広場』一九九四年初出)が生まれた背景を説明しなくてはなりません。

僕の生母一江は、一九九一年に五十六歳で亡くなりました。父が六十三歳の時です。一人になった父は、やがて老いの問題に直面するようになります。父は、生活のあらゆる面に戸惑いを覚え、自らの老後を直視するにもかなりの葛藤《かっとう》があったようです。そんな父は少し憂鬱《ゆううつ》そうでしたが、あるとき、吹っ切れたように明るく生きるようになりました。そんな頃書かれたのが『キウイじいさん』なのです。

『キウイじいさん』の物語には、キウイを植えたじいさんが登場しますが、あれはまさに父そのものです。多摩の家のキウイの木は、亡くなった母がまだ元気な頃、確か、僕が高校生の頃に父が植えたものです。僕は、メルボルンから年に一回くらいキウイじいさんのいる多摩に里帰りしますが、その度に庭のキウイ棚を眺めます。僕は、それほどキウイが好きではないのですが、このキウイ棚は僕の部屋の前にあるからどうしても目に入ります。

立派な棚をしつらえてキウイを植えてみたものの、最初はなかなか実がつかなくて父はいろいろな肥料をやったりして苦心していました。結局はもう一株植えて「つがい」にしてみたら、今度は、たわわに実をつけました。まだキウイが今ほど安くなかった頃なので、僕の両親はたくさんなったキウイを近所や親戚《しんせき》に配ったりして喜んでいました。

やがて母が病気になって、たった三か月くらいの間に亡くなりました。僕が社会に出て結婚したばかりのときでした。母はまだ老人とは言えない年齢でしたから、父も僕たち息子もとても心残りでした。母はかねがね「もう一度外国で暮らしたい」と言っていたのですが、その夢も果たせませんでした。もちろん孫もまだ生まれていません(母の没後四人生まれた)。母は庭仕事が好きでしたが、母が亡くなって庭は荒れてしまい、キウイも放っておかれました。蔓《つる》は伸び放題、実は鳥の餌《えさ》になるばかりでした。

母が亡くなって二年目の頃、僕と妻のチャコは、多摩の実家に父と同居しました。浪人していた下の弟の光太もいっしょに暮らしていました。真ん中の弟の光哉は新婚で横浜に住んでいました。父は、妻を失ってできた心の大きな穴を埋めることに四苦八苦していましたが、その大きな穴は、息子の僕と義父思いのチャコが同居したくらいでは簡単に埋まらず、我が家は、かなりがたがたしていたと思います。光太の大学受験、その後の浪人生活も父の焦燥を深めていたに違いありません。父は、六十歳代後半の坂を転がりだし、体力的にもしんどそうでした。

そんなある日、庭のコンポスト(堆肥《たいひ》作りの桶《おけ》)のことで、父と僕は大げんかをしました。普段は温厚な父が、顔を真っ赤にして体をわなわなと震わせるくらいに腹を立てたのです。このコンポストは、亡くなった母があつらえたもので、母はこまめに中身を庭に埋めていましたが、今や誰も面倒をみなくなり、中身もいっぱいで虫がわいてひどいことになっていました。「コンポストをどうにかしろ」と、父が僕たちに命じたのが発端で、この大げんかが始まったのでした。要は、父も僕も誰も、悪臭を放つコンポストした。

に触れたくなかったのです。このコンポストは、まさしく我が家の状態を象徴していま

勝ち気な長男の僕は譲らず、「命じてばかりいないで、たまには自分でどうにかしろ」とでも言ったのだと思います。すると父は、ものも言わずに庭に飛び出し、コンポストの桶をひっくり返し、キウイの株の下に大穴を掘り始めました。僕もチャコも光太も唖《あ》然《ぜん》として眺めていたものの、細身の父が悲愴《ひそう》な顔でスコップを振り回す姿を見ておれず、ついにみんなで生ゴミをキウイの下に埋めました。そして、最後にみんなで大笑いしたという話です。

そんなことをしているうちに、父は文字通り妻を失った心の穴を少しずつ埋めていったようでした。そして、自分の老いも直視できるようになっていきました。僕自身も、母を亡くした心の痛みが、コンポストの中身が分解して肥料になっていくように、だんだんと生きる力になっていくのを感じました。

言うまでもなく、その翌年のキウィは豊作でした。僕たちは、父を「キウイじいさん」と呼ぶようになり、父もまんざらではない顔でジャムを煮たり、ジュースにして飲んだりして楽しんでいました。その様子は『キウイじいさん』の物語の通りです。ファンタジー童話の細部というのは、案外と写実的なものです。

父は、そんな出来事があって『キウイじいさん』の物語を書いたのですが、父が残り

の人生を楽しんで生きていこうと決心したのはもう確実でした。この本のキャラクターが「じいさん」であることからも、父が自分の老いを受け入れたことが分かります。「キウイじいさん」は、たった一人で暮らしていてどこか寂しげでしたが、キウイと格闘することでその寂寥《せきりょう》とおさらばします。キウイで何だか怪しげな食べ物を作って、それで健康になり、老年を乗り切っていくのです。キウイじいさんの話に家族が誰も出てこないのは、キウイじいさんが「もう自分でちゃんと生きていけるんだぞ」と、頑張っているからだと思います。作者の渡辺茂男もかなり頑張って、この作品を書いた後は、また旺盛《おうせい》に作品を書く元気を取り戻しました。それだけでなく、後添えの邦子さんというパートナーも見つけて楽しく暮らすようになったのですが、それはまたもう少し後の話。

『キウイじいさん』の絵を描いたナンジャモンジャ博士こと長新太さんは、残念なことに茜雲《あかねぐも》の彼方《かなた》にもう旅立ってしまいましたが、父はかねがね「長さんは天才だ」と言っていました。ユーモアの力を信じていた父は、長さんと仕事をすることを心底楽しんでいたようです。この本でも、父は長さんのユーモアのある絵にどれだけ救われたことか！　この後、長さんの絵で父はもう一冊、『あんよはじょうず』という絵本を書いています。これは、父にとっては初孫の僕の娘の鼓子《ここ》をモデルにした本です。母が亡くなった後、その大きな穴を埋めてくれたのは鼓子でした。鼓子は、母が亡くなった後にしばらくして生まれ、その誕生は家族全員に祝福されました。そして、すぐ後に弟の光哉にも南々帆《ななほ》ちゃんという娘ができました。孫たちに囲まれた父は、心からうれしそうでした。父はその喜びを素直にこの絵本の文章にこめたのです。長さんのおかしみのある絵がさらにこの絵本をあたたかなものにしていると思います。

父は今、老人たちがたくさん入院している病院で暮らしています。『キウイじいさん』の絵本は父の枕元《まくらもと》にも置いてあり、僕は時々この病院を訪れると、父を元気づけようとこの絵本を読んでやっています。

『サマータイム ソング』と天城の仕事場

父は、アイリーン・ハースの『サマータイム ソング』(福音館書店、一九九八年)という美しい絵本を翻訳しています。作家には定年がありませんが、父がこの絵本を訳し終え、そして本書の「あとがき」でも触れた、この作品に所縁《ゆかり》のあった伊豆天城山の仕事場を手放した頃から、本当の意味で父の老後が始まったような気がします。

父は、大半は多摩の家で仕事をしていましたが、集中しなければならない仕事があるときは天城山の仕事場に出かけて行きました。天城山の仕事場は、多摩の家から自動車で三時間ほど、伊豆スカイラインという道路の終点にあり、相模《さがみ》湾を見下ろす標高八百メートルの峰にありました。高い所でしたから、夏は涼しく、見晴らしも良くて別天地のようでした。父は、一週間くらいはここにこもり、仕事の合間にゴルフをしながら過ごしました。『ミス・ビアンカ』シリーズ、『センダックの世界』『オズの魔法使い』『くまたくん』シリーズなど、数多くの作品をここで手がけました。父がこの山荘を手放す直前に出版された『サマータイム ソング』は、恐らく父が天城山で訳した最後の絵本でしょう。

父がこの天城の山荘を建てたのは、一年間のアメリカ・イギリス滞在から帰って二、三年後、慶應大学の職を辞して間もない一九七六年頃でした。僕が中学に入った頃です。そのころ生まれた末弟の光太がアトピー性の汗疹《あせも》がひどく、夏の間避暑させるという目的もありました。父は始終この山荘を訪れていましたが、僕たち家族も休暇をこの山荘で過ごしました。僕は、中学、高校、浪人時代、大学、それから結婚してからもこの山荘を訪れました。中学時代には多摩の家から一三〇キロの道のりを自転車で走ったり、高校時代には、軽音楽部の友だちとドラ

ムやエレキのアンプなどを父の車で運んで合宿し、朝から晩までバンドの練習をしたこともあります。そのときばかりは、やかましくて父も仕事にならなかったようです。大学時代には、友だちと海水浴をする拠点になりました。父の仕事があるときは遠慮がちに使っていましたが、父もけっこう賑《にぎ》やかなのが好きだったので、それほど嫌な顔もせずに、我が物顔にそこらで雑魚寝《ざこね》している若者たちをまたぎながら一緒に「合宿」していました。

父は、アイリーン・ハースさんやジャック・キーツさんを始めとした外国の作家たち、それから国内の作家や児童文学者、編集者たちもこの山荘に招待していました。石井桃子さん、故中谷千代子さん、松居直さん、安野光雅さん、翻訳家の福本友美子さんや佐々木田鶴子さん、編集者で幼なじみの上杉重吉さんなどが時々この山荘にいらしていました。

この山荘で唯一《ゆいいつ》大変だったのは、草刈りでした。若いときアメリカで暮らし、加えてゴルフ好きだった父は、広い芝生の庭を持つことが夢でした。この山荘の敷地は最初三百坪だったのですが、両隣の土地が売りに出たのも買い足したので、最後は八百坪ほどの広さになり、その庭の大部分に父は芝生を敷いたのです。これが伸びること、伸びること！　天城の「あま」は「雨」とでも字をあてたいくらい雨が多く湿度が高いので、芝生は伸びるだけでなく、びっしりと密生します。こんな土地に芝生を敷くなど大間違いなのですが、クラブを振るのが大好きな父はおかまいなしです。だから、たまの休みに僕や弟たちが訪れると、朝から晩まで草刈りでした。草刈りも、エンジン付の強力な自走式芝刈り機を使った本格的な作業でしたから、僕は草刈りだけはプロみたいに上手になりました。

家族のみんなが揃《そろ》っていたころは、この山荘も大いに活用されたのですが、母が亡《な》くなって、僕とチャコが一歳の娘の鼓子を連れてオーストラリアに移住し、旅行会社に勤めるサラリーマンの光哉が忙しくなり、光太が姫路の大学の大学院で生物学を研究するようになると、草を刈りに行く者がありません。しばらくは父も孤軍奮闘していたのですが、僕がオーストラリアに移住して二年ほど経《た》つ頃、「もう手に負えなくなった」と、父はついにこの山荘を手放すことにします。僕は、この山荘が売りに出された理由が、ある部分では自分の渡豪であることを思い、大変な親不孝をしたと感じたものです。しかし、母も亡くなって十年近く経ち、新しいパートナーの邦子さんと新生活を始めた父には、この山荘を畳むのは必要なことであったのかもしれません。それでも僕は、この思い出の場所がなくなることがショックで、しばらく放心したような気持ちでした。

それが、ちょうど『サマータイム ソング』の絵本が出版された頃です。『サマータイム ソング』は、記憶の底に封印されていた思い出が夏の夜に蘇《よみがえ》る物語です。小さな虫ほどの大きさに縮んだ主人公のルーシーは、おばあちゃんの思い出の人形を庭で見つけます。そして、庭の片隅で虫やカエルなどの小さな生き物たちとその人形のお誕生のお祝いをするという物語です。この絵本は、ディテールが非常に細やかで、その全《すべ》てがロウソクの灯りで黄金色に輝き、美しい陰影を持つように描かれています。

僕は、日本から送られてきた『サマータイム ソング』をオーストラリアで読んだとき、以前にハースさんが天城を訪れたことを思い出しました。僕が暮らすメルボルンも緑が濃い町ですが、天城のしっとりとした濃厚な緑とは全く趣が異なります。天城山の緑は、本当に濃厚なのです。庭の草いきれ、馬酔木《あせび》やアマギシャクナゲの群生、谷間の奥にある冷たい水が流れる山葵《わさび》田などが次々と僕の脳裏に浮かびました。天城山は、相模湾と駿河《するが》湾の両方から昇ってくる湿度に覆《おお》われている山塊で、梅雨時などはミルクのような霧に覆われます。山肌を霧が滝のように落ち、山ひだに渓流が流れる光景は、まるで山水画のようです。そんな幻想的な光景の中を、僕はよくチャコと二人で何時間もさまよい歩いたものです。初夏には、藪《やぶ》の中で野苺《のいちご》の群生を見つけ、かご一杯ほども宝石のような果実を摘んだこともあります。月夜の晩に山道を歩くと、樹木の影の合間を自分の影だけが動き、まるで山の精霊が一人歩きしているように見えたものです。天城の夏の思い出は、『サマータイム ソング』の絵本の黄金の色調のように、僕の記憶の中で年々輝きを増していきます。

『サマータイム ソング』は、父の仕事の全盛期の終りにある作品だと思います。この作品を訳し終えた父は、天城の風景や樹木に別れを告げ、ここでの思い出を記憶の中に丁寧にしまいこみ、人生最後の黄金期を生きるべく、山荘を畳んで山を降りたのだと思います。

『さとうねずみのケーキ』の翻訳

天城の山荘を手放しても、父は、まだ完全に仕事の手を止めた訳ではありませんでした。その後、二十一世紀に入って七十歳を超えても、父はアメリカ古典絵本の翻訳や再版に熱心でした。山荘を手放して脳梗塞《のうこうそく》を起こして倒れるまでの八年ほどの間、父は三

十冊余の絵本や幼年童話の翻訳書や創作を出版しています。

『おさるのジョージ』シリーズの翻訳は、親子のように長年お付き合いのある翻訳家の福本友美子さんに誘われての作業でした。マンロー・リーフの絵本『おっとあぶない』や『けんこうだいいち』も再版されました。マーガレット・ワイズ・ブラウン作、レナード・ワイスガード画『きんのたまごのほん』や、ジーン・ジオン作、マーガレット・ブロイ・グレアム画『ジェフィのパーティー』も訳しています。ハーディー・グラマトキーの『ちびっこタグボート』『いたずらでんしゃ』『ルーピーのだいひこう』『ホーマーとサーカスれっしゃ』『がんばれヘラクレス』の再版に歓声を挙げたのは、僕だけではないでしょう。小さな子どもたちに絶大な人気のあるロイス・レンスキーの絵本『スモールさん』シリーズも、故瀬田貞二さんの言葉を借りるなら、「律儀《りちぎ》にがんばって」カラー版が出版されています。ドロシー・エドワーズ作『きかんぼのちいちゃいもうと』のシリーズ(一巻から三巻)は、新しいエピソードも加わって酒井駒子さんの挿絵で新装出版されました(以前の挿絵は堀内誠一さん)。これらの作品の翻訳や再版は、様々な出版社や編集者のサポートや絵本ファンの熱意がなければ、なし得なかった仕事だと思います。

父が最後に手がけた翻訳絵本は、ジーン・ジオン作、マーガレット・ブロイ・グレアム画『さとうねずみのケーキ』でした。この作品も周りからのサポートがあってこそ世に出た作品です。『さとうねずみのケーキ』は、『どろんこハリー』と同じ作者と画家によるかわいい白ねずみの絵本です。こんな美しい絵本がまだ日本語に訳されていなかったとは、僕は驚きました。父は、『ミス・ビアンカ』シリーズを訳して以来、白ネズミというキャラクターが大好きでしたが、この小麦粉の貯蔵庫に暮らす頭のいいネズミも、ミス・ビアンカに負けない冒険をして読者をハラハラさせます。おまけに、おいしそうなケーキがたくさん出てくるので、よだれをたらしながら読んだ読者も多いでしょう。

こんな楽しい絵本なのですが、父にとって『さとうねずみのケーキ』の翻訳作業は、老人性の認知症からくる物忘れとの戦いでした。翻訳というのは、何度も訂正や校正を重ねてようやく仕上がるのですが、この作品を手がけた頃の父は、物忘れの症状にかなり悩まされていましたのでこれが大変な作業でした。

どこまで作業をしたのか忘れないために、父は原書に何か所も下線を引き、付箋《ふせん》をはさみ、終わったところまではコピーをとってファイルに整理するという作業を繰り返しました。それでも忘れてしまうので、親切な編集担当者が、作業が終わった箇所まで克明なメモを書いてくれて作業が進行しました。そこまでしても父の原稿を読むと、記憶の減退のせいで前後の文脈が混乱した箇所などがありました。またそれを編集者が調整し、ときにはオーストラリアにいる僕が確認したりしましたが、そうした訂正や変更を父が受け入れてくれなくて作業が難航したこともありました。だから、完成までの時間も以前の数倍はかかったでしょう。そしてその陰では、常に父のパートナーの邦子さんがワープロに原稿を入力して清書し、忘れていることがないか確認して父の仕事を支えました。こうして『さとうねずみのケーキ』の訳がやっと完成するのですが、この翻訳には父の文体がしっかりと生きていると思います。また、父が渾身の力で書いた最後の手書き原稿には、老翻訳者の気迫がみなぎっていると思います。

最後の創作絵本『ふしぎな　おはなし』

最後の翻訳となった『さとうねずみのケーキ』に先立つこと数年、父は創作作品では最後の『ふしぎな　おはなし』(高良《こうら》真木画、古今社、二〇〇三年)を出版しています。父は、児童文学に関わるようになった初期の頃から翻訳と創作両方に同じくらいのウエイトで携わってきましたが、翻訳と創作では作業の性質がかなり違うようでした。父にとって翻訳作業は、ファンタジーに関する学問的な知識や英語の語学能力を使っての、言ってみれば意識的で職人的な作業だったのではないかと思います。ですから翻訳に関しては、『オズの魔法使い』のような量のある物語でも、けっこうコンスタントなペースで仕上げる能力を持っていました。しかし、創作の仕事は、父の言葉を借りるなら「内なる子ども」を呼び起こしての無意識的で精神的な面がかなりありましたから、翻訳とは違うようでした。だから、ひとつの物語の構想を思いついても、その考えが熟して形になるまでは何年もかかることがありました。『ふしぎな　おはなし』のアイデアも、父はずいぶん長いこと抱えていた形跡があります。この本が出版された頃の父はまだ元気で物忘れの兆候も目立っていませんでしたが、この本を手がけだした頃から「老後」という言葉をしばしば口にするようになり、何となく自分の創作力の限界を見極めていたような気がします。だから、逆に言えば、自分に充分な力が残っているうちにこの本を仕上げたかったのだと思います。

『ふしぎな　おはなし』が出版されたとき、父はメルボルンの僕まで、かなり興奮した調子で国際電話をかけてきました。「すごい本ができたんだ、長年の夢がかなったぞ」父は、そんなことを一方的にしゃべって電話を切りました。それから数日すると、大判の絵本が航空便で送られてきました。僕は、包みを開くのももどかしくこの絵本を開きましたが、驚いたことに、その本は、今まで父が作ってきた絵本とは全く異なる雰囲気でした。僕は、ちょっと狐《きつね》につままれたような気がして、その本を持って庭に出て木の下に座り、もう一度読み直しました。そして、その本を開いたまま、しばらくぼんやりしていました。ちょっとしてから、「そうか、オヤジは、自分のために最後の物語を書いたのだな」と思いました。

そして、僕の思った通り、この本は父にとって最後の創作絵本となったのです。

『ふしぎな　おはなし』は、古事記に出てくる、桜の化身のコノハナサクヤヒメに題材を採った物語です。コノハナサクヤヒメは美しい炎の女神ですが、富士の噴火を鎮《しず》めるために水神として祀《まつ》られたという伝説もあります。父の物語では(古事記の物語を下敷きにしているが、この作品はあくまでも創作と考えるべき)、コノハナサクヤヒメは、富士山の上の空で舞っているときに、カグヤヒメから光の玉をもらいます。その玉は、地面の裂け目から地中に入り、富士の麓《ふもと》の泉からまた出てきます。村人がその玉を拾うのですが、ばちがあたることを恐れ、また泉に戻します。その玉は、その後山の頂上に昇って見えなくなり、女神も消えていなくなります。しかし、この不思議な玉のせいで富士は永遠に美しい姿を保つのです。光る玉も女神も空から村人たちを見守り、天気の良い日には富士の頂に美しい女神のような白雲が舞い、村人たちは、その姿に手を合わせながら野良《のら》仕事をするのです。

父は、天城の仕事場に行く途中、わざわざ遠回りをして中央高速道から富士を巡って車を走らせることがありました。その道すがら、富士宮市の富士山本宮浅間大社にも立ち寄ることがあったようです。コノハナサクヤヒメの伝説は、この浅間大社に伝わる物語です。ここには「湧玉池《わくたまいけ》」という美しい泉がありますが、父は、地底でつながっている不思議な富士五湖や、そしてこの湧玉池から見上げた富士を前にしているうちに、

『ふしぎな　おはなし』の物語はここを舞台に書こうと思ったのでしょう。父は、小学校五年生のとき、自分の父親に命じられて弟の磐《いわお》と二人で富士登山に出かけています。兵隊や信仰登山の大人たちに混じって「六根清浄《ろっこんしょうじょう》」を唱えながら富士を登頂した後、父と弟は空腹と高山病の症状で朦朧《もうろう》となり、この世のものとは思えない幻想を見たりします。その時の体験は、生涯父に富士を畏《おそ》れる気持ちを抱かせたのだと思います。

この絵本は美しい日本画のタッチで描かれていますが、カラーのページと墨絵のような白と黒だけのページがあります。富士の上に日が昇っているだけの最初と最後のページは白黒で、墨絵のように迫力があります。天女が天に舞い、その手から不思議な光の玉が漂いだすページや、村人が泉に光の玉を戻すページなどは、極楽絵のように美しい色で描かれています。

『ふしぎな　おはなし』の絵は、平和や福祉関係の社会運動家としても知られる高良真木さんという女性画家によるものです。高良さんの絵は、絵本のための絵という感じが全くしません。あえて言うなら宗教画のようです。天に舞う女神の構図は、ルネッサンスの宗教画の構図のようですし、富士も、ギリシャ神話の全能の神ゼウスのように堂々と描かれています。そう考えながらこの本を読むと、コノハナサクヤヒメは、まるで大地の母、穀物神であるギリシャ女神デメテルのように思えてきますし、輝く玉は、ゼウスの子どもで永遠の命を持つ太陽神アポロのようです。日本神話にギリシャ神話の世界を重ね合わせて描いたなどというのは僕の邪推かもしれませんが、父が元気だったら本当のことを聞いてみたかったと残念に思います。

僕は、妻であり画家でもある加藤チャコにもこの本を見せました。すると、彼女はしばらく無言でこの本のページをめくってから、「この絵本は、あちら側の世界を描いたものよね」と、言いました。僕は、その一言に、ちょっと身震いしてしまったのですが、やはり父は、自分がいずれ帰っていく世界を描いたのだと確信しました。この絵本は、父の描いた極楽の世界だと思うのです。

そう言えば母が亡《な》くなった後の父には、こういう物語を書こうとしていた兆《きざ》しがありました。そんなことのひとつに、最後に主人公が煙のように消えてなくなる筋書きの物語を書こうとしていたことがあります。これは、絵本のファンタジー物語としては、あまり定石通りの筋運びとは言えないでしょう。主人公が突然消えてしまっては、子どもの読者は、物語が終わったのかどうか分からなくて困惑するでしょうから。実際、あるとき父は、ほとんど完成していた絵本の物語を主人公が忽然《こつぜん》と消えてしまう筋書きに変えてしまい、そのせいで出来上がりそうだった絵本の話が立ち消えになったこともあります。

ファンタジーに関しては専門家であった父が、あえてファンタジーの決まりごとを破るような作品をどんなつもりで書こうとしていたのか、僕は考えてしまいます。父が本当に極楽を描こうとしたのなら、その根っこはどこにあったのでしょうか。

父は特定の宗教を信仰していませんでしたが、父の実家は熱心な日蓮宗《にちれんしゅう》の信者でした。また若い頃、英会話の勉強の傍ら教会の聖書学級に通ったことがあるので、キリスト教にも関心を持っていました。アメリカに留学した時は、敬虔《けいけん》なプロテスタント家庭に寄宿していたこともありました。そんな生い立ちでありましたから、信仰という問題を常に意識のどこかに置いていたような部分があります。そんな父は、祖父のように確固たる信心を持たないこと、あるいはキリスト教信者のような信仰を持たないことに葛藤《かっとう》している面もありました。そんな父が、どうして人生のどこかのステージで仏教なりキリスト教なりの扉を叩《たた》かなかったのかは分かりません。恐らく、いろいろな意味で機会がなかったのだと思います。だから、人生の終わりを見つめるようになった時、自分が一番愛した絵本の中に極楽を描き、そこに戻っていこうと考えたのではないだろうかと僕は考えるのです。父は、『ふしぎな　おはなし』を書くことで、自分にとっての極楽を絵本の中にしっかりと存在させたのだと思います。

僕は、この物語の光る玉が何であるか父に尋ねたことがあります。父は、「不思議なお話なんだから、不思議な光の玉としか言いようがないねえ」と、曖昧《あいまい》に笑って答えました。今思えば、僕の質問は、「命や魂とは何であるか？」といったような愚問だったのだと思います。

『ふしぎな　おはなし』という絵本は、『どろんこハリー』や『しょうぼうじどうしゃじぷた』のように、たくさんの子どもたちに愛される絵本らしい絵本ではないのかもしれませんし、この本が古典になるかどうかは時がたたなければ分からないことです。ただ、僕には、父がこの絵本を年老いた自分という読者のために書かなければならなかった必然が分かる気がします。僕が今書いたことが正しければ、『ふしぎな　おはなし』は、実にセンチメンタルな物語ということになるのかもしれません。父は、感傷的な作品が決して好きではありませんでした。だから、息子であり、父の本の読者でもある僕としては、このユーモアを愛した作者には、最後に一発、突拍子もないようなおかしげな物語を書いて店仕舞いにして欲しかった気もするのですが、それでは、父に対して多くを望みすぎかなとも思います。

僕は『ふしぎな　おはなし』を開くと、「すごい本ができたんだ」と父が興奮して電話をかけてきた時のことを思い出します。今またそのことを思い出しながら、父が自分のために、これぞと思える本を最後にこしらえることができて良かったんだと思っています。

緑の種、森になる

父は、子どもに物語を語って聞かせること、絵本を読んでやることは、その心に緑の種をまくことだと本書に書きました。そして、いつしかその緑の種が芽を吹き、木に育つことで、緑の種は木陰を作り、森ができるのだと僕も思います。

僕は家族とともに十年ばかり前にオーストラリアへ移住し、メルボルンの町外れのダンデノン山という場所に住んでいます。ダンデノン山には、樹齢百年以上、高さ五十メートル以上もあるユーカリの木に覆《おお》われた森がたくさんあります。色とりどりの鳥が飛

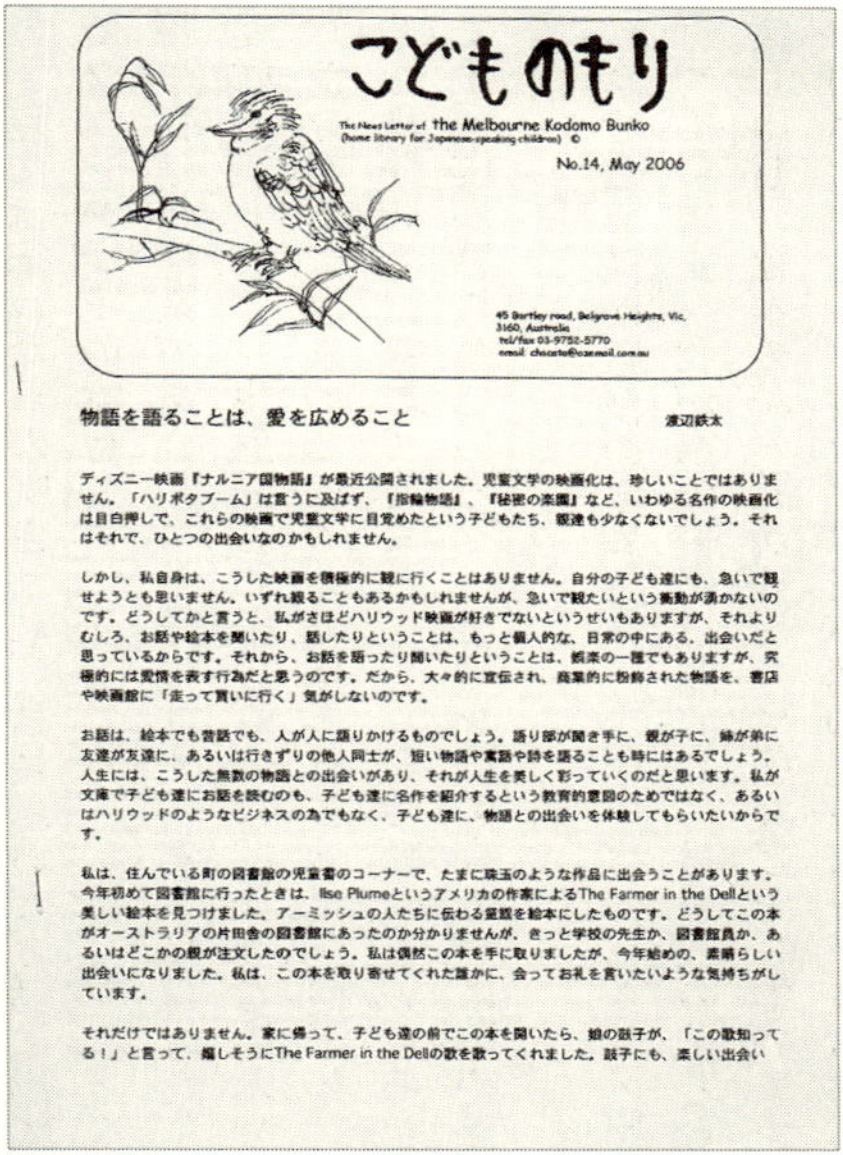

こどものもり

The News Letter of the Melbourne Kodomo Bunko
(home library for Japanese-speaking children) ©

No.14, May 2006

45 Bartley road, Belgrave Heights, Vic, 3160, Australia
tel/fax 03-9752-5770
email chocato@ozemail.com.au

物語を語ることは、愛を広めること　渡辺鉄太

ディズニー映画『ナルニア国物語』が最近公開されました。児童文学の映画化は、珍しいことではありません。「ハリポタブーム」は言うに及ばず、『指輪物語』、『秘密の楽園』など、いわゆる名作の映画化は目白押しで、これらの映画で児童文学に目覚めたという子どもたち、親達も少なくないでしょう。それはそれで、ひとつの出会いなのかもしれません。

しかし、私自身は、こうした映画を積極的に観に行くことはありません。自分の子ども達にも、急いで観せようとも思いません。いずれ観ることもあるかもしれませんが、急いで観たいという衝動が湧かないのです。どうしてかと言うと、私がさほどハリウッド映画が好きでないというせいもありますが、それよりむしろ、お話や絵本を聞いたり、話したりということは、もっと個人的な、日常の中にある、出会いだと思っているからです。それから、お話を語ったり聞いたりということは、娯楽の一種でもありますが、究極的には愛情を表す行為だと思うのです。だから、大々的に宣伝され、商業的に粉飾された物語を、書店や映画館に「走って買いに行く」気がしないのです。

お話は、絵本でも昔話でも、人が人に語りかけるものでしょう。語り部が聞き手に、親が子に、姉が弟に友達が友達に、あるいは行きずりの他人同士が、短い物語や寓話や詩を語ることも時にはあるでしょう。人生には、こうした無数の物語との出会いがあり、それが人生を美しく彩っていくのだと思います。私が文庫で子ども達にお話を読むのも、子ども達に名作を紹介するという教育的意図のためではなく、あるいはハリウッドのようなビジネスの為でもなく、子ども達に、物語との出会いを体験してもらいたいからです。

私は、住んでいる町の図書館の児童書のコーナーで、たまに珠玉のような作品に出会うことがあります。今年初めて図書館に行ったときは、Ilse Plumeというアメリカの作家によるThe Farmer in the Dellという美しい絵本を見つけました。アーミッシュの人たちに伝わる童謡を絵本にしたものです。どうしてこの本がオーストラリアの片田舎の図書館にあったのか分かりませんが、きっと学校の先生か、図書館員か、あるいはどこかの親が注文したのでしょう。私は偶然この本を手に取りましたが、今年始めの、素晴らしい出会いになりました。私は、この本を取り寄せてくれた誰かに、会ってお礼を言いたいような気持ちがしています。

それだけではありません。家に帰って、子ども達の前でこの本を開いたら、娘の鼓子が、「この歌知ってる！」と言って、嬉しそうにThe Farmer in the Dellの歌を歌ってくれました。鼓子にも、楽しい出会い

こども文庫のニュースレター

び交い、夏には忘れな草が咲き乱れ、秋にはおとぎ話に出てくるようなキノコが生え、まるでファンタジーの舞台です。

実際の森は生態系であり、自然環境です。そこには、たくさんの命が集まり、樹木や草花が咲き誇ります。生態系としての森には、様々な樹木や生物が集まっていますが、それはランダムに集まっているのではありません。何千年、何万年もの年月を経て、いろいろな秩序の元にそこで育《はぐく》まれ、お互いに頼りあい、そして競争したりしながら生きています。僕が暮らしているダンデノン山の森も実に賑《にぎ》やかで、生命に満ちあふれた場所です。

この森で七年前から僕の家族は、「メルボルンこども文庫」という日本語児童文庫活動を行っています。我が家の書庫を開放し、日系人の子どもたちのために日本語の児童書の貸し出し、絵本の読み聞かせや人形劇などをしています。なぜこういう活動を始めたかと言うと、メルボルンには日本語の児童書を借りられる場所がなかったからです。僕の子どもの鼓子と鈴吾郎《りんごろう》は、大の本好きですから、そのために文庫活動をやっていると言ってもいいでしょう。最初はほんの数家族だったこの文庫の会員も今や三十家族以上もあり、非常に盛況です。

文庫を始めた時、最初は、こんな町外れの文庫に誰も来てくれないんじゃないかと心配しました。しかし、今は毎回家の床が抜けるくらい人が訪れます。「こんな遠くまで来てもらって悪いですね」と、あるお母さんに言ったら、「遠くたって、こんなに美しい森にあるんだから、毎月、文庫のある日曜日を楽しみにしてるんです」と、その人は言ってました。メルボルンのあちこちから集まってきた日系人の子どもたちに、僕は、父も大好きなエッツの『もりのなか』やブラウンの『三びきのやぎのがらがらどん』、あるいは父の創作である『まんいんでんしゃ』(僕の妻の加藤チャコが絵を描いている)や『もりのへなそうる』なんかを読んでやります。そして、物語を読んだ後は、みんなで森を歩きます。木のうろに潜んでいる鬼を捜し、小川の橋の下にぎょろぎょろ目玉のトロルが潜んでいないかのぞきこみ、そこらに「へなそうる」の卵が落ちてやしないか探しながら、子どもたちと森の小道を歩きます。

父も物語の中の森を散歩し、実際に僕ら息子たちと近所の雑木林を探検しながら、五十年の永きに渡り、児童文学の創作や翻訳を手がけてきました。たくさんの物語を語り、それらを文章にし、アメリカを始めとした海外の絵本をたくさん日本に紹介しました。それらの本が戦後から現在に至る日本において、僕も含めてたくさんの子どもたちに読まれ、その子どもたちの想像力に形を与えたことは確かでしょう。

僕もそんな父の息子として、心に緑の種を抱いて大人になったのだと思います。そのせいかどうか分かりませんが、以前からずっと、森で暮らしたいと思っていました。そして、子育ては森ですることに決め、ダンデノン山に移り住んだのです。子どもの時の故郷の思い出や、心に抱いたまま大きくなった様々な物語が僕を森へと導いたのかもしれません。まるでエッツの『もりのなか』に登場する男の子が、『また もりへ』という作品でもう一度森へ戻ったことのようだと自分でも思います。

考えてみると、児童文学には森が頻繁に登場します。「森」という言葉が題についた作品や、森が舞台になった作品もたくさんあります。ちょっと考えただけでも、英語圏には『もりのなか』『ロビンフッド』『大草原の小さな家』『クマのプーさん』、北欧では『三びきのやぎのがらがらどん』『やかまし村の子どもたち』『ムーミン』シリーズやいろいろな神話、北ヨーロッパではグリム物語、日本でもいろいろな昔話はもとより『もりのへなそうる』『ぐりとぐら』『ふるやのもり』『だいくとおにろく』『だれも知らない小さな国』など、森が題材になった物語は枚挙にいとまがありません。昔、人間は、森や自然の中で暮らしていたからでしょうか。確かに森は日常生活の延長上にありました。でも、森と日常の境界がはっきりできてしまって、多くの人が森を出て都会で生活するようになった現代でも、依然としてたくさんの作品に森が描かれていることからも、「森」や「自然」という言葉が今日でも文学や私たちの日常生活の中で非常に大切な場所を占めています。

物語やファンタジーの中の「森」という言葉には、いろいろなイメージがあります。『赤ずきん』を始めとするグリム童話に描かれている西ヨーロッパ、ゲルマン民族にとっての森は、大概は入ったらなかなか出られないような深くて恐ろしい場所のような感じがします。日本の児童文学にも、たとえば『ふるやのもり』、あるいは宮沢賢治の『注文の多い料理店』とか、森が恐ろしい場所に描かれている作品がたくさんあります。森は、物の怪《け》、山んば、鬼、天狗《てんぐ》、あまんじゃくなんかがたくさん集まっている場所です。一方、森が楽しい平和な場所として描かれている作品もたくさんあります。エッツの『もりのなか』の森は、人が一度は通るものの、二度とは帰ることができない「子ども時代」の象徴にも受け取れます。『ぐりとぐら』の森にもそんな側面があるでしょう。父が書いた『もりのへなそうる』の森には発見や冒険がありますが、この森は、小さな子どもの内に潜んでいる「野生」や「男性」としての本能の象徴なのかもしれません。

つまり、「森」は言葉であり、概念であり、記号であり、ファンタジーに登場する森や自然は、全《すべ》て何かのメタファー(比喩《ひゆ》)ということになります。父が「心に緑の種をまく」と言ったのもある意味では比喩です。子どもを、心に緑の森のような潤《うるお》いをもった大人にするには、たくさん愛情をかけなくてはいけないということを「緑の種をまく」という比喩を使って表現したのです。

しかし、僕は、実際に森で暮らし、子どもたちに森の中で物語を読み聞かせるようになって、児童文学の中の森は単なる比喩やイメージなのではなくて、実際の森をも指すのだと確信するようになりました。

僕が強くそう思ったことには、自然環境の大切さと、その一方で進む急速な自然破壊、それらのことと僕たち人間の持つ意識との関係があります。自然破壊は、自動的に起こっているのではありません。僕たち人間がみんなで引き起こしているのです。僕たちの身の回りからは、特に今の日本では、森が姿を消しています。僕には、第二の故郷になったオーストラリアでも、森は急速に消滅しているのです。こんな時代だからでしょうか、文庫にやってくる親子たちがどれほど森を求め、どれほど森が舞台になっている物語を愛しているかを知って僕はとても驚きました。森が単に文学上の象徴で、物語の中の森がただの仮想的空間であるのなら、僕のやっている森の文庫にそれほど人がやって来るはずはありません。だとしたら、僕たちは子どもたちの未来のために、ぜひとも自然破壊を食い止めなければなりません。

『もりのへなそうる』や『エルマーのぼうけん』などに出てくる森や山は、確かに文学上の空想の場所ですが、実は、そうした空想的なファンタジーの世界の森も、作者が身近な実際の森をモデルにかなり忠実に描いたものであることが多いのです。そういう森を描く作者や画家は、森や故郷の緑が永続するように、あるいは森や自然を再生するために、まるで森の姿を永遠に焼き付けるつもりで祈るようにして作品を作るのだと思います。

だから「心に緑の種をまく」ということは、単なる言葉の比喩、あるいは子育てのた

め の秘訣《ひけつ》やヒントというような生易しいことではないのです。それは、実際の生きた森や自然の再生ということを指し示しているのです。森を再生することは、そこで培《つちか》われる人間性の再生でもあるのです。森が生き返ることは、子どもたちの五感や六感を育むこと、子どもたちが本当に無垢《むく》でいられる子ども時代を蘇《よみがえ》らすこと、大人も子どもも人間らしい本能をもう一度取り戻すこと、祈りや恐れや愛情や喜びといった人間本来の感情をもう一度持つことにつながります。

心に緑がなくなれば、僕たちの生きる環境も確実に砂漠化していくのです。僕たち大人は、子どもの心を緑化することから始めて僕たちが暮らす町を緑化していかない限り、緑の故郷を取り戻すことはできないでしょう。今すぐ緑の種を植えないことには、五十年待っても、百年待っても森は出来ないのです。

さて、不思議なことですが、僕は本に囲まれていると、森にいるのと同じ様に心が安らぎ、平和な気持ちになります。本は紙ですが、紙はもともと木だからかもしれません。それに、人に愛された本には、魂がこもっているからだと思います。言葉には命があるからだと思います。

物語とは、語られるものです。その物語は、本になるために標準語に直されて活字になると、いったんは命を失うのかもしれません。でも、その本をお父さんやお母さんが手に取り、膝《ひざ》に座った子どもに読んでやる時、命を吹き返すのです。標準語で書かれた本でも、例えば静岡出身のお父さんが読んだら静岡弁のアクセントで読まれます。僕の父は静岡の人ですから、父が読むと、センダックだってグリムだって『遠野物語』だって静岡の話みたいになってしまいます。でも、僕はそういう父の語った物語を今でも愛しています。子どもの頃聞いた物語は、心の中にある故郷であり、森のような場所なのです。

森は、愛や平和の象徴であると思います。森と平和の関係について父はこう書いています。

私たちは、平和を望みます。個々の人間にとって、具体的に平和の意味するものは、衣食住の確保です。昔話の中によく出てくる森の中の一軒屋は、外敵の襲来から、また自然の脅威から身を守る私たちの本能の象徴です。パチパチと音をたてて燃える火は暖かさを示し、囲炉裏のなべは貧しいながら食生活の安定を示しています……子どもたちは、森の小屋にも、宮殿にも、自分の身を置くことができます。そのいずれも、ある満足感を与えています。森の小屋は平和を、あるいは未来への可能性を意味しているからです。

（『子どもと文学』福音館書店）

僕は、子どもたちと森を歩くとき、緑の木陰を楽しむばかりでなく、何百年もそこで生きている樹木から生命力をもらいます。歩きながら、そういう自然の中にある命の力を知りながら森で生きてきた先祖に思いを馳《は》せます。それから、百年も二百年も前から、森を手入れしてきた人たちのことも考えます。若木が成木になっても、木を切らないでくれた人たちにも感謝して森を歩きます。

僕たち大人は、森を守ってきた人たちと同じ心持ちで、百年、二百年、三百年先を見越して、子どもたちに物語を語り続けなくてはいけません。

父渡辺茂男も、きっと同じ意見だと思います。

お話の聞こえてくるふしぎな洞窟《どうくつ》

僕は、生まれついた時から父の作品に触れて大きくなりましたが、だからと言って熱烈なファンということでもありませんでした。子ども時代の僕は、父の作品であろうとなかろうと、好きなものは何十回でも読んだし、好きでないものは一回読んだだけで放り投げてしまう極めて正直な読者でした。僕の弟たちの光哉《みつや》と光太《こうた》も同じでした。だから、父の作品でも一字一句覚えているくらい好きな作品もあれば、よく知らない作品もあります。そして大人の文学に手を出し始めた頃の僕は、父の作品も含めて児童文学全般に関して、痛いほど批判的な読者でありました。全く平静な気持ちで父の作品を読めるようになったのは、僕が子持ちになったこの十年くらいのものでしょう。

その父ですが、僕たち兄弟が幼い頃は、ひんぱんに物語を語ったり、絵本を読んでくれたりしました。昭和一桁《ひとけた》生まれの父の世代では、読み聞かせをする父親など希有《けう》の存在かもしれませんが、児童文学者にとって、息子たちは新しい作品の実験台であったに違いありません。幼い僕たちは父の膝《ひざ》に座り、『エルマーとりゅう』やら『しょうぼう

じどうしゃ じぷた』などの物語を聞きながら、ぱくぱく開閉する父の口の中を覗《のぞ》きこんだものです。僕は、金歯や喉《のど》の奥の闇《やみ》を見ながら、父の口というのは、奥からお話が聞こえてくるふしぎな洞窟のようだと思いました。

そんな僕は、今でも昔読んでもらった本を読むと、瞬時に幼年時代の自分に立ち返ってしまいます。それは思い出すなどと言う意識的なものでなく、無意識の底に潜んでいた第六感、あるいは、魂が蘇《よみがえ》ってくるような感覚です。これらの物語を今また読むとき、幼い頃に見た夜空の深い闇、遠くに聞こえた犬の遠吠《とおぼ》え、母の乳房の柔らかさ、ひげがざらざらする父の頬など、懐《なつ》かしくも原始的な感覚や情景が蘇ってきます。そして僕は、心の奥に温泉が湧《わ》くようなあたたかい心持ちに包まれるのです。

渡辺茂男と僕（五歳）

僕は子どもの時から、周囲の人たちに「児童文学者のお父さんを持って幸せですね」とか「優しいお父さんで、うらやましい」とか言われながら育ちました。小さい時はそう言われると、自分がなるほど幸せなような気がしましたが、思春期になると疎《うと》ましく感じるようになりました。「児童文学者＝優しい父親」というのは、いささか短絡的で表面的なものの見方だし、児童文学者であろうとなかろうと、僕ら息子たちにとって父親は父親であったからです。

父の自伝的物語である『寺町三丁目十一番地』に詳しいのですが、父は、十二人兄弟姉妹の貧しくて、従って生存競争の激しい大家族で、かなり絶対君主的な父親(僕らの祖父)に育てられました。父親としての渡辺茂男は、普段は穏やかでもの分かりが良さそうな顔をしていましたが、その生い立ちのせいか、権力を振りかざす時は容赦なく振りかざしました。だから、直情的で議論好き、そして反抗的な長男の僕は、思春期にはアルバイトやら進学のことでかなり父とぶつかったものです。そして僕は、実際の僕の父親と家族と、絵本の中に父が描く優しい父親や、アメリカの絵本にあるような美しくて民主的な家族とのギャップに大いに憤《いきどお》りを感じたものです。だから、誰かが「児童文学者のお父さんをもって幸せですね」とか言おうものなら僕は憂鬱《ゆううつ》になり、父がエンジニアや大工のような、もっと現実的で男性的な職業だったらそんなギャップに悩まないで済んだのにと嘆息したものです。

父の作品には、僕たち三兄弟が登場します。それも憂鬱の種でした。僕(鉄太)や次男の光哉は、実名で『もりのへなそうる』『てつたくんのじどうしゃ』や『みつやくんのマークX《エックス》』に登場し、三男の光太も実名でこそ登場しませんが『くまたくん』シリーズに光太そっくりのクマ公が登場します。幼いときは何とも思いませんでしたが、自意識に押しつぶされそうになっていた思春期の僕は、僕たち兄弟がモデルになっている絵本や童話のことを友だちが知ったらどうしようと、びくびくしながら生きていました。僕たちだけでなく、亡《な》くなった母一江も、生前は『いのしし親子のイタリア旅行』を読むたびに、「わたしを笑いものにして！」と、腹を立てていたものです(この作品には、心臓がやけに強い母イノシシが登場します)。

僕は、確かに父の膝もとでたくさん読み聞かせをしてもらって育ちましたが、思春期には児童文学とはきれいさっぱり決別し、児童書やファンタジーをひもとくことはほとんどありませんでした。僕は、今度は父の膝もとでそのすねを齧《かじ》りながら、好き勝手な青春時代を過ごしました。中高校時代はロック音楽にうつつを抜かし、大いばりで浪人

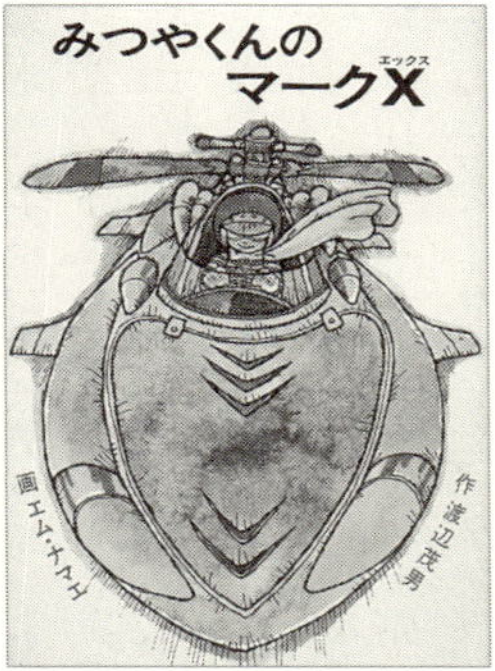

生活を送り、大学時代はデカダン文学と山登りに熱中し、アメリカ留学で人類学と言語学に目覚め、就職に失敗して大学院に進み、どうにか大学の語学教師になりました。その過程で構造主義、フェミニズム、文化相対論などに大いにかぶれたものです。そして学問の表層をほんの少し齧り取っただけの青二才の僕は、父の手にかかった童話を非現実的で甘ったるくて保守的で、しかもアメリカかぶれであると決めつけました。その頃の父は、作家、翻訳家、編集者、児童文学研究者、画家などを自宅に招いて定期的に勉強会をし、ブレークの絵画、デ・ラ・メーアやマクドナルドの古典作品を丁寧に読みほどいていく試みなどをしていました。研究者の卵として力んでいた僕は、その勉強会にのこのこ参上し、ずっと先輩の作家や編集者たちと一人前の顔で議論したり、記号論の大演説をぶったりしました。その僕は、アルバイトで父の原稿をワープロで打ったり、翻訳の下調べをしたり、絵本の国際会議があれば下働きの雑用などして小遣いを稼いだりしていたくせに、どうもファンタジーや童話を書いたり真面目《まじめ》に議論したりすることが男子一生の仕事とは思えなく、何だか分かりませんが、もっと政治的で斬新《ざんしん》で、うっかり触ると手が切れそうなハードな学問を志したいと思い、父の職業である児童文学とは距離をおこうと決心していたのです。そして、将来自分が文学を志すことがあっても、それは児童文学ではないと心に決めていました。

　しかし、それが最近変わりました。童話の「往きて帰りし物語」ではありませんが、ふしぎなことに幼いときに読んだ物語の世界をもう一度じっくり味わってみたい心境になってきたのです。僕も二人の子持ちになり、その子どもたちが本や物語が大好きなせいもあります。僕が数年前に始めた児童文庫「メルボルンこども文庫」の活動が意外に面白いせいもあるかもしれません。しかし、一番の理由は、父が僕の心にまいた緑の種がいつの間にか芽を出し、大人の木になって涼しげな木陰を作っていることに気づいたからだと思います。

近年僕は、父の老いが速度を増したことを意識し始めました。やがて父の記憶力は弱り始め、仕事のペースも落ちました。僕はそんな老いた父を見ながら、自分がどれほど親密な親子の時を父と持てたか考えました。そして、その時期がいかに短かったか思い返して唖然《あぜん》としたのです。また、思春期から青年期にかけて、僕がどれほど父に手厳しかったかを思い出し、自分の反抗的態度を後悔しました。そして、遅まきながら、人生の冬を迎えた父と、遠いオーストラリアで暮らすこの僕が、もう一度親しくできる機会があるのだろうかと考え始めたのです。

僕はここのところ毎年帰国していますが、父が僕の暮らすオーストラリアを最後に訪れたのはもう三年ほど前です。僕は、八年越しの言語学の博士論文をメルボルンの大学に提出したので、父を学位授与式に招待したのでした。もう国際線の飛行機に乗る体力も気力も父には残っていないと思っていましたが、父は意外にも軽い足取りで、再婚したパートナーの邦子さんと弟の光太に伴われてメルボルンにやって来ました。十時間のフライト中、父は、仕事場である伊豆天城に行くJR線の踊り子号に乗っているものと勘違いし、飛行機を途中下車しようとして弟たちを慌《あわ》てさせたそうです。しかし、それは耄碌《もうろく》のせいではなく、父一流のユーモアであったと僕は信じています。

父がメルボルンに着いた翌日、僕は、早速父を森の散歩に誘いました。ダンデノン山のユーカリの梢《こずえ》をぜひ一度見せたかったからです。森を歩きながら、父は天まで届くような木を見上げたり、足もとに野花を見つけたりして、散歩を楽しみました。僕も、空が高いとか、緑が濃いとか言いながら歩いたことを覚えています。

僕は、歩きながらふと横を見ました。すると、背中を丸めた、親しげで人の良さそうな、昔話に出てくるようなおじいさんが隣を歩いていました。それが父でした。

この時僕は、父との間に、はかないけれど新しい絆《きずな》が生まれたことを感じたのです。そして僕は、父が老いたっていいではないか、物忘れがひどくなったっていいではないか、残された時間は少ないけれど、この新しい絆を大切にしようと思いました。その時の気持ちは、ちょうど森を歩いていて、足下に小さな可憐《かれん》な花を見つけたときの気持ちに似ています。

父と森を歩いたその日のことを僕は忘れません。

今こそ僕は、子どもたちの心にたくさんの緑の種をまいた父を持ったことを幸福に思います。そして、この本が文庫本になって、物語を愛する多くの人たちの手元に渡り、これからも子どもたちの心に緑の種をまくお手伝いができることを心からうれしく思います。

最後に、この本を温かく見守ってきて下さった新潮社の北村暁子さん、どうもありがとう。そして、僕たち兄弟にたくさん物語を語ってくれた「お話の聞こえてくるふしぎな洞窟」である父に、三人兄弟を代表して「ありがとう」を言います。

後記　二〇〇六年十一月十八日、渡辺茂男は永眠しました。七十八歳でした。文庫本(新潮文庫)の校正がちょうど仕上がってきた頃でした。

二〇〇七年一月記

渡辺茂男（自宅書斎にて，1980年代中ごろ）
（写真提供＝渡辺鉄太）

岩波現代文庫版に添えて

父の書斎、蔵書とブックエンド

『心に緑の種をまく――絵本のたのしみ』が最初に出版されてからほぼ二十年たった。それを書いた父が亡くなってから十年である。そんな節目に、今回は岩波現代文庫から三度目の出版となった(一九九七年に新潮社から単行本として、二〇〇七年に新潮文庫として本書は出ている)。何と幸福な本だろう。父は晩年、あちこちこの本を持って講演して歩いたが、今や着実に父のまいた「緑の種」が育まれていることを感じる。

この文章を書きながら、最近数年、父が残した蔵書や資料をどこかにまとめて残したいと苦心したことを思い起こす。それらを後進の児童書関係者の役に立てたいと思ったからだ。しかし、これは困難を極めた。今どき作家の残した本を一か所にまとめて置いてくれるところなど滅多にないからだ。(他の作家の遺族はどうされているのだろう?)

ところが、幸運にも引き受けましょうという場所があった。「かつら文庫」(旧石井桃子宅で、現在は東京子ども図書館荻窪分館)、それと、このことがきっかけで生まれた

「へなそうるのへや」で講演する筆者(写真提供＝多摩市立図書館)

多摩市立図書館本館の「へなそうるのへや」、それから昔父の職場であった慶應義塾大学のメディアセンター(図書館)だ。

かつら文庫には、仕事で使った欧米の原書、書簡や資料など、多摩市立図書館には、父が多摩で書いた絵本や児童文学、愛用したタイプライター、執筆机、写真など、慶應には父の著書や論文などを置いて頂けた。

これはひとえに、『心に緑の種をまく』という本があったからこそ実現したと言える。私は、あちこち口角泡を飛ばしながら父の揃えた古い原書や資料の大切さを説明して歩いたのだが、上記図書館の関係者のみなさんは、とっくに『心に緑の種をまく』を読んでおられ、説明するまでもなく私の気持を汲み取って下さったのだから。お名前はここでは挙げないが、図書館関係者各位には、深く感謝している。

それでも、この残務処理はかなり手強い作業だった。二人の弟たち、光哉と光太に脇をしっかり支えてもらったからできたようなものだ。実家の家守だった末弟光太は、その思い出をユーモラスに書き綴っているので、以下に引用する。

ブックエンドと父の書庫　　二〇一二年九月六日　光太 記

ブックエンドという製品がある。金属製、L字型で本が倒れない様に支える品物だ。文房具屋さんで売っている。物書きであった父は、当然多数のブックエンドを所有していた。一体いくつのブックエンドがあるのだろう。僕は家捜しをした。二四個あった。

父は三つの書庫を使用していた。一階は資料室、二階は洋書の資料室、三階は、父の著作、翻訳作品。いずれの書庫も本でびっしりであった。本棚が本で埋まれば本は倒れない。物理学的常識である。しかしながら先の震災で、一階書庫の本が崩れ落ち、僕が片付けに半日ついやした程の本の量。幸い先日、父と長兄の縁で、慶應義塾大学メディアセンターと、東京子ども図書館に多数の本を引き取って頂いた。僕の母校の図書館の要請で、いくばくかの本の寄付をさせて頂いた。

左から，弟の光哉，父・渡辺茂男，私・鉄太（写真提供＝本人）

本を引き取りに来宅された東京子ども図書館の職員の女性が笑っていた。「古い本棚は、本を全て引き抜くと傾くのね。」僕が二階の書庫をのぞくと、女性の言う通り、本がびっしり詰まっていた木製の本棚は空になり、数十年の使命を終えて安堵したかの様に、左にかしいでいた。

父の職業柄、書斎の机に資料書籍を立てかけておくのに、ブックエンドは必須アイテムだったとしても、あまりにも多い。端的に言うなれば、書架に本が詰まっていれば、ブックエンドはさほど必要ないのではないか？

今、僕はマックで文章を打っているが、右手にブックエンドがもう二個あった。訂正しよう。我が家のブックエンド所持数は二六個である。

僕は、天国の父に聞きたい。

「オヤジ、何でこんな沢山ブックエンドあるの？」

本書が岩波現代文庫としてまた読者の手に渡ることになって、本当なら、私たち兄弟三人で祝杯をあげたいところだ。ところが無念なことに、父の蔵書と実家の始末が終わってすぐの二〇一四年夏、光太は昇天して父と母の元へ行ってしまった。(仕方がないから兄たち二人は、お前の分もビールを飲むよ！)

とにかく、私たち兄弟も含め、子ども時代にたくさん本を読んでもらって育った人は幸いだ。どこで暮らそうと、どんなに年をとろうと、物語という故郷が心の中にあり、そこにはいつだって緑の森があるのだから。

最後になるが、今回の編集担当者である岩波書店の上田麻里さん、この本をいつも見守って下さっている新潮社の北村暁子さんのお二人に、父茂男に代わってお礼を申し上げる。どうもありがとうございました。

末永く、この本が緑の種をまき続けることを願って。

二〇一六年一月　メルボルンにて

渡辺鉄太

本書は一九九七年に新潮社より刊行され、二〇〇七年新潮文庫に収録された。渡辺鉄太氏の付記は、新潮文庫版のために書下ろされたものである。

本書の底本には、新潮文庫版を用い、若干の訂正等を加えた。

書名索引

- 続けて記述がある場合には，最初のページのみ記した．
- 書誌情報については，原則，初めて刊行された時のものを掲載している．

あ

『アイスクリームがふってきた』 渡辺茂男作／大友康夫絵／あかね書房／くまたくんのえほん／1979年 **101**

『あかい ふうせん』 イエラ・マリ作／ほるぷ出版／1976年 **273**

『あかずきん』 グリム原作／大塚勇三訳／宮脇公実画／福音館書店／1962年 **117**

『あひるのピンのぼうけん』 マージョリー・フラック文／間崎ルリ子訳／クルト・ヴィーゼ絵／瑞雲舎／1994年 **301**

『アンガスとあひる』 マージョリー・フラック作・絵／瀬田貞二訳／福音館書店／1974年 **309**

『アンディとらいおん』 ジェームズ・ドーハーティ文・絵／村岡花子訳／福音館書店／1961年 **224, 309**

『いたずらきかんしゃちゅうちゅう』 バージニア・リー・バートン文・絵／村岡花子訳／福音館書店／1961年 **296**

『いただきまあす』 渡辺茂男文／大友康夫絵／福音館書店／くまくんの絵本／1980年 **125**

『いってきまあす！』 渡辺茂男文／大友康夫絵／福音館書店／くまくんの絵本／1984年 **153**

『海のおばけオーリー』 マリー・ホール・エッツ文・絵／石井桃子訳／岩波書店／1974年 **13**

『海べのあさ』 ロバート・マックロスキー文・絵／石井桃子訳／岩波書店／1978年 **83, 94**

『うみべのハリー』 ジーン・ジオン文／渡辺茂男訳／マーガレット・ブロイ・グレアム絵／福音館書店／1967年 **213**

『エルマーと 16 ぴきのりゅう』 ルース・スタイルス・ガネット作／渡辺茂男訳／ルース・クリスマン・ガネット絵／福音館書店／1965 年　**236**
『エルマーとりゅう』 ルース・スタイルス・ガネット作／渡辺茂男訳／ルース・クリスマン・ガネット絵／福音館書店／1964 年　**236**
『エルマーになった子どもたち―仲間と挑め，心躍る世界に―』 岩附啓子・河崎道夫著／ひとなる書房／ひとなる保育ライブ②／1987 年　**237**
『エルマーのぼうけん』 ルース・スタイルス・ガネット作／渡辺茂男訳／ルース・クリスマン・ガネット絵／福音館書店／1963 年　**123, 230**
『おおかみと七ひきのこやぎ』 グリム原作／瀬田貞二訳／フェリクス・ホフマン絵／福音館書店／1967 年　**117**
『おおきくなりすぎたくま』 リンド・ワード文・画／渡辺茂男訳／福音館書店／1969 年　**310**
『おおきくなるの』 堀内誠一作・画／福音館書店／1964 年　**266**
『おおきなかぶ』 ロシア民話／内田莉莎子訳／佐藤忠良絵／福音館書店／1962 年　**268**
『おかあさんだいすき』 マージョリー・フラック文・絵／光吉夏弥訳／大澤昌助絵／岩波書店／1954 年　**200**
『幼き日のこと・青春放浪』 井上靖／新潮文庫／1976 年　**9**
『オズの魔法使い』 ライマン・フランク・バウム作／渡辺茂男訳／ウィリアム・ウォーレス・デンスロウ画／福音館書店／1990 年　**322, 326, 337**
『おだんごぱん』 ロシア民話／瀬田貞二訳／脇田和絵／福音館書店／1966 年　**13, 59**
『おとうさん あそぼう』 渡辺茂男文／大友康夫絵／福音館書店／くまくんの絵本／1986 年　**178**
『おふろだ，おふろだ！』 渡辺茂男文／大友康夫絵／福音館書店／くまくんの絵本／1986 年　**164**
『おやすみなさいのほん』 マーガレット・ワイズ・ブラウン文／石井桃子訳／ジャン・シャロー絵／福音館書店／1962 年　**12, 19, 21, 309**
『オーラのたび』 I. ドーレア，E. P. ドーレア作／吉田新一訳／福音館書店／1983 年　**309**

か

『かいじゅうたちのいるところ』 モーリス・センダック作／神宮輝夫訳／冨山房／1975 年　**227, 312**
『かさじぞう』 瀬田貞二再話／赤羽末吉画／福音館書店／1966 年　**102,**

283
『かしこいビル』 ウィリアム・ニコルソン作／松岡享子・吉田新一訳／ペンギン社／1982年 **309, 319**
『かにむかし』 木下順二文／清水崑絵／岩波書店／1959年 **269**
『かばくん』 岸田衿子作／中谷千代子絵／福音館書店／1962年 **5, 13, 219**
『かもさん おとおり』 ロバート・マックロスキー文・絵／渡辺茂男訳／福音館書店／1965年 **85, 88, 301, 309**
『からすたろう』 八島太郎文・絵／偕成社／1979年 **312**
『カーリーおばさんのふしぎなにわ』 ルース・クラフト作／岸田衿子訳／アイリーン・ハース絵／あかね書房／1981年 **344**
『キウイじいさん』 渡辺茂男文／長新太絵／クレヨンハウス／2005年 **359**
『きかんしゃ やえもん』 阿川弘之文／岡部冬彦絵／岩波書店／1959年 **13, 34, 39, 169**
『きかんぼのちいちゃいいもうと その1 ぐらぐらの歯』 ドロシー・エドワーズ作／渡辺茂男訳／酒井駒子絵／福音館書店／2005年 **370**
『きかんぼのちいちゃいいもうと その2 おとまり』 ドロシー・エドワーズ作／渡辺茂男訳／酒井駒子絵／福音館書店／2006年 **370**
『きかんぼのちいちゃいいもうと その3 いたずらハリー』 ドロシー・エドワーズ作／渡辺茂男訳／酒井駒子絵／福音館書店／2006年 **370**
『きつねとねずみ』 V. ビアンキ作／内田莉莎子訳／山田三郎絵／福音館書店／1959年 **268**
『木のうた』 イエラ・マリ作／ほるぷ出版／1977年 **275**
『木はいいなあ』 ジャニス・メイ・ユードリー作／西園寺祥子訳／マーク・シーモント絵／偕成社／1976年 **312**
『銀のうでのオットー』 ハワード・パイル作／渡辺茂男訳／偕成社／1983年 **231**
『銀のスケート――ハンス・ブリンカーの物語』 M. M. ドッジ作／石井桃子訳／岩波少年文庫／1988年 **231**
『くまのコールテンくん』 ドン・フリーマン作／松岡享子訳／偕成社／1975年 **5**
『クリスマスのまえのばん』 クレメント・C. ムーア文／渡辺茂男訳／ウィリアム・ウォーレス・デンスロウ絵／福音館書店／1996年 **336**
『ぐりとぐら』 中川李枝子作／大村(山脇)百合子絵／福音館書店／1963

年　5, 13, 196
『くるまはいくつ』 渡辺茂男作／堀内誠一絵／福音館書店／1966 年　265
『ぐるんぱのようちえん』 西内みなみ作／堀内誠一絵／福音館書店／1965 年　112, 268
『けしつぶクッキー』 マージェリー・クラーク作／渡辺茂男訳／モードとミスカ・ピーターシャム絵／ペンギン社／1981 年　322
『げんきなマドレーヌ』 L. ベーメルマンス作・画／瀬田貞二訳／福音館書店／1972 年　309
『元気なモファットきょうだい』 エレナー・エスティス作／渡辺茂男訳／岩波少年文庫・モファットきょうだい物語①／1988 年　124, 231, 311
『ジェーンはまんなかさん』 エレナー・エスティス作／渡辺茂男訳／岩波少年文庫・モファットきょうだい物語②／1991 年
『すえっ子のルーファス』 エレナー・エスティス作／渡辺茂男訳／岩波少年文庫・モファットきょうだい物語③／1995 年
『ごろごろにゃーん』 長新太作・画／福音館書店／1976 年　5
『こんにちは』 渡辺茂男文／大友康夫絵／福音館書店／くまくんの絵本／1980 年　128

さ

『さとうねずみのケーキ』 ジーン・ジオン文／マーガレット・ブロイ・グレアム絵／渡辺茂男訳／アリス館／2006 年　369
『サマータイム ソング』 アイリーン・ハース作・絵／渡辺茂男訳／福音館書店／1998 年　364
『サリーのこけももつみ』 ロバート・マックロスキー文・絵／石井桃子訳／岩波書店／1986 年　83, 94
『三びきのやぎのがらがらどん』 北欧民話／瀬田貞二訳／マーシャ・ブラウン絵／福音館書店／1965 年　19, 174, 248, 249, 269
『しいの木と あらしの海』 渡辺茂男作／太田大八絵／理論社／1983 年　351
『シナの五にんきょうだい』 C. ビショップ文／K. ビーゼ絵／石井桃子訳／福音館書店／1961 年　296, 309
『11 ぴきのねこ』 馬場のぼる著／こぐま社／1967 年　108
『しょうぼうじどうしゃ じぷた』 渡辺茂男作／山本忠敬絵／福音館書店／1963 年　34, 39, 123, 169, 236
『すにっぴいとすなっぴい』 ワンダ・ガーグ文・絵／渡辺茂男訳／岩波書

店／1979年　324
『すばらしいとき』 ロバート・マックロスキー文・絵／渡辺茂男訳／福音館書店／1978年　80, 94, 234, 312
『すばらしいとき――絵本との出会い』 渡辺茂男著／大和書房／1984年　80
『スーホの白い馬』 大塚勇三再話／赤羽末吉絵／福音館書店／1967年　277, 283
『せんろはつづくよ』 マーガレット・ワイズ・ブラウン文／与田準一訳／ジャン・シャロー絵／岩波書店／1979年　27
『ぞうのホートンたまごをかえす』 ドクター・スース作・絵／白木茂訳／偕成社／1968年　298

た

『だいくとおにろく』 松居直再話／赤羽末吉画／福音館書店／1962年　283
『太陽の東　月の西』 P.C.アスビョルンセン編／佐藤俊彦訳／岩波少年文庫／1958年　248
『多摩のかたりべ』 井上正吉著／私家版／1979年　65
『たろうのおでかけ』 村山桂子作／堀内誠一絵／福音館書店／1963年　266
『ちいさいおうち』 バージニア・リー・バートン文・絵／石井桃子訳／岩波書店／1954年　12, 76, 309
『ちいさいじどうしゃ』 ロイス・レンスキー文・絵／渡辺茂男訳／福音館書店／1971年　13, 37, 309
『ちいさなうさこちゃん』 ディック・ブルーナ文・絵／石井桃子訳／福音館書店／1964年　7, 19
『ちびくろ・さんぼ』 ヘレン・バンナーマン文／光吉夏弥訳／F.ドビアス，岡部冬彦絵／岩波書店／1953年　296, 309
『ちびっこタグボート』 ハーディ・グラマトキー文・絵／渡辺茂男訳／学習研究社／1967年　309
『チムとゆうかんなせんちょうさん』 エドワード・アーディゾーニ文・絵／瀬田貞二訳／福音館書店／1963年　309
『てつたくんのじどうしゃ』 渡辺茂男作／堀内誠一絵／福音館書店／1969年　265
『てぶくろ』 ウクライナ民話／内田莉莎子訳／エウゲーニー・M.ラチョフ

絵／福音館書店／1965 年　**19, 55, 117**
『寺町三丁目十一番地』　渡辺茂男著／太田大八絵／福音館書店／1969 年　**48, 124**
『どうすればいいのかな？』　渡辺茂男文／大友康夫絵／福音館書店／くまくんの絵本／1980 年　**125, 131, 132**
『どろんこハリー』　ジーン・ジオン文／渡辺茂男訳／マーガレット・ブロイ・グレアム絵／福音館書店／1964 年　**5, 13, 19, 61, 210, 216, 234**

な

『七わのからす』　グリム作／瀬田貞二案／堀内誠一画／福音館書店／1959 年　**266**
『2 歳から 5 歳まで』　チュコフスキー著／樹下節訳／理論社／1970 年　**126**
『人形の家』　ルーマー・ゴッデン作／瀬田貞二訳／堀内誠一絵／岩波少年文庫／1978 年　**266**
『ねむりひめ』　グリム原作／瀬田貞二訳／フェリクス・ホフマン絵／福音館書店／1963 年　**19, 255**

は

『はなのすきなうし』　マンロー・リーフ文／光吉夏弥訳／ロバート・ローソン絵／岩波書店／1954 年　**260, 309**
『ハリーのセーター』　ジーン・ジオン文／渡辺茂男訳／マーガレット・ブロイ・グレアム絵／福音館書店／1983 年　**213**
『ピーターのいす』　エズラ・ジャック・キーツ作／木島始訳／偕成社／1969 年　**95**
『ひとまねこざる』　H. A. レイ文・絵／光吉夏弥訳／岩波書店／1954 年　**40**
『ひとまねこざるときいろいぼうし』　H. A. レイ文・絵／光吉夏弥訳／岩波書店／1966 年　**309**
『100 まんびきのねこ』　ワンダ・ガアグ文・絵／石井桃子訳／福音館書店／1961 年　**295, 309, 316**
『ふしぎな　おはなし』　渡辺茂男作／高良真木画／古今社／2003 年　**372**
『ぶつかる！　ぶつかる！』　渡辺茂男作／加藤チャコ絵／福音館書店／1995 年　**183**
『へそもち』　渡辺茂男作／赤羽末吉絵／福音館書店／1966 年　**284**

『ペレのあたらしいふく』 エルサ・ベスコフ作・絵／小野寺百合子訳／福音館書店／1976年 **103**
『へんなどうつぶ』 ワンダ・ガーグ作／渡辺茂男訳／岩波書店／1978年 **324**
『ぼくおうちをつくるんだ！』 渡辺茂男文／大友康夫絵／福音館書店／くまくんの絵本／1984年 **161**
『ぼく パトカーにのったんだ』 渡辺茂男作／大友康夫絵／あかね書房／くまたくんのえほん／1979年 **215**
『ボクらはへなそうる探険隊 ── 自然の中で夢を育む北上の子どもたち』 斎藤桂子・河崎道夫編著／ひとなる書房／ひとなる保育ライブ⑦／1991年 **204**

ま

『マーシャとくま』 ロシア民話／M. ブラトフ再話／内田莉莎子訳／エウゲーニー・M. ラチョフ絵／福音館書店／1963年 **116**
『また もりへ』 マリー・ホール・エッツ文・絵／間崎ルリ子訳／福音館書店／1969年 **50**
『まどのそとのそのまたむこう』 モーリス・センダック作・絵／脇明子訳／福音館書店／1983年 **228**
『まよなかのだいどころ』 モーリス・センダック作／神宮輝夫訳／冨山房／1982年 **228**
『まりーちゃんとひつじ』 フランソワーズ文・絵／与田準一訳／岩波書店／1956年 **287**
『まりーちゃんのくりすます』 フランソワーズ文・絵／与田準一訳／岩波書店／1975年 **292**
『マルベリーどおりのふしぎなできごと』 ドクター・スース作・絵／渡辺茂男訳／日本パブリッシング／1969年 **298, 309**
『まんいんでんしゃ』 渡辺茂男作／加藤チャコ絵／福音館書店／1993年 **5, 181, 184**
『みつやくんのマークX(エックス)』 渡辺茂男作／エム・ナマエ画／あかね書房／1973年 **390**
『ムギと王さま』 エリナー・ファージョン作／石井桃子訳／エドワード・アーディゾーニ絵／岩波少年文庫／1987年 **124**
『村の樹』 八島太郎作／白泉社／1983年 **313**
『もうふ』 ジョン・バーニンガム作／谷川俊太郎訳／冨山房／バーニンガ

ムのちいさいえほん 2／1976 年　**12, 29**
『ももたろう』 松居直文／赤羽末吉画／福音館書店／1965 年　**283**
『もりのなか』 マリー・ホール・エッツ文・絵／間崎ルリ子訳／福音館書店／1963 年　**13, 47, 53, 123, 180, 205, 296, 309**
『もりのへなそうる』 渡辺茂男作／山脇百合子絵／福音館書店／1971 年　**13, 49, 123, 204, 215**

や

『やまのこどもたち』 石井桃子文／深沢紅子絵／岩波書店／1956 年　**72**
『やまのたけちゃん』 石井桃子文／深沢紅子絵／岩波書店／1959 年　**13, 72**
『ゆかいなホーマーくん』 ロバート・マックロスキー作／石井桃子訳／岩波書店／1965 年　**231**
『ゆかりのたんじょうび』 渡辺茂男作／太田大八絵／理論社／1983 年　**351**
『ゆきのひ』 エズラ・ジャック・キーツ文・絵／木島始訳／偕成社／1969 年　**99, 101**
『ようい どん』 渡辺茂男文／大友康夫絵／福音館書店／くまくんの絵本／1986 年　**130**

ら・わ

『りんごとちょう』 イエラ・マリ，エンゾ・マリ作／ほるぷ出版／1976 年　**275**
『わたしとあそんで』 マリー・ホール・エッツ文・絵／与田準一訳／福音館書店／1968 年　**51, 311**
『わたしのおふね マギー・B』 アイリーン・ハース作・絵／内田莉莎子訳／福音館書店／1976 年　**344**
『ワンダ・ガアグ　若き日の痛みと輝き』 ワンダ・ガアグ著／阿部公子訳／こぐま社／1997 年　**324**

洋　書

A Summertime Song　Irene Haas/Margaret K. McElderry Books/1997　**346**
ABC BOOK　C. B. Falls/Doubleday&Company/1923　**300**
Cinderella　Marcia Brown/Scribner/1954　**311**

Deerslayer J. F. Cooper/Macmillan/1929 **301**
Get set! Go! Shigeo Watanabe/Yasuo Ohtomo/Philomel Books/1981 **131**
How do I put it on? Shigeo Watanabe/Yasuo Ohtomo/The Bodley Head/1979 **141**
How do I put it on? Shigeo Watanabe/Yasuo Ohtomo/Collins/1979 **141**
I can take a bath! Shigeo Watanabe/Yasuo Ohtomo/Philomel Books/1987 **166**
I can take a walk! Shigeo Watanabe/Yasuo Ohtomo/Philomel Books/1984 **155**
I'm going for a walk! Shigeo Watanabe/Yasuo Ohtomo/The Bodley Head/1984 **155**
I'm having a bath with Papa! Shigeo Watanabe/Yasuo Ohtomo/The Bodley Head/1986 **166**
Lion W. P. Dubois/The Viking Press/1955 **312**
Plenty to Watch Taro Yashima/The Viking Press/1954 **313**
Ready, Steady, Go! Shigeo Watanabe/Yasuo Ohtomo/The Bodley Head/1981 **130**
Ring o' Roses L. Leslie Brooke/Warne/1922 **300**
Secret of the Andes Ann Nolan Clark/The Viking Press/1952 **27**
Smoky Will James/Scribner/1926 **301**
Soria Moria Castle, The Adventures of the Ash Lad Theador Kittlesen/Oslo, Nils S. Hauff's Ethe./1988 **246**
The ABC Bunny W. Gag/Coward/1933 **324**
The Cat Who Went to Heaven E. Coatsworth/Macmillan/1930 **301**

参考文献

『子どもと文学』 石井桃子, いぬいとみこ, 鈴木晋一, 瀬田貞二, 松居直, 渡辺茂男／福音館書店／1967 年

渡辺茂男　著作リスト

- 初版年は，最後に出版された版元からのものを挙げています．
- 複数のシリーズに含まれていたり，最初の版元以外から再版されている場合，代表的な版だけを挙げていることがあります．
- 海外で出版された外国語版作品は掲載していません．
- 渡辺茂男以外の編者によるアンソロジーや小品集などに含まれている作品は網羅していません．

創作児童書と評論集（あいうえお順）

『あんよはじょうず』　長新太絵／福音館書店／1998
『いのしし親子のイタリア旅行』　太田大八絵／理論社／1987
『おいしゃさんなんかこわくない』　大友康夫絵／あかね書房／1976
『おかいものだあいすき』　大友康夫絵／あかね書房／1978
『おに火の村のねずみたち』　太田大八画／岩波書店／1980
『おばけレタス』　かわはらみきえ／トモ企画／1990
『かばのかばひこ』　梶山俊夫絵／瑞木書房／1983
『がんばれコーサク！』　ながはらたつやえ／福音館書店／1989
『きいろいタクシー』　おおともやすおえ／福音館書店／1981
『きいろいタクシーそらをとぶ』　おおともやすおえ／福音館書店／1983
『キウイじいさん』　長新太え／クレヨンハウス／2005
『金色のひばり』　中谷千代子絵／偕成社／1976
『くるまはいくつ』　堀内誠一え／福音館書店／こどものとも傑作集42／1967
『山賊オニモドキ ── 黄金のつぼの巻』　ながはらたつや絵／国土社／1984
『山賊オニモドキ ── 金のしゃちほこの巻』　ながはらたつや絵／国土社／1984
『山賊オニモドキ ── 都へいくの巻』　ながはらたつや絵／国土社／1985
『三にんむすこ』　せがわやすおえ／福音館書店／1966
『しいの木と　あらしの海』　太田大八絵／理論社／1983

『じどうしゃじどうしゃじどうしゃ』 大友康夫絵／あかね書房／1984
『しゅっぱつしんこう』 堀内誠一絵／あかね書房／1971
『しょうぼうじどうしゃじぷた』 山本忠敬え／福音館書店／こどものとも傑作集 22／1966
『しょうぼうていしゅつどうせよ』 柳原良平え／福音館書店／1964
『ダンプのがらっぱち』 山本忠敬絵／偕成社／1982. 7→復刊ドットコム／2016(近刊)
『ちいさい SL オットー』 ながはらたつやえ／福音館書店／1989
『ちからたろう』 渡辺学絵／福音館書店／1968
『チムニイのさんぽ』 かわはらみきえ／トモ企画／1990
『月夜のじどうしゃ』 井上洋介絵／講談社／2002
『てつたくんのじどうしゃ』 ほりうちせいいちえ／福音館書店／1969
『寺町三丁目十一番地』 太田大八絵／福音館書店／1969
『寺町三丁目十一番地』 講談社文庫／1976
『どうぶつたちのおかいもの』 太田大八絵／福音館書店／1976→2014
『とらっくとらっくとらっく』 山本忠敬え／福音館書店／こどものとも傑作集 23／1966
『はっけよい のこった！』 かとうちゃこえ／福音館書店／1998
『パトカーぱとくん』 山本忠敬え／福音館書店／1969
『ひいおじいさんのたんじょうび』 太田大八絵／福音館書店／かがくのとも 144／1981
『ふしぎな おはなし』 高良真木画／古今社／2003
『ふしぎなタクシー』 大友康夫絵／福音館書店／1983
『ふたごのでんしゃ』 堀内誠一絵／あかね書房／1969
『ぶつかる！ ぶつかる！』 かとうちゃこえ／福音館書店／1995
『へそもち』 赤羽末吉え／福音館書店／こどものとも傑作集／1980
『まんいんでんしゃ』 かとうちゃこえ／福音館書店／1993
『みつやくんのマーク X』 エム・ナマエ画／あかね書房／1973
『みつやくんのマーク X』 エム・ナマエ画／新栄堂書店／実業之日本社(発売)／2007
『むらの英雄 —— エチオピアのむかしばなし』 にしむらしげお絵／瑞雲舎／2013
『もくたんじどうしゃもくべえ』 岡部冬彦絵／岩波書店／1972
『もりのへなそうる』 やまわきゆりこえ／福音館書店／1971
『やまんばがやってきた』 なかのひろたかえ／学習研究社／1971

『ゆかりのたんじょうび』 太田大八絵／理論社／1983.7
『ゆっくらゆっくらよたよた』 梶山俊夫絵／あかね書房／1982
『ヨーゼフのもうじゅうがり』 永原達也絵／福音館書店／1990

〈くまくんの絵本〉 わたなべしげおぶん／おおともやすおえ／福音館書店
『いただきまあす』 1980
『いってきまあす！』 1984
『おとうさん あそぼう』 1986
『おふろだ，おふろだ！』 1986
『こんにちは』 1980
『どうすればいいのかな？』 1980
『どろんこどろんこ！』 1983
『ぼくうんてんできるんだ！』 1983
『ぼくおうちをつくるんだ！』 1984
『ようい どん』 1986

〈くまたくんの絵本〉 わたなべしげおさく／おおともやすおえ／あかね書房
『アイスクリームがふってきた』 1979
『くまたくんちのじどうしゃ』 1986
『くまたくんとおじいちゃん』 1983
『くまたくんのおるすばん』 1980
『くまたくんのたんじょうび』 1984
『ぼく SL にのったんだ』 1982
『ぼくおよげるんだ』 1979
『ぼくキャンプにいったんだ』 1981
『ぼくじてんしゃにのれるんだ』 1989
『ぼくしんかんせんにのったんだ』 1981
『ぼくパトカーにのったんだ』 1979
『ぼくひこうきにのったんだ』 1986
『ぼくブルートレインにのったんだ』 1988
『ぼくまいごになったんだ』 1980
『ぼくれんらくせんにのったんだ』 1987

評　論

『絵本と読書』 瀬田貞二，渡辺茂男共著／福音館書店／1976
『絵本の与え方』 日本エディタースクール出版部／1978
『心に緑の種をまく ── 絵本のたのしみ』 新潮文庫／2007
『子どもと文学』 石井桃子，いぬいとみこ，鈴木晋一，瀬田貞二，松居直，渡辺茂男共著／福音館書店／1967
『すばらしいとき ── 絵本との出会い』 大和書房／1984
『幼年文学の世界』 日本エディタースクール出版部／1980

翻訳児童書と翻訳評論集(あいうえお順)

『愛の一家』 アグネス・ザッパー作／「おおきなおばあさんちいさなおじいさん」 センバ太郎絵／講談社／1963
『あかいくるまのついたはこ』 モウドとミスカ・ピーターシャム作／童話館／1995
『あまつぶぽとりすぷらっしゅ』 アルビン・トゥレッセルトさく／レナード・ワイスガードえ／童話館／1996
『アメリカ童話集』 長谷川露二絵／あかね書房／1959
『アメリカのむかし話』 編訳／偕成社／1977
『アメリカ民話 ── 大男ポール・バニアン』 ばばのぼる絵／ポプラ社／1969
『ありがたいこってす！ ── ユダヤの民話から』 マーゴット・ツェマックさく／童話館／1994
『ありがとう…どういたしまして』 ルイス・スロボトキンさく・え／偕成社／1969
『アンデスの秘密』 アン・ノーラン・クラーク作／富山妙子画／冨山房／1975
『アンデスの秘密　大きな森の小さな家　リンカーン』 クラーク作；渡辺茂男訳；富山妙子等絵／ワイルダー作；白木茂訳；富山妙子等絵／サンドバーク作；荒正人訳；富山妙子等絵／講談社／少年少女新世界文学全集 13　アメリカ現代編 2／1965
『アントニーなんかやっつけちゃう』 ジュディス・ヴィオースト文／アーノルド・ローベル絵／文化出版局／1979
『イアンフレミングのチキチキバンバン』 アル・パーキンス作／ビー・トビィー画／日本パブリッシング／1969

『エルミンカと赤いブーツ』 マージェリー・クラーク作／モードとミスカ・ピーターシャム絵／ペンギン社／1984
『王さまとチーズとねずみ』 ナンシー・ガーニー作／エリック・ガーニー絵／ペンギン社／1984
『おおきくなりすぎたくま』 リンド・ワード文・画／ほるぷ出版／1985
『おかあさんはどこ？』 ピー・ディー・イーストマン作・絵／日本パブリッシング／1968
『オクスフォード世界の民話と伝説 3(アメリカ編)』 ルース・サンダース著／太田大八等絵／講談社／1964
『オクスフォード世界の民話と伝説第 3 巻(アメリカ編)』「アルゴンと星のおとめ・お日さまをつかまえたウサギ」／ルース・マニングサンダース著／講談社／1978
『オズのまほうつかい　リーマスじいやのお話』 バーム作；曽野綾子訳；桜井誠等絵／ハリス作；渡辺茂男訳；桜井誠等絵／講談社／世界名作童話全集 14／1963
『オズの魔法使い』 L. F. バウム作／W. W. デンスロウ画／福音館書店／1990
『オズの魔法使い』 ライマン・フランク・バウム著／日本ライトハウス／1991
『海賊ブルモドキくろぶた号の反乱』 ジョン・ライアンさく／国土社／1984
『海賊ブルモドキどんちゃかパーティー』 ジョン・ライアンさく／国土社／1984
『怪物ヌングワマをたいじしたむすめの話 ― 中国の昔話』 エド・ヤング再話・絵／偕成社／1982
『かきねのあなから』 マージェリー・クラーク作／モード，ミスカ・ピーターシャム絵／ペンギン社／1984
『かげをなくした女の子』 エステスさく／大友康夫え／学習研究社／1976
『ガラス山の魔女たち』 エステス作／アーディゾーニ絵／学習研究社／1974
『黄色い家』 エレナー・エステス作／ルイス・スロボドキン絵／あかね書房／1960
『きえたりんご』 ヤン・レーフ作／講談社／1979
『巨人ぼうやの物語』 デュボア作／偕成社／1978
『キリンのいるへや』 エルナー・エステス作／山脇百合子絵／学習研究社

／1967
『銀のうでのオットー』 ハワード＝パイル作／童話館／2013
『きんのたまごのほん』 マーガレット・ワイズ・ブラウンさく／レナード・ワイスガードえ／童話館／2004
『くまさんいっか あかちゃんうまれる』 ベレンスタイン作／講談社／1979
『クマと仙人』 ジョン・ヨーマン作／渡辺茂男，渡辺鉄太訳／クェンティン・ブレイク絵／のら書店／1991
『クリスマスのうさぎさん』 ウィルとニコラスさく・え／福音館書店／1985
『クリスマスのまえのばん』 クレメント・C. ムーアぶん／ウィリアム・W. デンスロウえ／福音館書店／1996
『けしつぶクッキー』 マージェリー・クラーク作／モウドとミスカ・ピーターシャム絵／童話館／2013
『コーギビルのむらまつり』 タシャー・テューダー作／冨山房／1976. 7
『五次元世界のぼうけん』 山内義雄等編／マデレイン・レングル原作／津田洋絵／あかね書房／1965
『こまどりのクリスマス――スコットランド民話』 丸木俊画／福音館書店／1960
『サマータイムソング――つきあかりのにわで』 アイリーン・ハースさく・え／福音館書店／1998
『三人のおまわりさん』 ウィリアム・ペン・デュボア作／柳原良平絵／学習研究社／1965
『三人のおまわりさん』 ウィリアム・ペン・デュボア作／日本ライトハウス／1991
『三びきのくま　ジャックとまめの木』 渡辺茂男文；和歌山静子絵　渡辺茂男文；スズキコージ絵／講談社のおはなし絵本館 18／1989
『ジャイアント』 ウイリアム・ペン・デュボア作・絵／福音館書店／1967
『ジャックとまめの木』 スズキコージ絵／講談社のおはなし絵本箱／2013
『少年少女世界文学全集 17(アメリカ編 7)』「二十一の気球」 デュボア作／講談社／1960
『ずどんといっぱつ　すていぬシンプだいかつやく』 ジョン・バーニンガムさく／童話館／1995
『青銅の弓』 E. G. スピア作／佐藤努絵／岩波書店／1974
『精霊と魔法使い――アメリカ・インディアンの民話』 マーガレット・コ

ンプトン再話／ローレンス・ビヨルクンド絵／国土社／1986
『精霊と魔法使い――アメリカ・インディアンの民話』 マーガレット・コンプトン再話／日本ライトハウス／1991
『せかい1おいしいスープ　あるむかしばなし』 マーシャ・ブラウンさいわ・え／ペンギン社／1980
『世界童話文学全集6』「アメリカ童話集」 白木茂，渡辺茂男訳／太田大八等絵／講談社／1959
『世界の名作図書館1』「アメリカ・イギリス民話」 講談社／1969
『世界の名作図書館31』「火なわ銃の少年」 エドモンズ作／講談社／1969
『世界の名作図書館8』「二十一の気球」 デュボア作／講談社／1967
『空とぶ家』 ウォルター・ホッジス作／久里洋二絵／学習研究社／1965
『たいへんたいへん――イギリス昔話』 ジョセフ・ジェイコブズ著／長新太え／福音館書店／1998
『太陽の子どもたち』 ジャン・カルーぶん／レオ・ディロン，ダイアン・ディロンえ／ほるぷ出版／1982
『チキチキバンバン　まほうのくるま　ぼうけんその1』 イアン・フレミング作／ジョン・バーニンガム画／冨山房／1980
『チキチキバンバン　まほうのくるま　ぼうけんその2』 イアン・フレミング作／ジョン・バーニンガム画／冨山房／1980
『チキチキバンバン　まほうのくるま　ぼうけんその3』 イアン・フレミング作／ジョン・バーニンガム画／冨山房／1981
『チムのさいごのこうかい』 エドワード・アーディゾーニさく・え／瑞木書房／1981
『チムふねをすくう』 エドワード・アーディゾーニさく・え／瑞木書房／1982
『闘牛の影』 マヤ・ヴォイチェホフスカ作／岩波少年文庫／1997
『どうながのプレッツェル』 マーガレット・レイ文／H. A. レイ絵／福音館書店／1978
『ともだちつれてよろしいですか』 ベアトリス・シェンク・ド・レーニエぶん／ベニ・モントレソールえ／童話館／2003
『二十一の気球』 ウィリアム・ペン・デュボア著／竹山のぼる絵／講談社／1986
『はじめてのクリスマス・ツリー』 エレナー・エスティス作／岩波書店／1998
『はじめてのほん』 ゾーマ・シャローぶん／ジャン・シャローえ／ブッ

ク・グローブ社／1992
『ババール王さまのかんむり』 ロラン・ド・ブリュノフ作・画／日本パブリッシング／1969
『フェリックス・クルーソーのふしぎなえ』 ジョン・エイジーさく／福武書店／1992
『フランチェスコとフランチェスカ』 ベッティーナさく・え／福音館書店／1976
『ベアくんのなつやすみ』 ベレンスタインさく・え／日本パブリッシング／1969
『ベンジーのふねのたび』 マーガレット・ブロイ・グレアムさく・え／福音館書店／1980
『ほがらか号のぼうけん』 アーシュラ・ウィリアムズ作／渡辺茂男等訳／エドワード画／学習研究社／1973
『ぼくとアプー』 ジャグデシュ・ジョシー作・絵／講談社／1984.5
『ぼくのアフリカ』 イングリッド・メンネン，ニキ・ダリー文／ニコラース・マリッツ絵／冨山房／1993
『ぼくのにんじん』 ルース・クラウスさく／クロケット・ジョンソンえ／ペンギン社／1980
『ほっぷ，すきっぷ，じゃんぷ——ことばのえほん』 ジャック・ケント作／講談社／1979
『ボビーとそらいろのヨット』 マーガレット・バーディックさく／童話館／1989
『名探偵しまうまゲピー』 ウィリアム・ペン・デュボア作・画／学習研究社／1970
『めすのこやぎとおそろしいいぬ』 チャールズ・キーピングさく／ほるぷ出版／1976
『もどってきたガバタばん——エチオピアのお話』 ギルマ・ベラチョウえ／福音館書店／1997
『ものいうなべ——デンマークのたのしいお話』 メリー・C. ハッチ文／富山妙子絵／岩波書店／1964
『山の上の火』 ハロルド・クーランダー，ウルフ・レスロー文／土方久功絵／岩波書店／1963
『山の上の火——エチオピアの昔話』 ハロルド・クーランダー，ウルフ・レスロー文／佐野昌子絵／ジー・シー／1995
『よるのきらいなヒルディリド』 チェリ・デュラン・ライアンぶん／アー

ノルド・ローベルえ／冨山房／1975
『わたしの村わたしの家 ── アジアの農村』 ユネスコ・アジア文化センター編／渡辺茂男編訳／福音館書店／1981

〈ウィスコンシン物語〉
『ウィロウ・ウィンド農場 ── めいベッツィーの物語』 アン・ペロウスキー作／ウェンディ・ワトソン絵／渡辺茂男，福本友美子訳／ほるぷ出版／1989
『ステアステップ農場 ── わたしアンナ・ローズの物語』 アン・ペロウスキー作／ウェンディ・ワトソン絵／渡辺茂男，福本友美子訳／ほるぷ出版／1989
『パイン・クリークの開拓地 ── 大おばさんアンナの物語』 アン・ペロウスキー著／ウェンディ・ワトソン画／ほるぷ出版／1988
『ワインディング・ヴァリー農場 ── おかあさんアニーの物語』 アン・ペロウスキー作／ウェンディ・ワトソン絵／渡辺茂男，福本友美子訳／ほるぷ出版／1988

〈エスティスの童話〉(モファットきょうだいシリーズ) エレナー・エスティス作／岩波少年文庫
『元気なモファットきょうだい』 2004
『ジェーンはまんなかさん』 2004
『すえっ子のルーファス』 2004

〈エドワーズの童話〉(きかんぼのちいちゃいいもうとシリーズ) ドロシー・エドワーズさく／福音館書店
『いたずらハリー』 2006
『おとまり』 2006
『きかんぼのちいちゃいいもうと』 1978
『ぐらぐらの歯』 2005

〈ガネットの童話〉(エルマーのぼうけんシリーズ) ルース・スタイルス・ガネット作／ルース・クリスマン・ガネット絵／福音館書店
『[エルマーのぼうけん]愛蔵版セット』 子どもの本研究会編／2008
『エルマーと 16 ぴきのりゅう』 1965
『エルマーとりゅう』 1964

『エルマーのぼうけん』 1963

〈ガーグの絵本〉 ワンダ・ガーグ文・絵
『すにっぴいとすなっぴい』 岩波書店／1979
『へんなどうつぶ』 瑞雲舎／2010

〈グラマトキーののりもの童話〉 ハーディー・グラマトキーさく／学習研究社
『いたずらでんしゃ』 2005
『がんばれヘラクレス――むかしのしょうぼうポンプのおはなし』 2005
『ちびっこタグボート』 2005
『ホーマーとサーカスれっしゃ』 2005
『ルーピーのだいひこう』 2005

〈グレアムとジオンの絵本〉(どろんこハリーシリーズなど) ジーン・ジオンぶん／マーガレット・ブロイ・グレアムえ
『うみべのハリー』 福音館書店／1967
『さとうねずみのケーキ』 アリス館／2006
『ジェフィのパーティー』 新風舎／2004
『どろんこハリー』 福音館書店／1964
『ハリーのセーター』 福音館書店／1983

〈スカリーの絵本〉 リチャード・スカリー作／講談社
『まちのゆうびんやさん』 1979
『めいたんていサムとダドレー』 1979

〈スピアの絵本〉 ピーター・スピア作
『ごろろうううぶうぶう』 わたなべしげお，増井光子訳／冨山房／1979
『ばしん！ ばん！ どかん！』 童話館／2004
『はやい－おそい たかい－ひくい――はんたいのほん』 童話館／2005
『ロンドン橋がおちまする！』 ピーター・スピア画／ブッキング／2008

〈センダックの絵本〉 モーリス・センダック絵
『あなはほるものおっこちるとこ――ちいちゃいこどもたちのせつめい』 ルース・クラウス文／岩波書店／1979

『うちがいっけんあったとさ』 R.クラウス文／岩波書店／1978
『くつがあったらどうするの？』 ビアトリス・シェンク・ドゥ・レニエ文／好学社／1980
『くるみわり人形』 E.T.A.ホフマン作／ほるぷ出版／1985

〈ドクタースースの本〉 ドクター・スースさく・え
『いじわるグリンチのクリスマス』 日本パブリッシング／1971
『王さまの竹うま』 偕成社／2009
『おたんじょう日おめでとう』 日本パブリッシング／1971
『おばけたまごのいりたまご』 日本パブリッシング／1971
『おひとよしのオオシカ』 偕成社／2009
『ぞうのホートンひとだすけ』 偕成社／2008
『ドクタースースのねむたい本』 日本パブリッシング／1971
『ふしぎなウーベタベタ』 日本パブリッシング／1969
『ふしぎな500のぼうし』 偕成社／1981
『ふしぎな500のぼうし』 日本パブリッシング／1969
『ふしぎな五ひゃくのぼうし』 油野誠一絵／講談社／1966
『ぼくがサーカスやったなら』 日本パブリッシング／1970
『マルベリーどおりのふしぎなできごと』 日本パブリッシング／1969

〈ハッチンスの絵本〉 パット・ハッチンスさく／偕成社
『おたんじょうびおめでとう！』 1980
『おやすみみみずく』 1977
『かいぞくジェイク』 1982
『ぎんいろのクリスマスツリー』 1975
『ベーコンわすれちゃだめよ！』 1977
『ロージーのおさんぽ』 1975

〈マックロスキーの絵本〉 ロバート・マックロスキー文・絵
『沖釣り漁師のバート・ダウじいさん――昔話ふうの海の物語』 童話館／1995
『かもさんおとおり』 福音館書店／1965
『すばらしいとき』 福音館書店／1978

〈ミス・ビアンカシリーズ〉（単行本，堀内誠一装丁のもの） マージェリ

ー・シャープ作／岩波書店
『オリエントの冒険』 エリック・ブレグバード絵／1987
『くらやみ城の冒険』 ガース・ウィリアムズ絵／1987→岩波少年文庫／2016(近刊)
『さいごの冒険』 エリック・ブレグバード絵／1988
『ダイヤの館の冒険』 ガース・ウィリアムズ絵／1987→岩波少年文庫／2016(近刊)
『地下の湖の冒険』 ガース・ウィリアムズ絵／1987
『南極の冒険』 エリック・ブレグバード絵／1988
『ひみつの塔の冒険』 ガース・ウィリアムズ絵／1987→岩波少年文庫／2016(近刊)

〈ミスビアンカシリーズ〉(一番古い単行本) マージェリー・シャープ作／渡辺茂男訳／ガース・ウイリアムズ絵／岩波書店
『古塔のミス・ビアンカ』 岩波ものがたりの本 21／1972
『小さい勇士のものがたり』 岩波おはなしの本／1967
『地底のミス・ビアンカ』 岩波ものがたりの本 22／1973

〈リーフの本〉 マンロー・リーフさく
『おぎょうぎどうするなーぜ』 フェリシモ／2004
『おっとあぶない』 フェリシモ／2003
『けんこうだいいち』 フェリシモ／2003
『サムくんとかいぶつ』 井上洋介画／学習研究社／1968
『みてるよみてる』 ブッキング／2007

〈レイの絵本〉(おさるのジョージシリーズ) M. レイ，H. A. レイ原作
『おさるのジョージききゅうにのる』 ヴァイパー・インタラクティヴ制作／岩波書店／1999
『おさるのジョージダンプカーにのる』 ヴァイパー・インタラクティヴ制作／岩波書店／2000
『おさるのジョージどうぶつえんへいく』 ヴァイパー・インタラクティヴ制作／岩波書店／1999
『おさるのジョージとっきゅうにのる』 マーサ・ウェストン画／岩波書店／2003
『おさるのジョージパレードにでる』 ヴァイパー・インタラクティヴ制作

／岩波書店／2000
『おさるのジョージパンケーキをつくる』 ヴァイパー・インタラクティヴ制作／岩波書店／1999
『おさるのジョージまいごになる』 マーサ・ウェストン画／岩波書店／2003
『おさるのジョージゆめをみる』 ヴァイパー・インタラクティヴ制作／岩波書店／1999

〈レンスキーの絵本〉(スモールさんシリーズ) ロイス・レンスキーぶん・え／福音館書店

[旧版(モノカラー)]

『カウボーイのスモールさん』 1971
『スモールさんののうじょう』 1971
『スモールさんはおとうさん』 1971
『ちいさいきかんしゃ』 1971
『ちいさいじどうしゃ』 1971
『ちいさいしょうぼうじどうしゃ』 1970
『ちいさいひこうき』 1971
『ちいさいヨット』 1971

[新版(カラー)]

『おまわりさんのスモールさん』 2005
『カウボーイのスモールさん』 2005
『スモールさんののうじょう』 2005
『スモールさんはおとうさん』 童話館／2004
『ちいさいじどうしゃ』 2005
『ちいさいひこうき』 2005
『ちいさいヨット』 2005

〈ワイルドスミスの絵本〉 ブライアン・ワイルドスミスぶん・え／ラクダ出版デザイン／らくだ出版

『うさぎとかめ』 1969
『おかねもちとくつやさん』 1969
『きたかぜとたいよう』 1969
『さかな』 1969
『どうぶつ』 1969

『とり』 1969
『ライオンとネズミ』 1969

児童書についての評論（訳書）

『オンリー・コネクトI』 イーコブ，スタブス，アシュレイ編／猪熊葉子，清水真砂子，渡辺茂男訳／岩波書店／1978
『オンリー・コネクトII』 イーコブ，スタブス，アシュレイ編／猪熊葉子，清水真砂子，渡辺茂男訳／岩波書店／1979
『オンリー・コネクトIII』 イーコブ，スタブス，アシュレイ編／猪熊葉子，清水真砂子，渡辺茂男訳／岩波書店／1980
『児童文学論』 リリアン・H. スミス著／石井桃子，瀬田貞二，渡辺茂男訳／岩波書店／1964
『児童文学論』 リリアン・H. スミス著／石井桃子，瀬田貞二，渡辺茂男訳／視覚障害者支援総合センター／1999
『センダックの世界』 セルマ・G. レインズ著／岩波書店／1982/2010

心に緑の種をまく —絵本のたのしみ

2016年4月15日　第1刷発行

著　者　渡辺茂男《わたなべしげお》

発行者　岡本　厚

発行所　株式会社 岩波書店
〒101-8002 東京都千代田区一ツ橋 2-5-5

案内 03-5210-4000　販売部 03-5210-4111
現代文庫編集部 03-5210-4136
http://www.iwanami.co.jp/

印刷・精興社　製本・中永製本

ISBN 978-4-00-602277-8　　Printed in Japan

岩波現代文庫の発足に際して

新しい世紀が目前に迫っている。しかし二〇世紀は、戦争、貧困、差別と抑圧、民族間の憎悪等に対して本質的な解決策を見いだすことができなかったばかりか、文明の名による自然破壊は人類の存続を脅かすまでに拡大した。一方、第二次大戦後より半世紀余の間、ひたすら追い求めてきた物質的豊かさが必ずしも真の幸福に直結せず、むしろ社会のありかたを歪め、人間精神の荒廃をもたらすという逆説を、われわれは人類史上はじめて痛切に体験した。

それゆえ先人たちが第二次世界大戦後の諸問題といかに取り組み、思考し、解決を模索したかの軌跡を読みとくことは、今日の緊急の課題であるにとどまらず、将来にわたって必須の知的営為となるはずである。幸いわれわれの前には、この時代の様ざまな葛藤から生まれた、人文、社会、自然諸科学をはじめ、文学作品、ヒューマン・ドキュメントにいたる広範な分野のすぐれた成果の蓄積が存在する。

岩波現代文庫は、これらの学問的、文芸的な達成を、日本人の思索に切実な影響を与えた諸外国の著作とともに、厳選して収録し、次代に手渡していこうという目的をもって発刊される。いまや、次々に生起する大小の悲喜劇に対してわれわれは傍観者であることは許されない。一人ひとりが生活と思想を再構築すべき時である。

岩波現代文庫は、戦後日本人の知的自叙伝ともいうべき書物群であり、現状に甘んずることなく困難な事態に正対して、持続的に思考し、未来を拓こうとする同時代人の糧となるであろう。

（二〇〇〇年一月）

岩波現代文庫［文芸］

B221
ちいさな言葉
俵 万智

『サラダ記念日』で知られる歌人は、シングルマザーとして、幼い息子との会話を堪能中。微笑ましい情景のなかの日本語再発見。

B222
エンデのメモ箱
ミヒャエル・エンデ
田村都志夫訳

百十数の短編から、エンデの多彩な面が万華鏡のように浮かび上がる、ファン必読の書。創作の秘密が、いま明らかになる。

B223
大人にはわからない日本文学史
高橋源一郎

一葉からケータイ小説まで、近代文学の古典と現代小説を自在に対話させて、小説を読むたのしさを伝える新しい文学史序説。〈解説〉穂村 弘

B224
瀬戸内少年野球団
阿久 悠

敗戦直後の淡路島を舞台に、野球を通して民主主義を学ばせようとする女教師と子供たちとのふれあいと絆を描いた作詞家阿久悠の代表作。〈解説〉篠田正浩

B225
現代語訳 蜻蛉日記
室生犀星訳

王朝日記文学の代表作『蜻蛉日記』を、室生犀星の現代語訳で味わう。道綱母の波瀾に富んだ生涯が、散文と流麗な和歌を交えながら描かれる。〈解説〉久保田淳

2016. 4

岩波現代文庫[文芸]

B226
現代語訳 古事記
蓮田善明訳

『古事記』は、古代の神々の世界を描いた雄大な叙事詩であり、最古の文学書。蓮田善明の格調高く味わい深い現代語訳で、日本神話の世界を味わう。〈解説〉坂本 勝

B227
唱歌・童謡ものがたり
読売新聞文化部

「赤とんぼ」「浜辺の歌」など長く愛唱されてきた71曲のゆかりの地を訪ね、その誕生と普及にまつわる数々の感動的な逸話を伝える。

B228
対談紀行 名作のなかの女たち
瀬戸内寂聴
前田 愛

『たけくらべ』から『京まんだら』へ。名作ゆかりの土地を訪ね、作品を鑑賞する。小説の面白さに旅の楽しみが重なる、談論風発の長篇対談。〈解説〉川本三郎

B229
炎凍る
樋口一葉の恋
瀬戸内寂聴

著者は一葉自身と小説中の女主人公の「生」と「性」に着目し、運命に抗う彼女らの苦闘の跡を追う。未完の作品『裏紫』の続編を併載。〈解説〉田中優子

B230
ドン・キホーテの末裔
清水義範

作家である「私」は、老文学者がセルバンテスになりきって『ドン・キホーテ』の第三部を書くというパロディ小説を書き始める。連載は順調に進むかに見えたが……。

2016.4

B231
現代語訳 徒然草
嵐山光三郎

『徒然草』は、日本の随筆文学の代表作。嵐山光三郎の自由闊達、ユーモラスな訳により、兼好法師が現代の読者に直接語りかける。

B232
猪飼野詩集
金時鐘

朝鮮人の原初の姿が残る猪飼野での暮らしを「見えない町」「日々の深みで」「果てる在日」「イルボン　サリ」などの連作詩で語る代表作。巻末に書下ろしの自著解題を収録。

B233
アンパンマンの遺書
やなせたかし

アンパンマンの作者が自身の人生を語る。銀座モダンボーイの修業時代、焼け跡からの出発、長かった無名時代、そしてアンパンマン。遺稿「九十四歳のごあいさつ」付き。

B234
現代語訳 竹取物語 伊勢物語
田辺聖子

『竹取物語』は、美少女かぐや姫を描いた日本最古の物語。『伊勢物語』は、在原業平の恋愛を描いた歌物語。千年を経た古典文学が現代の小説を読むように楽しめる。

B235
現代語訳 枕草子
大庭みな子

『枕草子』は、作者清少納言が平安朝の様々な話題を、鋭敏な感覚で取上げた随筆文学の代表作。訳文は、作者の息遣いを再現して新鮮である。〈解説〉米川千嘉子

岩波現代文庫[文芸]

B236
小林一茶 句による評伝
金子兜太

小林一茶が詠んだ句から、年次順に約90句を精選して、自由な口語訳と精細な評釈を付す。一茶の入門書としても最適な一冊となっている。

B237
私の記録映画人生
羽田澄子

古典芸能・美術から介護・福祉、近現代日本史など幅広いジャンルで記録映画を撮り続けてきた著者が、八十八年の人生をふり返る。

B238
「赤毛のアン」の秘密
小倉千加子

アンの成長物語が戦後日本の女性の内面と深く関わっていることを論証。批判的視点から分析した、新しい「赤毛のアン」像。

B239-240
俳諧志(上・下)
加藤郁乎

近世の代表的な俳人八十名の選りすぐりの句を、豊かな知見をもとに鑑賞して、俳句の奥深さと楽しさ、近世俳諧の醍醐味を味わう。〈解説〉黛まどか

B241
演劇のことば
平田オリザ

演劇特有の言葉(台詞)とは何か。この難問と取組んできた劇作家たちの苦闘を、実作者の立場に立った近代日本演劇史として語る。

2016.4

B242-243
現代語訳 東海道中膝栗毛(上下)
伊馬春部訳

弥次郎兵衛と北八の江戸っ子二人組が、東海道で繰り広げる駄洒落、狂歌をまじえた滑稽談あふれる珍道中。ユーモア文学の傑作を現代語で楽しむ。〈解説〉奥本大三郎

B244
愛唱歌ものがたり
読売新聞文化部

世代をこえ歌い継がれてきた愛唱歌は、どのように生まれ、人々のこころの中で育まれたのか。『唱歌・童謡ものがたり』の続編。

B245
人はなぜ歌うのか
丸山圭三郎

言語哲学の第一人者にして、熱烈なカラオケ道の実践者である著者が、カラオケの奥深さ、上達法などを、楽しくかつ真摯に語る楽しい一冊。〈解説〉竹田青嗣

B246
青いバラ
最相葉月

〝青いバラ〟＝この世にないもの。その不可能の実現に人をかき立てるものは、何か？バラと人間、科学、それぞれの存在の相克をたどるノンフィクション。

B247
五十鈴川の鴨
竹西寛子

表題作は被爆者の苦悩を斬新な設定で描いた静謐な原爆文学。日常での何気ない驚きと人の不思議な縁を実感させる珠玉の短篇集。著者後期の代表的作品集である。

B248-249
昭和囲碁風雲録（上・下）
中山典之

隆盛期を迎えた昭和の囲碁界。碁界きっての書き手が、木谷実・呉清源・坂田栄男・藤沢秀行など天才棋士たちの戦いぶりを活写、波瀾万丈な昭和囲碁の世界へ誘う。

B250
この日本、愛すればこそ —新華僑四〇年の履歴書—
莫邦富

文化大革命の最中、日本語の魅力に憑かれた青年がいた。在日三〇年。中国きっての日本通となった著者による迫力の自伝的日本論。

B251
早稲田大学
尾崎士郎

『人生劇場』の文豪尾崎士郎が、明治・大正期の学生群像を通して、希望と情熱の奔流に衝き動かされる青年たちを描いた青春小説。〈解説〉南丘喜八郎

B252-253
石井桃子コレクションⅠ・Ⅱ 幻の朱い実（上・下）
石井桃子

二・二六事件前後、自立をめざす女性の魂の交流を描く。著者生涯のテーマを、八年かけて書き下ろした渾身の長編一六〇〇枚。〈解説〉川上弘美

B254
石井桃子コレクションⅢ 新編 子どもの図書館
石井桃子

一九五八年に自宅を開放して小さな図書室を開いた著者が、本を読む子どもたちの、いきいきとした表情と喜びを描いた実践の記録。〈解説〉松岡享子

2016. 4

B255
石井桃子コレクションⅣ
児童文学の旅
石井桃子
欧米のすぐれた編集者や図書館員との出会いと再会、愛する自然や作家を訪ねる旅など、著者が大きな影響をうけた外国旅行の記録。〈解説〉松居 直

B256
石井桃子コレクションⅤ
エッセイ集
石井桃子
生前刊行された唯一のエッセイ集を大幅に増補、未発表の二篇も収める。人柄と思索のにじむ文章で生涯の歩みをたどる充実の一冊。〈解説〉山田 馨

B257
三毛猫ホームズの遠眼鏡
赤川次郎
想像力の欠如という傲慢な現代の病理――。「まともな日本を取り戻す」ためにできることとは？『図書』連載のエッセイを一括収録！

B258
僕は、そして僕たちはどう生きるか
梨木香歩
集団が個を押し流そうとするとき、僕は、自分を保つことができるか――作家梨木香歩が、少年の精神的成長に託して現代に問う。〈解説〉澤地久枝

B259
現代語訳
方丈記
佐藤春夫
世の無常を考察した中世の随筆文学の代表作。日本人の情感を見事に描く。佐藤春夫の訳で味わう。長明に関する小説、評論三篇を併せて収載。〈解説〉久保田淳

2016. 4

B260
ファンタジーと言葉
アーシュラ・K・ル＝グウィン
青木由紀子訳

〈ゲド戦記〉シリーズでファン層を大きく広げたル＝グウィンのエッセイ集。ウィットに富んだ文章でファンタジーを紡ぐ言葉について語る。

B261-262
現代語訳 平家物語(上・下)
尾崎士郎訳

平家一族の全盛から、滅亡に至るまでを描いた軍記物語の代表作。日本人に愛読されてきた国民的叙事詩を、文豪尾崎士郎の名訳で味わう。〈解説〉板坂耀子

B263-264
風にそよぐ葦(上・下)
石川達三

「君のような雑誌社は片っぱしからぶっ潰すぞ」――。新評論社社長・葦沢悠平とその家族の苦難を描き、戦中から戦後の言論の裏面史を暴いた社会小説の大作。〈解説〉井出孫六

B265
坂東三津五郎 歌舞伎の愉しみ
坂東三津五郎
長谷部浩編

世話物・時代物の観かた、踊りの魅力など、俳優の視点から歌舞伎鑑賞の「ツボ」を伝授。知的で洗練された語り口で芸の真髄を解明。

B266
坂東三津五郎 踊りの愉しみ
坂東三津五郎
長谷部浩編

踊りをもっと深く味わっていただきたい――そんな思いを込め、坂東三津五郎が踊りの全てをたっぷり語ります。格好の鑑賞の手引き。

2016. 4

岩波現代文庫［文芸］

B267
世代を超えて語り継ぎたい戦争文学
澤地久枝
佐高　信

『人間の条件』や『俘虜記』など、戦争と向き合い、その苦しみの中から生み出された作品たち。今こそ伝えたい「戦争文学案内」。

B268
だれでもない庭 ―エンデが遺した物語集―
ミヒャエル・エンデ
ロマン・ホッケ編
田村都志夫訳

『モモ』から『はてしない物語』への橋渡しとなる表題作のほか、短編小説、詩、戯曲、手紙など魅力溢れる多彩な作品群を収録。自筆の挿絵多数。

B269
現代語訳 好色一代男
吉井　勇

愛欲の追求に生きた男、世之介の一代を描いた西鶴の代表作。国民に愛読されてきた近世文学の大古典を、文豪の現代語訳で味わう。〈解説〉持田叙子

B270
読む力・聴く力
河合隼雄
立花　隆
谷川俊太郎

「読むこと」「聴くこと」は、人間の生き方にどのように関わっているのか。臨床心理・ノンフィクション・詩それぞれの分野の第一人者が問い直す。

B271
時　間
堀田善衞

人倫の崩壊した時間のなかで人は何ができるのか。南京事件を中国人知識人の視点から手記のかたちで語る、戦後文学の金字塔。〈解説〉辺見　庸

2016. 4

岩波現代文庫［文芸］

B272
芥川龍之介の世界
中村真一郎

芥川文学を論じた数多くの研究書の中で、中村真一郎の評論は、傑出した成果であり、最良の入門書である。〈解説〉石割　透

B273-274
法服の王国　小説裁判官（上・下）
黒木　亮

これまで金融機関や商社での勤務経験を生かしてベストセラー経済小説を発表してきた著者が新たに挑んだ社会派巨編・司法内幕小説。〈解説〉梶村太市

B275
惜《せき》櫟《れき》荘《そう》だより
佐伯泰英

近代数寄屋の名建築、熱海・惜櫟荘が、新しい「番人」の手で見事に蘇るまでの解体・修復過程を綴る、著者初の随筆。文庫版新稿「芳名録余滴」を収載。

B276
チェロと宮沢賢治　―ゴーシュ余聞―
横田庄一郎

「セロ弾きのゴーシュ」は、音楽好きであった賢治の代表作。楽器チェロと賢治の関わりを探ることで、賢治文学の新たな魅力に迫る。〈解説〉福島義雄

B277
心に緑の種をまく　―絵本のたのしみ―
渡辺茂男

児童書の翻訳や創作で知られる著者が、自らの子育て体験とともに読者に語りかけるように綴った、子どもと読みたい不朽の名作絵本45冊の魅力。図版多数。〈付記〉渡辺鉄太

2016. 4